本书出版得到

国家重点文物保护专项补助经费资助

武鸣马头先秦墓

广西文物保护与考古研究所
南宁市博物馆
编著

文物出版社

图书在版编目（CIP）数据

武鸣马头先秦墓／广西文物保护与考古研究所，南
宁市博物馆编著．－－北京：文物出版社，2020.7
　　ISBN 978 - 7 - 5010 - 6700 - 8

　　Ⅰ．①武…　Ⅱ．①广…②南…　Ⅲ．①墓葬（考古）－
发掘报告－武鸣县　Ⅳ．①K878.85

中国版本图书馆 CIP 数据核字（2020）第 087159 号

审图号：桂 S（2020）01 - 026 号

武鸣马头先秦墓

编　　著：广西文物保护与考古研究所
　　　　　南　宁　市　博　物　馆

责任编辑：杨新改
封面设计：李　红
责任印制：苏　林

出版发行：文物出版社
社　　址：北京市东直门内北小街 2 号楼
邮　　编：100007
网　　址：http://www.wenwu.com
邮　　箱：web@ wenwu.com
经　　销：新华书店
印　　刷：北京京都六环印刷厂
开　　本：889mm × 1194mm　1/16
印　　张：17.75
版　　次：2020 年 7 月第 1 版
印　　次：2020 年 7 月第 1 次印刷
书　　号：ISBN 978 - 7 - 5010 - 6700 - 8
定　　价：360.00 元

Pre-Qin Tombs at Matou Village in Wuming County

Compiled by

Guangxi Institute of Cultural Relics Protection and Archaeology
&
Nanning Municipal Museum

Cultural Relics Press

目　录

插图目录

彩版目录

第一章 概述

第一节 地理环境与历史沿革

一 地理位置与自然环境

广西地处祖国南疆，南临北部湾，与海南岛隔海相望，西南与越南毗邻，东临广东，北接湖南、贵州，西北与云南相邻，地跨北纬 20°54′~26°24′，东经 104°28′~112°04′，南北相距 606 千米，东西 769 千米，总面积 24 万平方千米。广西地处南岭之南，历史上与广东合称岭南，又称岭表、岭外。特殊的地理位置和自然条件使岭南成为相对独立的地理区域。广西位于岭南西边，故又有自身的特点。广西处于全国地势第二台阶中的云贵高原东南边缘、两广丘陵西部，南临北部湾，整个地势自西北向东南倾斜，山岭连绵，山体庞大，岭谷相间，四周多被山地、高原环绕，形成呈盆地状的山地丘陵性盆地地貌，有"广西盆地"之称。西、北部为云贵高原边缘，东北为南岭山地，东南及南部是云开大山、六万大山、十万大山。而盆地中部又被层层相套的弧形山脉分割形成以柳州为中心的桂中盆地；沿弧形山脉前凹陷为右江、武鸣、南宁、玉林、荔浦等众多中小盆地，形成大小相间、相套的奇特地貌结构，造就了许多土地肥沃、适宜耕种的谷地和冲积平原。喀斯特地貌集中连片分布于桂西南、西北、东北和桂中，石灰岩遍布广西各地，形成各种奇特的地形，秀丽的峰林，多姿的溶洞，其发育类型之多为世界少见。境内河流众多，大多沿着地势倾斜从西北流向东南，形成以红水河为主干流横贯广西中部以及支流分布于两侧的树枝状珠江水系网覆盖了广西的绝大部分区域。此外，还有桂东北属长江水系的湘江和资江，桂南注入南海北部湾的南流江、钦江、茅岭江、防城江、北仑河等河流和喀斯特地区众多的地下暗河。河流水量丰富，多弯曲峡谷，水力资源丰富。大陆海岸线长 1500 余千米，岛屿众多，港湾优良。广西地处亚热带季风气候区，北回归线横贯中部，日照长，气温高，夏热冬暖，雨量充沛。广西自然资源丰富，自然地理环境与气候极宜人类生存。

武鸣县位于南宁市之北，属南宁市所辖。地处广西中部西南，桂中南弧形山脉大明山西南麓武鸣盆地，地跨北纬 22°59′~23°33′，东经 107°49′~108°37′，东西最大横距 111 千米，南北最大纵距 97 千米，总面积 3366 平方千米。东临宾阳、上林，北接马山，西邻平果、隆安，南连南宁市，县城城东镇南距南宁市区 37 千米。地势呈盆地形，东部大明山脉连绵 50 余千米，峰峦高耸重叠，主峰龙头山海拔 1760 米，为广西中南部最高峰，山势雄伟，并延伸向东北、东南，朝着武鸣河谷呈扇形分布，构成环绕北、东、南三面的马蹄形高丘陵、山地；县西北部高丘陵连绵，西南部为石灰岩群峰；中部丘陵、岗地、平原相间交错。北回归线贯穿县境北部。气候温和，年平均气温 21.7℃，雨量充沛。武鸣河自北向南流经中部盆地，于县城南与东来的支流香山河汇合折往西南流入隆安县境注入右江。

盆地东部边缘大明山西麓为一长约 30 千米狭长形谷地，明清时属止戈乡，今为两江、马头两乡属地。谷地东南端马头河东岸有个数百来户人家的小圩镇马头圩，是马头乡（现为马头镇）政府所在地。大明山东段西麓三支东北—西南走向，并自西往东依次递高的余脉构成的丘陵地在这里将谷地阻断。东边一支属高丘陵带延伸较长，将西面两支环抱；中支属低丘陵带，自东北向西南延伸约 3.5 千米并依次递降，然后在马头圩南突然隆起形成西南端的高丘陵，全长约 4 千米、宽 1 千米，中段岗丘低矮，顶部、坡势较平缓，一般海拔高度在 220 米以下；西支较短、较宽，一般宽约 1.5 千米，有的达 2 千米，东北端较宽、间有次高丘陵，中南段地势较低平坦，岗丘多在海拔 185～200 米之间，西南端西部亦突兀隆起成高丘陵与西北来的高丘陵对峙，形成两高丘陵间狭谷，为狭长谷地东南端的缺口。三支余脉间夹杂着大小长短不一的狭长形谷地。全苏河、马头河、伏荷河等溪流分别来自大明山沿谷地向南、西南流去，汇合于马头圩西南，并向西南流去，汇合其他河流最后注入香山河、武鸣河。马头圩正处于大明山西麓狭长谷地东南端，北距大明山脚不足 3 千米，南临高丘陵，东临绵延起伏的丘陵，隔狭长的伏荷河谷地与东边高丘陵带相望，西隔宽约 400 米、狭长的马头河谷地是西支余脉的低矮丘陵地带。武鸣马头骆越墓地即位于马头圩东北 500 米马头河东岸元龙坡和东南 1.5 千米安等秧岗丘上（图一；彩版一，1）。

二　历史沿革

广西自然地理环境优越，历史悠久，考古资料表明距今 80 余万年，人类就生息繁衍在这块土地上。先秦时期，广西属"百越"之地，与北方有着密切的联系。公元前 214 年，秦统一岭南，设桂林、南海、象三郡，广西大部分地区属桂林郡，少部分地区属象、南海、长沙和中黔郡。秦、西汉初属南越国。汉武帝平南越后，在秦置三郡基础上重新调整，设置九郡并设交州刺史部总领，广西大部分地区属交州的苍梧、郁林、合浦三郡，少数属荆州的零陵、武陵郡和益州的牂柯郡。三国属吴。晋、南朝广西区域变化不大，但郡、县设置却大为增多。隋统一，分置九州，广西大部分属扬州，唐属岭南道、岭南西道，宋时属广南西路，简称广西路，"广西"之称由此始。元末设广西行中书省，为广西设省之始，直延至新中国成立初期。广西自设省始至民国省会均在桂林，1912～1936 年曾度迁南宁。1949 年 12 月 11 日广西全境解放。新中国成立初期，仍称广西省，省会设南宁。新中国成立后，少数民族地区实行区域自治，1958 年 3 月 5 日广西壮族自治区成立，改称今名。这里聚居着汉族、壮族、瑶族、苗族、侗族、仫佬族、毛南族、回族、京族、彝族、水族、仡佬族等民族，2008 年末全区总人口 5049 万余人，其中壮族人口占 38.8%。

武鸣县地处广西中南部，南宁市所辖，历史悠久。史前即有人类生息繁衍在这一土地上，先

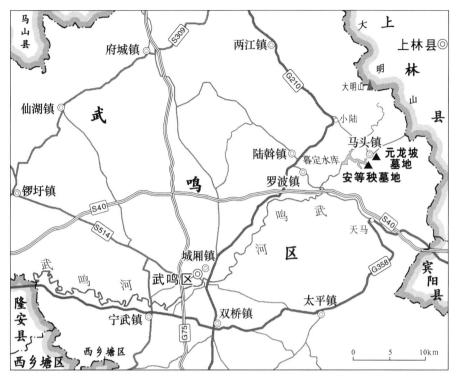

图一　武鸣马头先秦墓地位置示意图

审图号：桂S（2020）01-026号

秦时期属百越之地，仙湖弄山、两江岜旺、陆斡岜马山、马头那堤敢猪岩、马头元龙坡和安等秧、两江独山等地先后都发现这时期的墓葬。秦属桂林郡地，汉属增食、领方县地，三国属临浦、怀安县地。此后区划屡有变更，宋景祐二年（1035年）武缘县治移至今县境南板苏，遂成武缘县建置。元、明、清因之。1911年，县人陆荣廷任广西都督，崇尚武功，意"以武而鸣于天下"，将武缘县更名为武鸣县，沿袭至今。武鸣县是壮族聚居之地，属南壮方言，1953年第一次全国人口普查统计全县总人口为29.7213万人，其中壮族26.6095万人，占全县总人口的89.5%，武鸣县壮语是拼音壮文的标准音。

第二节　发掘经过与发掘报告编写

一　发现与发掘经过

1985年9月下旬，武鸣县马头圩青年韦永新给广西自治区博物馆来信，说他有件古物，博物馆是否收藏可与他联系，信件转由南宁市文物管理委员会办公室办理。经联系，"古物"10月初送到南宁，大家一看不觉一愣，这不就是西周晚期的青铜盘吗！原来这件西周铜盘是韦永新之叔韦汉义，当年3月在其村（马头圩北端木托）东元龙坡放牛，于岭顶最高点一采石坑壁挖蛇时得到的。当大家多次到出土地点实地考察，却陷入了困境，清一色的红壤看不出出土地点与其周围土质土色有何差异。十三年前，即1974年1月19日正值春节，元龙坡西北约2千米马头公社全苏生产队几名社员，在村子附近的勉岭东南坡挖粪坑时挖出商代青铜卣、铜戈各一件，这是广西首次有明确出土地点的商代青铜重器。只可惜出土现场已被破坏，当考古人员到达时，已无法辨明这是窖藏还是墓葬随葬品。因此，曾引起两种不同观点的激烈争论。有的认为铜卣、铜戈是窖藏品且是宋代以后所藏，甚至认为可能是民国初广西都督陆荣廷所藏。而多数人则认为可能是墓葬，出土的两件器物系同时代的商代遗物，因没有其他时代的遗物，入土时间不会离商代太远，因此，不可能是宋代，更不可能是民国初陆荣廷所为。

元龙坡西周铜盘出土，使勉岭商卣出土引发未有答案的争论再度出现，且更加困惑。为破解这一谜团，南宁市文物管理委员会黄云忠等同志多次到实地考察。10 月初的一次实地考察中，在大家都失望离开后，他执意留下继续调查。当有村民提供元龙坡西南约 1 千米许的安等秧岭坡曾出土过铜器的信息时，他再次实地考察，惊喜地发现了铜剑及墓葬遗迹。后经广西壮族自治区和南宁市文物考古工作者的进一步复查，在安等秧岗坡又发现了铜矛、石玦等遗物及残存的墓圹边，在水土流失严重的岭顶及南面坡上还发现了长方形或残长方形的不同土色的遗迹或高出地面的土块土墩，有的陶器、铜器、玉石器等随葬品已裸露出地面，明显具有墓葬特征的地点有 30 余处，证实这里是一处战国时期的墓地。这是继 1974 年在广西平乐银山岭战国墓群之后广西先秦考古的又一重大发现，它把广西先秦时期墓葬的地域扩展到了桂南地区。

安等秧被确认是一处先秦时期古墓群后，鉴于墓地地表植被较少、水土流失和墓葬破坏严重等情况，经报批由广西壮族自治区文物工作队 韦仁义 、郑超雄、周继勇，南宁市文物管理委员会黄云忠、叶浓新、郭顺利和武鸣县文物管理所黄民贤等组成考古发掘组， 韦仁义 为领队，对安等秧古墓群进行抢救性发掘。1985 年 10 月 15 日发掘工作开始，10 月 28 日结束，共清理墓葬 86 座。此外，在墓葬区边缘清理方形或长方形土坑 12 个。在清理的 86 座墓葬中，由于墓地水土流失严重，墓葬均有不同程度的损毁，有的随葬品已露出地面，即使保存稍好墓葬的墓圹也很浅，绝大多数墓葬墓圹深度不到 0.3 米，大多在 0.2 米左右，最深的 4 座也只有 0.7 米。鉴于人力、经费及墓地水土流失严重，墓葬多已暴露的实际情况，安等秧墓地发掘工作没有采用探方全面揭开的方法，而只是对已暴露出和经钻探有墓葬特征的地方进行发掘。这难免会有遗漏，加上一些墓葬因水土流失已被彻底摧毁，因此，已清理的 86 座墓虽不是安等秧墓地的全部，但至少是大多数。

在安等秧墓地的发掘过程中大家逐渐认识到，安等秧墓地墓葬的填土凸出地表的现象，在元龙坡也应如此！回观在元龙坡虽未见到安等秧那种长方形不同土色的墓穴填土的现象，却也有高矮不一、长短不等高出地表、表面凹凸不平呈团块状较坚硬的一堆堆土墩，这些土墩是否就是墓葬填土？为揭开西周铜盘出土和一堆堆土堆之谜，在安等秧墓地发掘工作即将结束之际，抽调部分人员到元龙坡对那些大小不一的土墩进行试掘。试掘的第一、第二地点都很浅，铲去高出地面 5～25 厘米坚硬土墩之后即到底，一般深 15 厘米左右，最深 30 厘米，无其他遗物。正当失望之时，第三、第四地点的试掘相继出土陶器、砺石等遗物。这样，元龙坡的一堆堆土墩、土块是墓葬的填土得到了证实（彩版一，2）。

元龙坡地貌与安等秧一样，鉴于墓地植被较少，仅有零散松树，水土流失、墓葬破坏严重，为保护文物和取得较完整的科学资料，在取得主管部门同意并申报国家文物局后，元龙坡的发掘工作于1985年11月1日正式开始。由于安等秧的同样原因，元龙坡墓地也没有采用探方全面揭开的方法进行发掘，而是发现有墓葬即发掘，至1986年3月20日田野发掘工作结束，共发掘清理墓葬350座。元龙坡是广西首次发现和发掘年代最早、数量最多、地理位置最南的先秦时期墓地，因其墓穴形式、葬俗独特，出土一批具有浓厚地方特色的陶器、青铜器及其石范，引起学界的广泛关注。

二　发掘报告的编写

武鸣马头田野发掘工作结束后，由于自治区文物工作队人员少、任务繁重，未能及时对马头墓葬出土器物和资料进行修复整理工作。应广大同仁的要求及庆祝广西壮族自治区成立30周年，1988年初，参加发掘工作的主要人员 韦仁义 、郑超雄、周继勇、黄云忠、叶浓新等同志匆匆整理发掘资料，编写了发掘简报，刊载于《文物》1988年第12期。此后曾数度启动发掘报告编写工作，因种种原因均未果。

2003年，报告编写工作重新启动。在墓葬资料整理过程中，黄云忠、叶浓新夫妇曾付出极大的心血，此后，发掘报告编写工作又因其他种种原因再次陷入停顿。直至2015年3月，发掘报告的编写工作再次提上议事日程，并且着手分工编写工作。2015年12月8日，广西文物保护与考古研究所与武鸣县人民政府共同举办骆越文化学术研讨会，会上我们作了"武鸣先秦墓葬发掘情况介绍"专题，与会专家、领导认为这批材料非常珍贵，对研究骆越文化具有重要意义，期待尽快出版发掘报告。此后在几位退休老同志的协作努力下，报告终于完成。

第二章　元龙坡墓地

第一节　地理位置与墓葬布局

元龙坡是马头圩东南约 500 米的红壤岗丘，是大明山东段西麓向马头乡东部延伸的三支东北—西南走向余脉中，中间一支临南端西缘波浪起伏、低矮丘陵中稍为隆起的岗丘，西临狭长的马头河谷地，北临岗丘间的沟壑，东连主体余脉，南接岗丘间洼地及较低矮的岗丘。元龙坡西端向南延伸低矮的部分依次为木托村、马头圩驻所。元龙坡东、南、北呈不规则三支自然岗丘，汇合处是制高点，高程海拔 212 米，实际高出地面约 25 米。东支系余脉主体向西分支延伸的部分，长约 300 余米，顶部较宽、平坦；往南延伸为南支，延伸约 150 余米折向西延伸并渐次降低，顶部较为平缓；往北延伸即北支，顶部较平坦，自东向北倾斜，长近 200 米，顶宽 30～50 余米。元龙坡与这里的其他岗丘一样，其构成是石灰岩地层上覆盖第三纪砂页岩和第四纪红土构成的剥蚀堆积层。据当地群众说 20 世纪 50 年代末之前这里是一片郁郁葱葱的森林，1958 年"大炼钢铁"，森林被大量砍伐后，植被屡年遭严重破坏，水土流失严重，富含腐殖质的表土层早已流失，整体裸露砖红色酸性红壤和雨水冲刷形成的一道道沟壑，顶部和坡面上除了稀稀拉拉的小松树外，连野草几乎都没有。墓葬主要分布在元龙坡海拔高程 194～210 米之间较为平坦的东、南、北三个自然支脉走向的山坡顶部及坡势较平缓两侧，东西长约 250 米、南北宽约 40～100 米范围内，而以海拔 200～210 米的南支北段和北坡北段较为集中，形成墓葬分布相对密集、排列有序的两大区域。区域间并无明显自然分界线，而东、南坡与北坡之间存在墓葬分布的空白地带，这种现象是人为因素还是自然形成，尚不清楚。根据山坡自然环境及墓葬分布情况，为了便于叙述大致可分为东西两大区（实为西北及东南）。东区，即以元龙坡顶部制高点（土坑）以东包括自然坡的东支和南支北段区域，即元 M165、元 M33、元 M320 一线以东，墓葬 163 座；西区，以制高点以北，包括元龙坡自然坡北支顶部及两侧，墓葬 187 座。北区东段南面是西支与南支间形成的"U"字形山坳，且在元 M25、元 M163、元 M164 与元 M165、元 M174、元 M175 之间有冲沟将其所形成的坡面隔开。

东区墓葬分布似乎受地形制约呈亚字形状态，中间小、少，两头大、多。墓向分布均匀散布于 30°～150°，163 座墓中，119 座为东西向，44 座为南北向。在东西向墓葬中，正东、西向的极少仅 4 座，绝大多数是偏南、北，偏南的 66 座，偏北的 49 座。南北向的墓葬，正南北向的也极少仅 3 座，绝大多数是偏东西，其中南偏东的 27 座，北偏东的 14 座。西区的墓葬，在墓向分布上比较集中于东南向的 100°～140° 区间内。在 187 座，128 座是东西向，南北向的 59 座。而东西向的墓葬，除 1 座是东北—西南向，其余 127 座是东南向的 100°～134° 区间；南北向的墓葬，除 5 座正南北向外，其余 54 座是南偏东 135°～170° 区间内（附表一）。

西区东北端墓葬几乎均为南北向的现象是否与其所处的地势走向有关，或是人为的有意选择，难以辨明（图二；彩版二）。

第二节　墓葬基本概况

一　墓葬形制

1. 墓圹

350 座墓均是竖穴土坑墓，由于水土流失严重，墓葬原来的墓口全被破坏，有无封土及墓圹原深度已无法得知。所发掘的墓葬中有 18 座墓底已被雨水冲刷残缺不全。墓葬墓室一般较小，形制简单，无墓道。绝大多数墓葬墓室为狭长形，墓室长度都在 2 米、墓室长宽之比都在 3∶1 以上，一般长 2.2～3.5、宽 0.6～0.8 米。最短的墓为元 M24，墓室长 1、宽 0.55 米。最长的墓为元 M318，墓室长 3.96、宽 0.82 米。所有墓葬都以原坑土回填，其中 199 座的填土经过夯实，占总墓数的 57%。凡填土经夯实的墓，因夯土比墓圹外生土坚硬，墓圹周围生土被雨水冲刷流失，填土被裸露并高出地表 0.1～0.5 米不等，形成长短、大小不一的土墩。在清理的墓葬中有 16 座在填土、二层台或墓底放置许多大石块，约占总墓数的 4.6%。有 25 座的填土、墓底或墓壁经过烧烤，约占墓葬总数的 7.1%。墓底或填土有漆痕的 54 座，约占墓总数的 15.4%。墓葬尸骸均已腐朽无痕迹，葬式不明。也未发现葬具的痕迹，但从墓葬的长宽及一些遗迹判断，不少墓葬是有棺木之类的。

根据墓圹结构，元龙坡墓葬分为竖穴、竖穴带二层台和竖穴带侧室三种类型，以竖穴墓占绝大多数。

A 型　327 座。竖穴土坑墓。这类型墓葬可分为长形狭室竖穴土坑墓和长方宽室竖穴土坑墓两种，以前者为主。

I 式　322 座。长形狭室竖穴土坑墓。这类墓的显著特点就是墓室狭窄而长，规模较小，一般墓室长 2.5、宽 0.6 米左右。墓室长宽之比绝大多数是在（3～4.4）∶1 之间，个别达 6.9∶1。如较长的为元 M153，墓向 119°、长 3.5、宽 0.5、深 1～1.5 米，墓室狭长，呈弧形，出土陶钵 2 件（图三）。又如元 M28，墓向 140°、长 2.8、宽 0.7、深 0.5 米，墓室规整，出土器物有陶釜、陶钵等（图四、五）。墓室较小的长仅 1～1.6、宽 0.5 米，这类规模短小的墓多为空墓，有的仅一至两件随葬品，如 M94，墓向 145°、长 1.6、宽 0.5、深 0.3～0.4 米，出土器物有铜圆形器（图六）。

此式墓墓向东西向 236 座，南北向 86 座。其中东区 148 座，西区 174 座。

II 式　5 座。长方宽室竖穴土坑墓。这类墓规模相对较大，随葬品也较丰富，墓室较宽，长

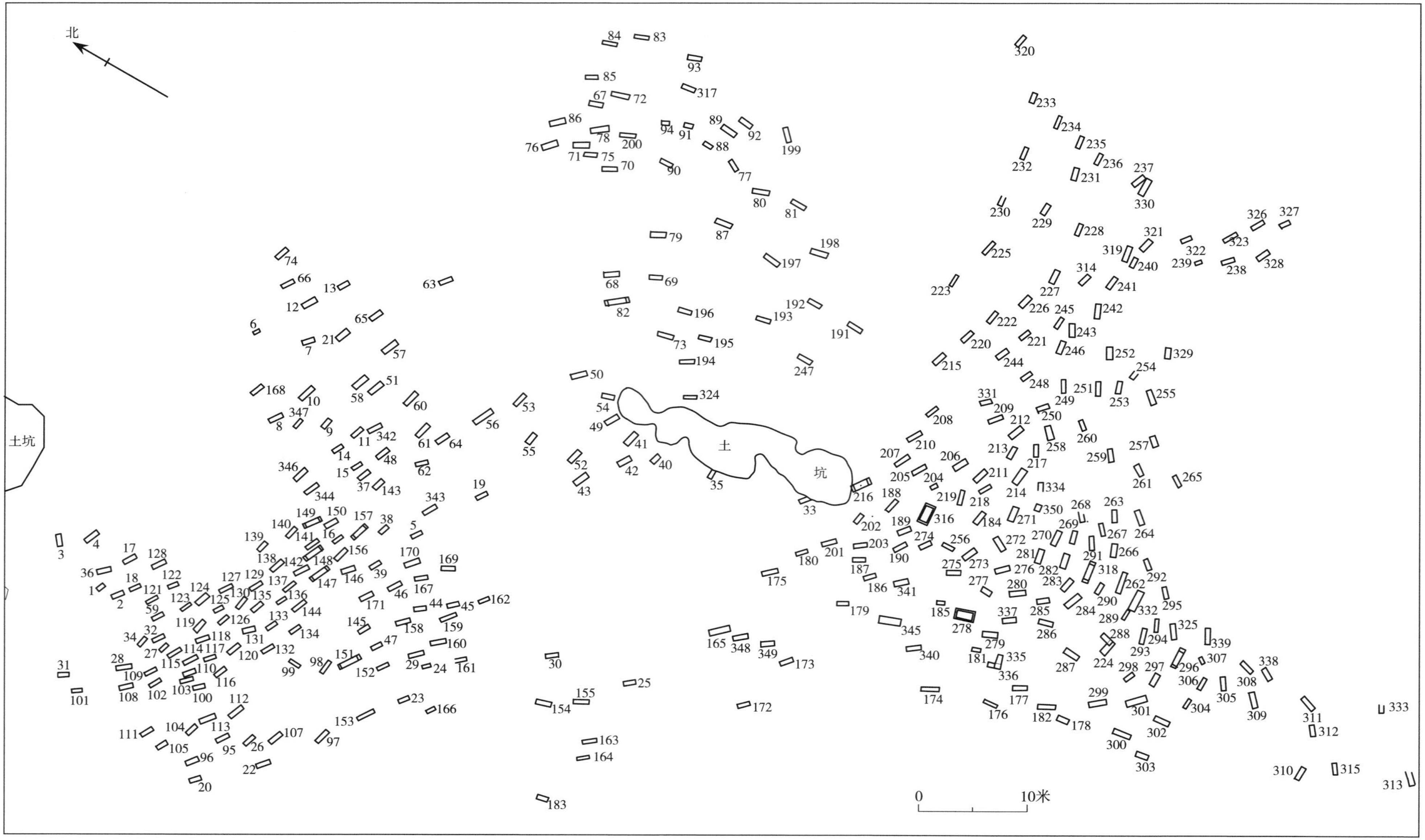

图二　元龙坡墓葬分布图（图上数字为墓号）

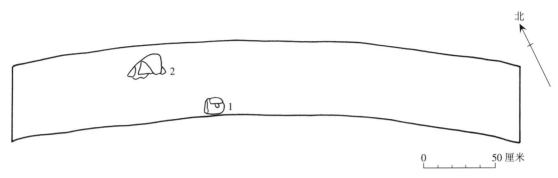

图三　元 M153 平面图（A 型 I 式）

1、2. 陶钵

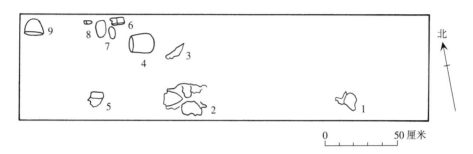

图四　元 M28 平面图（A 型 I 式）

1、3、5. 陶片　2、4. 陶釜（残）　7. 河卵石　8. 铜镦　9. 陶钵

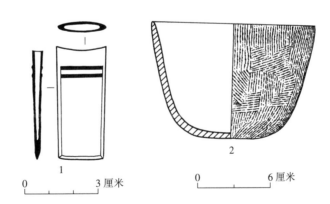

图五　元 M28 出土器物

1. 铜镦（元 M28：8）　2. 陶钵（元 M28：9）

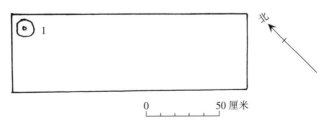

图六　元 M94 平面图（A 型 I 式）

1. 铜圆形器

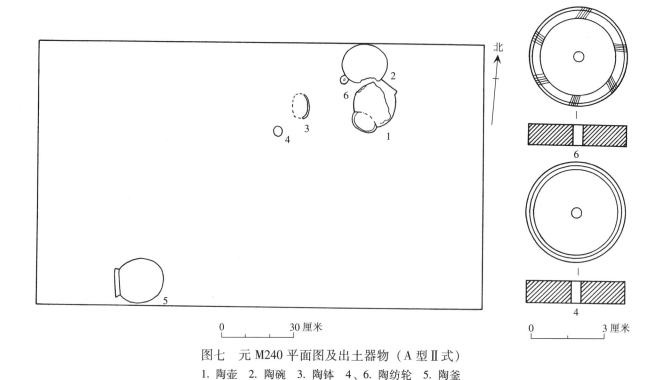

图七　元 M240 平面图及出土器物（A 型 II 式）
1. 陶壶　2. 陶碗　3. 陶钵　4、6. 陶纺轮　5. 陶釜

宽之比一般为 2.5∶1 左右。如元 M240，墓向 86°，长 1.85、宽 1.05、深 0.25～0.4 米，出土陶釜、壶、碗、钵各 1 件，陶纺轮 2 件（图七）。

　　B 型　18 座。竖穴带二层台土坑墓。主要分布于西区和东区，其中东西向的 12 座，南北向 6 座。分为两端二层台竖穴土坑墓、四周二层台竖穴土坑墓和一侧二层台竖穴土坑墓三种。

　　I 式　12 座。两端二层台竖穴土坑墓。其中西区 7 座，东区 5 座；东西向 8 座，南北向 4 座。这类墓规模较大，随葬品也较丰富。其中两座在二层台上放置随葬品，如元 M147、元 M148。其中元 M151，墓向 120°，长 3.8、宽 0.55、深 1.7～2 米，清理前填土微露地面，在一端二层台及填土中有叠压破碎后的夹砂陶片，为一件陶罐残片，两端二层台上有火烧痕及木炭屑，并向墓室中央底部延伸。木炭屑层呈多层次叠压出现。二层台下两端壁经过多次烧烤，墓底亦有烧烤痕迹。西端底有一浅弧边头兔（图八；见彩版一五，3）。

　　又如元 M149，墓向 125°，长 3.6、宽 0.7、深 1.2 米，此墓特殊的是墓室两端为弧形，随葬品较少，仅有陶釜、铜钺各 1 件（图九）。

　　II 式　5 座。四周二层台竖穴土坑墓。主要分布于南支顶部中部和北端。其中 4 座为东西向，1 座南北向。这类墓规模较大，且墓室填土或底均积石，有的积石多达数十块，随葬品也较多，如元 M216、元 M316 等。其中元 M278，墓向 165°，长 3.2、宽 2、深 0.65 米，墓室呈一端尖凸的舟形，这种形制极为罕见。元 M278 与 B 型 I 式元 M56 的不同是，元 M56 是墓室呈两头尖凸的船形。元 M278 东侧二层台置 8 块大石头，北端二层台有一层木炭，墓底仅出土残玉镯 1 件（图一〇）。

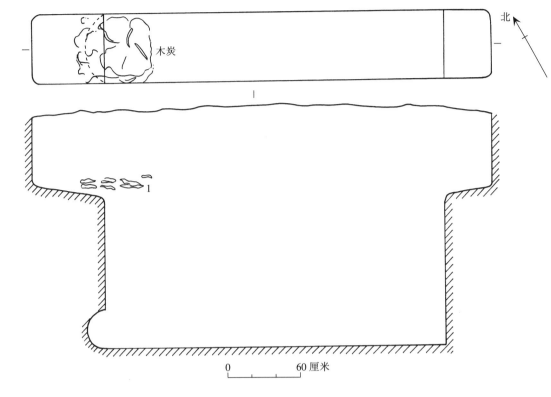

图八　元 M151 平、剖面图（B 型 I 式）

1. 木炭

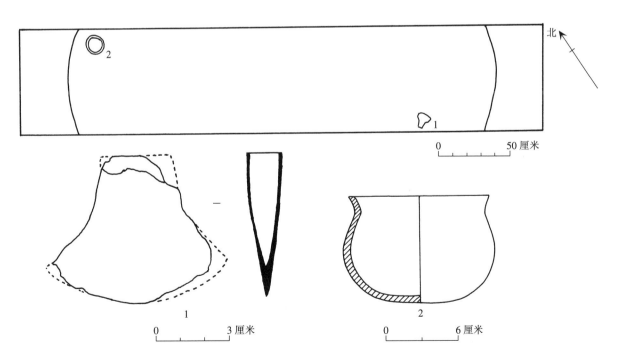

图九　元 M149 平面图及出土器物（B 型 I 式）

1. 铜钺　2. 陶釜

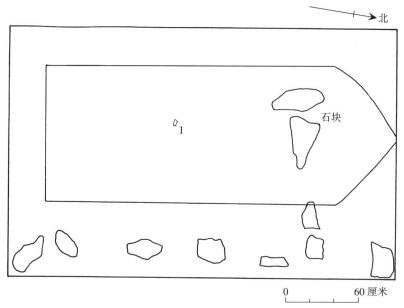

图一〇　元 M278 平面图（B 型 II 式）

1. 玉镯（残节）　　余为石块

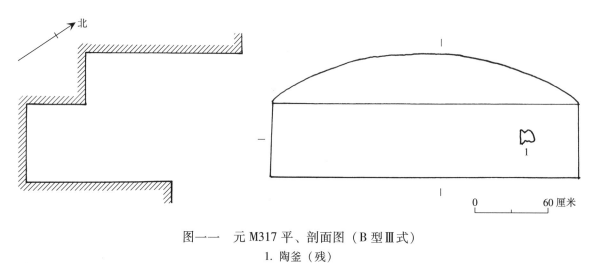

图一一　元 M317 平、剖面图（B 型 III 式）

1. 陶釜（残）

　　III 式　1 座（元 M317）。一侧二层台竖穴土坑墓。墓向 175°，长 2.5、宽 0.6～1、深 1.2～1.8 米。此墓较特殊，在墓室一侧设置一弧形二层台，且二层台较深，距墓底仅 0.5 米。随葬品仅见少量陶釜残片（图一一）。

　　C 型　5 座。竖穴带侧室土坑墓。其中西区 4 座，东区 1 座；东西向 2 座，南北向 3 座。侧室皆开在墓室南侧，侧室有长方形和半圆形两种。如元 M295，位于东区中部东侧，墓向 50°，墓室长 2.35、宽 0.5、深 0.75～0.95 米，南壁距东端 0.7 米有一长 1.15、深 0.4 米的长方形侧室。墓底有玉镯残节 2 件，填土中有玉镯残节（图一二；彩版三，1）。又如元 M86，墓向 135°，墓室长 2.55、宽 0.65、深 0.6～1.2 米，墓南壁中部有一长 1.1、宽 0.28 米的弧形侧室，侧室内出土有陶片。墓室内出土器物有陶罐、陶钵各 1 件（图一三）。

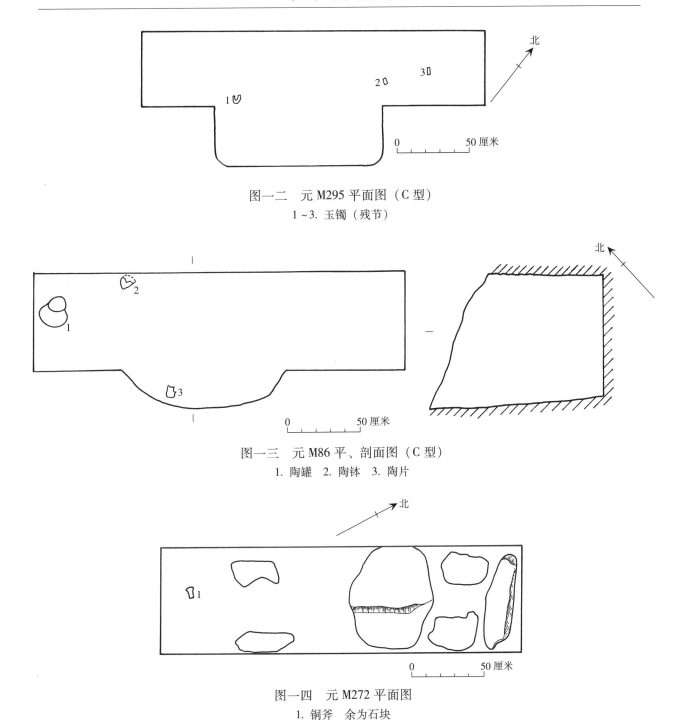

图一二　元 M295 平面图（C 型）
1~3. 玉镯（残节）

图一三　元 M86 平、剖面图（C 型）
1. 陶罐　2. 陶钵　3. 陶片

图一四　元 M272 平面图
1. 铜斧　余为石块

2. 葬具

在所发掘的墓葬中均未发现棺、椁等葬具的痕迹，但从一些墓葬底部现象观察，有的墓葬可
能有葬具。如元 M272，墓向 32°，墓室长 2.5、宽 0.7、深 0.96 米，随葬器物仅有铜斧 1 件（图一
四；彩版三，2）。元 M207，墓向 113°，墓室长 2.5、宽 0.75、深 0.5~0.65 米，出土器物仅有少
量陶片（图一五）。两座墓底整齐地置放 4 或 5 块天然大石头，置放整齐有序，大致在一个平面
上，特别是四块纵放在两头的石头前后左右相对称、高矮一致，应是承垫木棺之类，因如果无

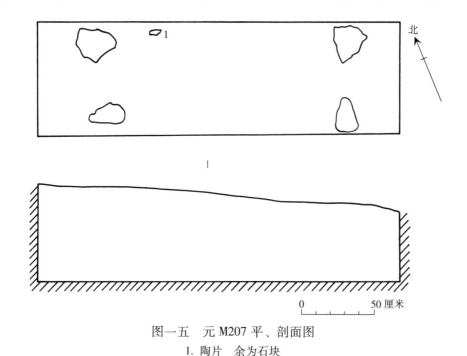

图一五　元 M207 平、剖面图
1. 陶片　余为石块

棺就没必要在墓底把石头放置得如此对称平整。这说明有的墓葬是有棺木等葬具的，只是已腐朽无存。

二　丧葬习俗

　　元龙坡墓葬在丧葬习俗上有着浓厚的地域色彩，除了盛行狭长形的竖穴土坑墓外，还有独特的舟形，如元 M56、元 M278。流行烧烤墓穴以及打碎随葬品随葬和墓室填土积石等丧葬风俗亦具有浓郁的地域特色。

　　1. 随葬品组合置放位置

　　元龙坡墓葬随葬品较少，组合简单。最基本的组合只有生活用器，再多的是生活用器 + 工具（或兵器），再丰富些是生活用器 + 工具（或兵器）+ 饰件。器物分陶器、金属器、玉石器等。随葬品中没有三足器，圈足器亦极少，几乎均以敞口、圜底的陶釜（罐）、陶钵等夹砂陶器为主，还有铜斧、铜刀、铜矛、铜钺等铜器和玉环、玉玦等玉器及砺石。随葬品器类组合简单，最基本的组合是夹砂陶釜（罐）+ 钵，其次夹砂陶釜（罐）+ 钵 + 青铜工具斧或兵器钺（矛），再丰富点的是夹砂陶釜（罐）+ 钵 + 青铜工具斧（或兵器钺、矛）+ 玉饰环（或玦）等。随葬品一般陶器放一端中央或一边角，或是墓室中部的一侧；铜器一般放置于墓室的一侧，不少也放于边角，也有个别的放于二层台；玉饰品除打碎散放填土及墓底外，有佩戴于身上或散放于墓底，也有聚集成堆或贮藏匣中放于墓底的，如元 M270（图一六）。

　　2. 烧烤墓穴习俗

　　元龙坡墓地流行用火烧烤墓穴。在发掘的不少墓葬填土中不仅有零星炭屑的发现，且发现有 25 座墓穴有用火烧烤的痕迹，有的烧烤墓底，有的烧烤坑壁，有的烧烤填土或二层台，经烧烤的

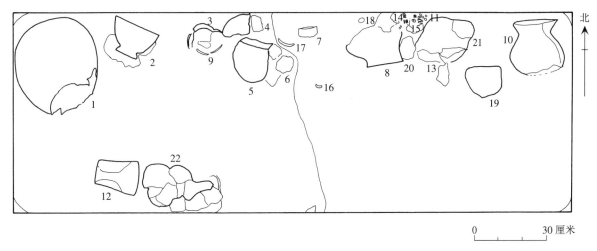

图一六　元 M270 平面图

1. 陶瓮　2. 陶碗　3、4、8、10. 陶罐　5～7. 陶钵　9、11、15. 玉扣、小玉片、玉环、玉坠
12. 薄铜片与漆痕　13、19～21. 石块　14. 铜铃　16、17. 玉镯　18. 玉环　22. 陶片

部位往往遗留下一层薄薄的炭屑层和灰白色的烧土层。如元 M61，长 2.6、宽 0.65、深 0.6 米，用火烧烤近底，填土中有一层层排列整齐而较薄木炭层，烧土呈灰白色，出土铜斧 1 件（彩版三，3）。

3. 打碎随葬品随葬风俗

盛行碎物随葬是元龙坡墓葬中具有浓郁地域色彩的葬俗之一。在发掘清理的 350 座墓葬中，有 113 座墓底无随葬品。在墓底无随葬品的墓葬中，有 52 座填土中有陶片、玉器残片、砺石或石范。在墓底有随葬品的 237 座墓葬中，除极少数未发现碎物随葬外，其余均有碎物随葬的现象，其中打碎最多的是陶器，其次是玉器，也有铜器。打碎物品的碎片往往散洒于填土中及墓底，但不一定都散洒入墓室，往往是大部分或一部分，也有的仅仅取极小的一部分随葬于墓底。

4. 积石风俗

由于元龙坡水土流失严重，不少墓葬墓室已残缺不全。在已清理墓室较深的墓葬中，有 13 座墓室填土积石，其中以元 M316、元 M216、元 M273、元 M87 等墓最突出。特别是四周有二层台的元 M316，在长 3.5、宽 1.6、距地表 0.2～0.9 米的填土中积石 49 块大石头，在二层台以下距地表 1.4～2 米的墓室填土中又积石 13 块，总共积石 62 块大石头（见彩版三三，1）。从元龙坡已清理墓葬来看，凡是规模较大的墓葬几乎都有积石。这是一种特别而且少见的现象。

第三节　典型墓葬分述

元 M21　A 型 I 式。位于元龙坡西支北坡中段坡地边缘处，东邻 M65，西北邻元 M7，南北两侧则是空白地带。墓向 110°，墓室长 2.5、宽 0.7、深 0.7～1 米。填土露于地面。西南面高出地面约 0.2 米，东北面高出地面 0.5 米，呈黄褐色，深 0.5 米出现一层较薄木炭屑散布，西端靠北壁置一敞口陶釜，旁置一砺石，西端靠南壁置一铜矛及 2 件玉饰（图一七；彩版四，1）。

出土器物：陶釜（残）1、铜矛 1、砺石 1、玉饰 2 件（残）。

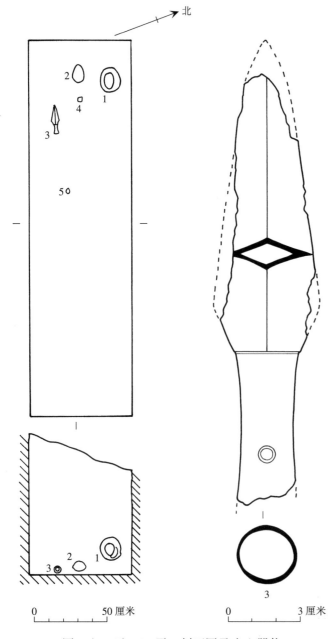

图一七　元 M21 平、剖面图及出土器物
1. 陶釜　2. 砺石　3. 铜矛　4、5. 玉饰

铜矛　1件。

元 M21：3，Ⅳ式。器形较大。凸脊，骹部微束，腰靠末端有一穿。残长 17.1、刃残宽 3.6 厘米（图一七，3；彩版四，2）。

砺石　1件。

元 M21：2，浅黄色，质地坚硬，细腻。鸡蛋形。正面有磨痕，余保留自然砺石面。长 10、宽 7、厚 6.5 厘米（彩版四，3）。

元 M56　B 型Ⅰ式。位于墓区偏北侧，东南邻元 M51，西北邻元 M10，但相距较远，北侧是空白地带。墓向 114°，墓室长 4、宽 0.8、深 1.2 米。清理前填土高出地面约 0.05～0.1 米，清理至 0.15 米时，两端设二层台，此后在墓室两侧往二层台中间斜收成三角形，使之呈船形墓室；填土中有零星木炭屑及陶片（图一八；彩版四，4）。

出土器物：陶釜 1、陶钵 2、铜矛 2、玉镯 1 件。

陶釜　1件。残破，出土时破碎，口朝上。夹砂灰黑陶。撇口，圜底。饰绳纹。

陶钵　2件。均为Ⅰ式。

元 M56：5，Ⅰ式，夹砂灰黑陶。直口，圜底。口径 10、残高 5.5 厘米（图一八，5）。与填土中出土的另一陶片相一致，应为一件器物打碎后散于填土中。

铜矛　2件。

元 M56：1，Ⅵ式。器形较小。叶较宽，叶前端呈三角形，叶骹长度基本相等，骹呈扁圆形。长 9、宽 3.4 厘米（图一八，1）。

元 M56：6，Ⅴ式。刃残，宽叶，锋尖，短骹，呈鱼嘴形骹口。残长 17、宽 6 厘米（图一八，6；彩版四，5）。

玉镯　1件（元 M56：4），A 型Ⅰ式。出土时仅存一小节。

元 M60　A 型Ⅰ式。位于元龙坡墓区顶部偏北，西南邻元 M61、元 M64，西北邻元 M51，其他区域是空白地带。墓向 101°，墓室长 2.8、宽 0.8、深 1.25 米。墓底东端置两块较大砂岩石块。

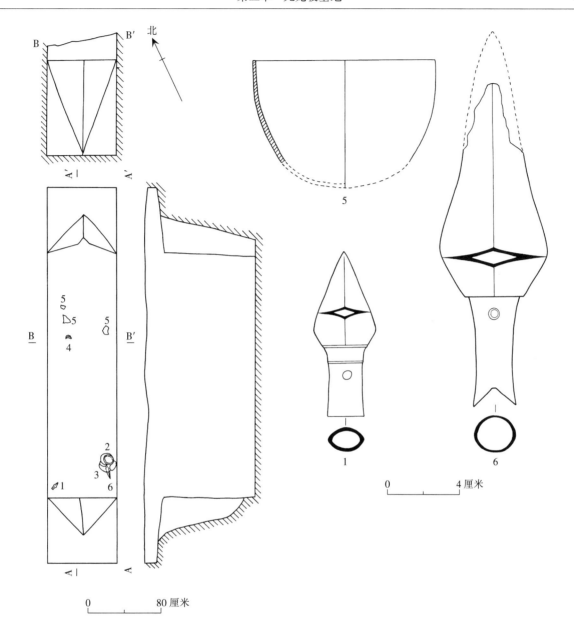

图一八　元 M56 平、剖面图及出土器物
1、6. 铜矛　3. 陶釜　4. 玉镯　5. 陶钵

出土器物陶钵置放于墓室东端，出土时破碎严重（图一九）。

出土器物有：陶钵（残）1、残玉玦1件、砺石3、玉玦1件，另有破碎陶片2处。

元 M63　C 型。位于元龙坡墓区西北侧顶部，四周部是空白地带，仅在西南侧较远处与元 M65 相近。墓向120°，墓室长2.2、宽0.6、深0.7米。清理前地表可见明显较硬的灰黄色墓室填土，墓的南侧有一半圆形侧室，内置2件陶器（图二〇；彩版五，1）。

出土器物：陶釜2件。

陶釜　2件。

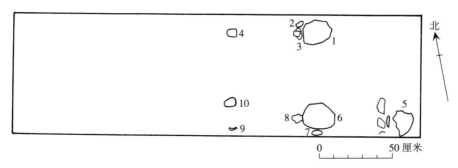

图一九　元 M60 平面图

1、6、7. 卵石　2~4. 砺石　5. 陶钵　8、10. 陶片　9. 玉玦

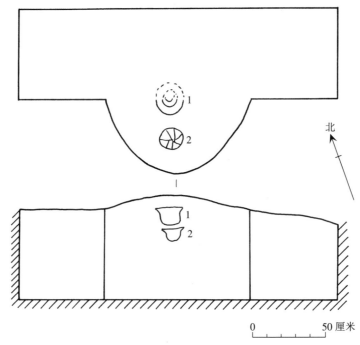

图二〇　元 M63 平、剖面图

1、2. 陶釜

元 M63：1，Ⅰ式。夹粗砂红褐陶。出土时破碎。敞口，束颈，口大于腹，扁腹，圜底。素面。口径 18、高 12 厘米。

元 M63：2，Ⅲ式。夹粗砂红褐陶。扁腹，侈口，圜底。饰竖行细绳纹。口径 12、残高 8 厘米（彩版五，3）。

元 M69　A 型Ⅰ式。位于元龙坡墓区西北侧，北邻元 M68、元 M82，西南邻元 M196，北邻元 M79，但距离较远，东北侧是空白地带。墓向 150°，墓室长 2.4、宽 0.67、深 0.7~1.2 米。随葬品置于墓室靠西壁处（图二一；彩版五，2）。

出土器物：陶罐 3、陶钵 2、玉镯 1 件。

陶罐　3 件。

元 M69：2，Ⅲ式。夹粗砂灰褐陶。敞口，圜底。口径 8、高 9 厘米（图二一，2）。

元 M69：3，Ⅵ式。夹粗砂灰褐陶。侈口，高领。口径13.2、残高6.6厘米（图二一，3）。

元 M69：6，Ⅵ式。泥质红陶。侈口，圆唇，高领。口径12.8、残高7厘米（图二一，6）。

陶钵　2件。

元 M69：5，Ⅰ式，夹砂红褐陶。直口，弧腹，圜底。器表饰绳纹。口径13.6、高9厘米（图二一，5；彩版五，5）。

玉镯　1件。

元 M69：1，A 型Ⅰ式。白色，表面浸蚀较严重。宽厚肉，内沿有领凸出，肉宽平。外径9、内径5.8、肉宽1.6厘米（彩版五，4）。

元 M74　A 型Ⅰ式。位于元龙坡墓区北坡中部边缘处，南邻元 M66，东、西、北面是空白地带。墓向110°，墓室长2.5、宽0.7、深0.75～1.1米。清理前因雨水冲刷严重，两侧有水冲沟。填土呈块状，胶结坚

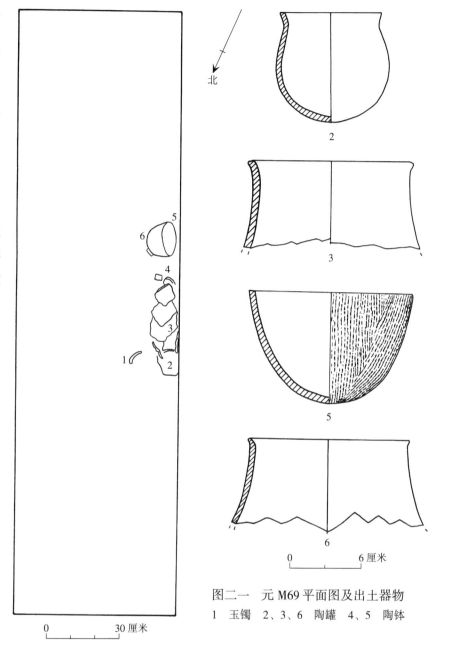

图二一　元 M69平面图及出土器物
1　玉镯　2、3、6　陶罐　4、5　陶钵

硬。墓底南侧有一长条漆痕，漆痕长1.6、宽0.18～0.35米。在墓室中部紧靠漆痕置铜斧1件，东端置玉管3件。此外，填土还有零星陶片（填土由南向北倾斜形成北边比南边高0.3米，填土中有陶片零星散布）（图二二；彩版六，1、2）。

出土器物：陶罐1、铜斧1、玉管3、砺石2件。

陶罐　1件。

元 M74：5，Ⅴ式。夹砂褐陶。侈口，圆唇，鼓腹，圜底。口径13、腹径15.4、高14厘米（图二二，5）。

铜斧　1件。

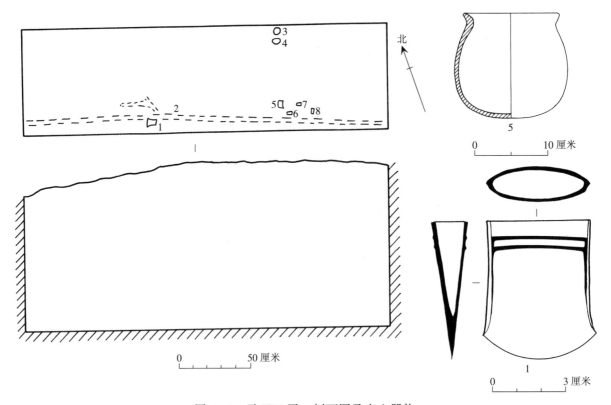

图二二　元 M74 平、剖面图及出土器物
1. 铜斧　2. 漆痕　3、4. 砺石　5. 陶罐　6～8. 玉管

　　元 M74：1，I 式。呈长方形，弧刃微张，扁圆銎，器身上端有两条较粗凸线，两侧合范痕明显。长 5.5、刃宽 4.6 厘米（图二二，1；彩版六，3）。

　　砺石　2 件。

　　元 M74：3、4，一件为圆形，一件为椭圆形。黄褐色，石质坚硬细腻。正面有平整磨痕，余保留自然砺石面。元 M74：3，直径 7.5、厚 4.2 厘米（彩版六，4）。

　　元 M76　A 型 I 式。位于元龙坡墓区东端近坡底边缘处，东北邻元 M86，东南邻元 M71、元 M75，其他区域全是空白地带。墓向 130°，墓室长 2.5、宽 0.7、深 1.5～1.7 米。填土露出地面，北面高出 0.06～0.1 米，呈黄褐色，含有木炭屑。墓东段靠南壁平行置铜矛 1 件，尖锋向东，周围有红漆痕（图二三）。

　　出土器物：铜矛 1 件。

　　铜矛　1 件。

　　元 M76：1，IV 式。器形较大。柳叶形，叶较宽，叶骹分界线明显，骹短小，前端有一小孔，骹口内凹。长 21.5、宽 6.3 厘米（图二三，1；彩版六，5）。

　　元 M91　A 型 I 式。位于元龙坡墓区东北面半坡处的边缘地带，北邻元 M317，西邻元 M94，南邻元 M89、元 M88。墓向 156°，墓室长 1.5、宽 0.5、深 0.35～0.7 米。墓两端有水冲沟。随葬品置墓底中部（图二四；彩版七，1、2）。

　　出土器物：铜圆形器 1 件、玉管 1 串 25 粒、玉玦 1 件。

铜圆形器　1 件。

元 M91：1，淡绿色，质地较软，呈松散颗粒状。平面呈圆形，外侧正面中部尖凸，另一面内凹，中间有一扁形钩舌。因腐蚀严重，仅见外侧靠中心有一组栉纹。直径 11、通高 2.7 厘米（图二四，1）。

玉管　1 串。

元 M91：3，1 串 25 粒。Ⅰ式。淡白色。圆管状，长短不一。通体打磨圆滑。管的两端有平切、斜割两种。最长 3.5、最短 1 厘米（彩版七，3）。

玉玦　1 件。

元 M91：2，Ⅰ式。淡白色。外径 5.3、内径 3.7 厘米。

元 M95　A 型Ⅰ式。位于元龙坡墓区南侧偏西坡下边缘处，东南邻元 M26，西邻元 M96，北邻元 M104、元 M113。墓向 120°，墓室长 2.4、宽 0.6、深 1.3（南）~ 1.6（北）米。填土较硬，填土出夹砂陶片，墓底有铜钺 1 件，锋刃朝南，其下方置一夹砂细绳罐口沿。东端靠北壁置夹砂陶罐（残），其南侧有陶纺轮。有 6 厘米×6 厘米红漆痕（图二五；彩版七，4）。

出土器物：陶罐 1、陶纺轮 1、铜钺 1 件。

陶罐　1 件。

元 M95：2，Ⅱ式。夹砂红褐陶。折沿。饰细绳纹。口径 9.8、残高 4 厘米（图二五，2）。

陶纺轮　1 件。

元 M95：1，Ⅳ式。夹粗砂红褐陶。上小下大，两端微内凹，断面呈梯形。直径 4.4、孔径 0.6、厚 1.6 厘米（图二五，1）。

铜钺　1 件。

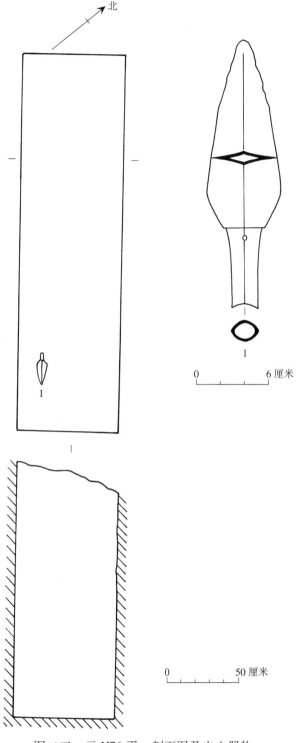

图二三　元 M76 平、剖面图及出土器物
1. 铜矛

元 M95：3，Ⅲ式。器身扁平，微束，扁圆銎平口，宽弧刃，两刃角外敞上翘。上端有四道凸弦纹。两侧有合范痕。长 7、刃宽 7、厚 1.3 厘米（图二五，3；彩版七，5）。

元 M97　A 型Ⅰ式。位于元龙坡墓区西南面坡地边缘处，西北距元 M107 约 4 米，东南邻元

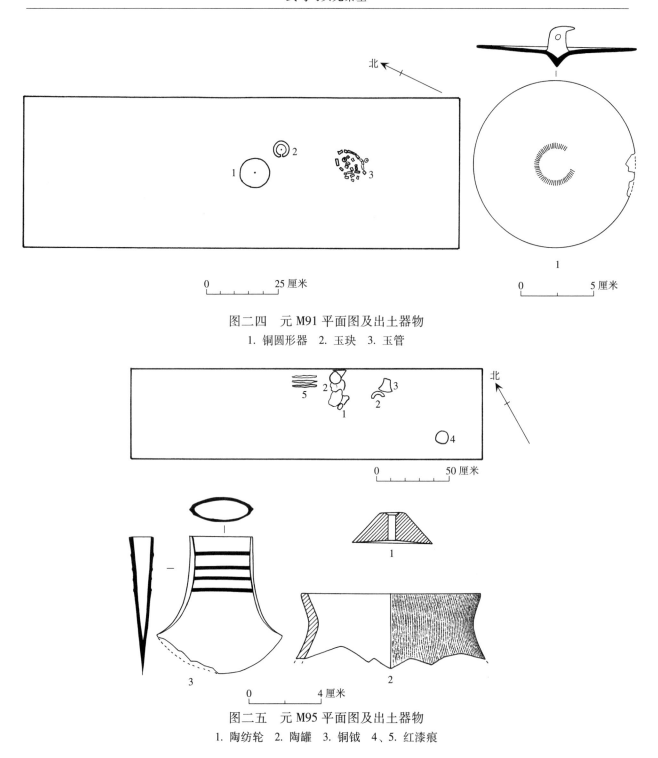

北

0   25 厘米

0   5 厘米

图二四　元 M91 平面图及出土器物
1. 铜圆形器　2. 玉玦　3. 玉管

北

0   50 厘米

0   4 厘米

图二五　元 M95 平面图及出土器物
1. 陶纺轮　2. 陶罐　3. 铜钺　4、5. 红漆痕

M153，其他区域仅为空白地带。墓向 105°，墓室长 2.7、宽 0.7、深 1.4～1.7 米。填土露出地面，黄褐色坚硬。深 0.7 米填土中有小块陶片出土。墓底东壁偏南处置铜矛 1 件，矛尖朝上斜置，铜矛旁（西侧）置陶钵，横向放置，口部侧斜向上。距东端 0.35 米靠北壁置铜钺及铜斧各 1 件。钺出土时侧向东北。靠北壁置残铜刀 1 件，刀背有边棱，质坚硬光亮。靠北壁深 1.1 米处有夹砂陶片（有素面的粗砂陶片，也有夹细砂细绳纹陶片）（图二六；彩版八，1）。

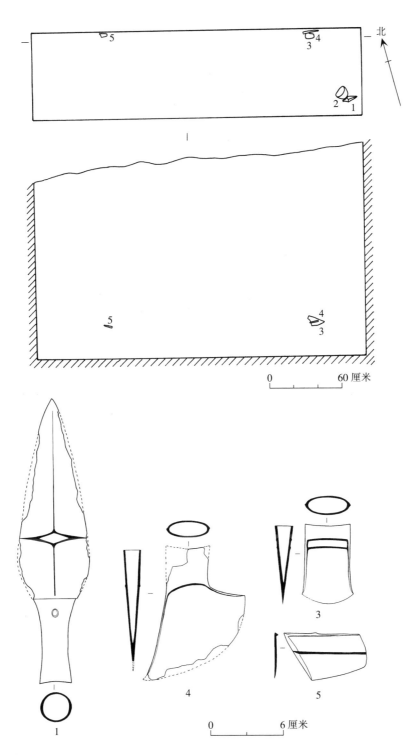

图二六　元 M97 平、剖面图及出土器物
1. 铜矛　2. 陶钵　3. 铜斧　4. 铜钺　5. 铜刀（残）

出土器物：陶钵 1、铜斧 1、铜刀 1、铜钺 1、铜矛 1 件。

陶钵　1 件。

元 M97：2，Ⅰ式。夹砂红褐陶。直口，斜腹，小圜底。口径13、残高9厘米（彩版八，2）。

铜斧　1件。

元 M97：3，Ⅰ式。呈长方形，扁圆銎，銎口微内弧，斧身上端有两条凸条，首略小。长6.3、刃宽4.1、宽3.6厘米（图二六，3）。

铜刀　1件。

元 M97：5，Ⅱ式。残，仅存刀刃中部，平脊。残长6.6、宽3.3、厚0.3厘米（图二六，5；彩版八，4）。

铜钺　1件。

元 M97：4，Ⅱ式。单侧斜弧刃，钺刃自銎部前端一侧微突后，斜弧向一侧延至刃锋，扁圆銎，单侧脊，微曲。长10.6、刃宽6.5、厚1.3厘米（图二六，4；彩版八，5）。

铜矛　1件。

元 M97：1，Ⅳ式。脊较高，叶、骹处有明显分界线；骹短小，口呈弧形，中部微束，前端开一小孔。长22.5、叶宽5.7厘米（图二六，1；彩版八，3）。

元 M102　A 型Ⅰ式。位于元龙坡墓区西北侧顶部，北距元 M109 约1.5米，东南邻元 M103、元 M110、元 M100，偏西方向是空白地带。墓向115°，墓室长2.6、宽0.6、深0.7～0.9米。填土露出地表，胶结块状，在距地面深0.35米的填土中有木炭屑层。靠墓底西端南壁出土铜斧1件；墓底西端靠南壁出土陶罐1件，倾斜，口向北（图二七；彩版九，1）。

出土器物：陶罐1、铜斧1件。

陶罐　1件。

元 M102：1，Ⅱ式。夹粗砂灰黑陶。敞口，折沿，圆唇，斜肩，圆腹，圜底。饰绳纹。口径13.6、腹径19.6、高20厘米（图二七，1；彩版九，2）。

铜斧　1件。

元 M102：2，Ⅱ式。弧刃（残）。残长5.5、刃宽3.5、銎宽2.5厘米。

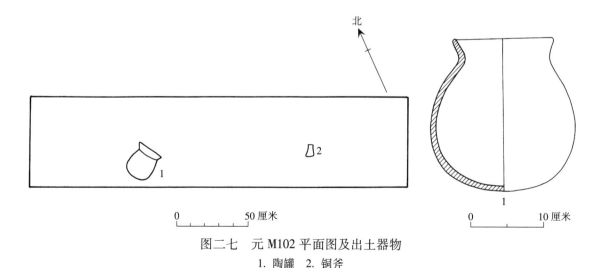

图二七　元 M102 平面图及出土器物
1. 陶罐　2. 铜斧

元 M119　A 型 I 式。位于元龙坡墓区西脉中部偏南中心区域，西南邻元 M118、元 M117，西邻元 M27，北邻元 M32、元 M59。墓向100°，墓室长2.55、宽0.7、深1.5 米。填土中距地表深约0.7 米处置钺范，在石范的同一层面和其下0.3~0.4 米的层位中有2件半成品的石范，均破成两块，分别置放近南壁的中部（其中一块呈方形的石范在砂岩石范的东端左右相依）和西南角边。近墓底东西两头均有一层薄白砂质层，东北角铜矛周围土色较黑，西端北壁有黑漆痕，东北角置菱形铜镞。距北壁0.19~0.23 米有一铜镦。西北角有长条形灰黑色的铜条。西南角置夹砂陶钵，钵之东侧置三块大石，"品"字形列置，在墓室中部及南端分别置放两组玉玦、玉环等（图二八；彩版一〇，1）。

出土器物：陶釜1、陶罐1、陶钵1、铜矛1、铜镞1、铜镦1、铜条1、玉玦4、石范2件及玉环4、玉坠饰1件。

陶罐　1件。

元 M119：6，II 式。夹砂红褐陶。敞口，折沿，弧腹，圜底。饰粗绳纹。口径14、腹径18.4、高18 厘米（图二八，6；彩版一〇，2）。

陶釜　1件。

元 M119：10，I 式。夹砂红褐陶。折沿，溜肩，圆鼓腹。口径14、高15.7 厘米（图二八，10；彩版一〇，3）。

陶钵　1件。

元 M119：14，I 式。夹细砂红褐陶。敞口，圜底。器身饰细绳纹。口径13.2、高9.2 厘米（图二八，14）。

铜镞　1件。

元 M119：1，I 式。三角形尖锋，宽叶，叶有血槽。铤残。残长5.9、叶最宽2.8 厘米（图二八，1）。

铜矛　1件。

元 M119：2，VI 式。叶单侧残，器形较小，叶较宽，截面呈菱形，叶骹无明显分段，骹前端附一对小鼻纽，平口。长13、残宽4.2 厘米（图二八，2）。

铜镦　1件。

元 M119：3，I 式。长方形，扁圆形銎，平口，上端有一凸棱，下端平面呈方形。长4.3、宽1.7、厚0.6 厘米（图二八，3）。

铜条　1件。

元 M119：15，黑褐色，似铁质，质地较粗，疏松。残长7、直径1 厘米（彩版一〇，4）。

石范　2件。

元 M119：t1①，红褐色细砂岩。仅残存二分之一。长方形，为单面斜刃钺范。刃上端有浇槽。残长10、宽9.3、厚2.8 厘米（图二八，t1；彩版一〇，5）。

———————————

① "t"指填土中器物。

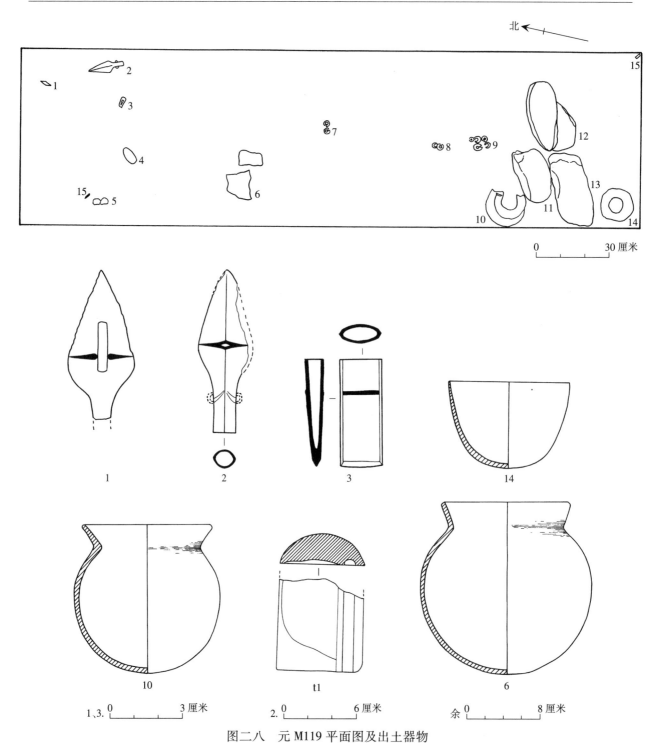

图二八　元 M119 平面图及出土器物

1. 铜镞　2. 铜矛　3. 铜镦　4. 河卵石　5. 红黑漆痕　6. 陶罐　7、8. 玉玦　9. 玉饰
10. 陶釜　11～13. 大石块　14. 陶钵　15. 铜条　t1. 石范

元 M119：t2，红褐色砂岩，质地较软。残存二分之一。器形不明。方形。残长 8.2、宽 7.6 厘米（彩版一〇，6）。

玉饰件　9 件。

元 M119：7、8，为 4 件玉玦，元 M119：9 为 4 件玉环及 1 件玉坠，因质地松软，出土时已残缺不全。

元 M124　A 型 I 式，位于元龙坡墓区西部坡顶，东邻元 M127，西邻元 M125、元 M123，北侧为空白地带。墓向 100°，墓室长 2.6、宽 0.8、深 1.3 米。填土露出地面，灰黄色，坚硬，墓室中部有烧土以及炭屑。墓室中部及偏南有陶钵、玉管、砺石、铜刀（图二九）。

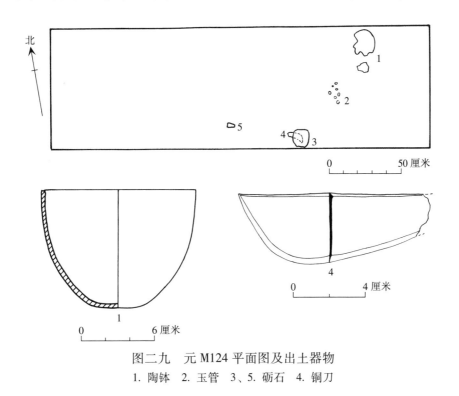

图二九　元 M124 平面图及出土器物
1. 陶钵　2. 玉管　3、5. 砺石　4. 铜刀

出土器物：陶钵 1、铜刀 1、玉管 7、砺石 2 件。

陶钵　1 件。

元 M124：1，I 式。夹细砂灰褐陶。敞口，斜弧腹，小平底。平唇上压印一道深浅不一凹印痕。口径 12.6、高 9.4 厘米（图二九，1；彩版九，3）。

铜刀　1 件。

元 M124：4，II 式。表面乌黑光亮。残刀刃最宽处靠前端，平脊，单面弧刃。残长 10.6、刃宽 3.8 厘米（图二九，4；彩版九，4）。

玉管　7 件。

元 M124：2，I 式，白玉。长短不一，最长 3.7、外径 0.8、内径 0.6 厘米，最短的长 0.5、外径 0.5、内径 0.3 厘米（彩版九，6）。

砺石　2 件。

元 M124：3，红褐色，质地细腻，较硬。不规则圆形。两面均有平磨痕。直径 10、厚 4 厘米（彩版九，5）。

元 M128　A 型 I 式。位于元龙坡墓区西北坡半山腰中心处，西北距元 M17、元 M18 约 1.5 米，西南距元 M122 约 2.5 米，东北侧是空白地带。墓向 123°，墓室长 2.22、宽 0.7、深 0.95 ～

1.15 米。填土不明显，较坚硬，并有零星陶片出土。陶片黄褐色，有细绳纹和素面两种，从口沿处看为釜、钵的残件。墓底中央靠西南壁置铜斧2件。铜斧周围有黑色漆痕，似有漆器包装之物。墓底中部还有两处漆痕，一处长2、宽1.2厘米；另一处呈三角形，长2、宽10厘米（图三〇；彩版——，1）。

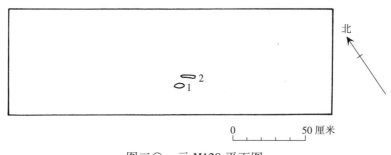

图三〇　元 M128 平面图
1、2. 铜斧

出土器物：铜斧2件。

铜斧　2件。

元 M128∶1，Ⅰ式。短身，弧刃，扁圆形銎，銎口内凹微弧。两侧有明显合范痕。残长4.6、刃宽4、厚1.3厘米（彩版——，3）。

元 M130　A型Ⅰ式。位于元龙坡墓区西北坡顶，东南邻元 M135，西南邻元 M131，西邻元 M126，北邻元 M125、元 M127，清理前人行小道经过其上。墓向100°，墓室长2.5、宽0.6、深1.25 米。填土中有零星陶片和木炭屑，深0.6 米后填土较松散，木炭屑近底部渐多。随葬器物分置于墓底中部及西北端，陶器置于北部靠近西侧，陶罐2件，平行排列，西南置一陶钵。西端置一器形较大的陶罐，铜钺刃部则压于陶罐之下，北壁靠中央置砺石及玉管，东侧置玉镯2件，玉镯互相套叠。东西两端靠南壁各置一大石块。填土中出土红砂岩单边石范1件（图三一；彩版一二，1）。

出土器物：陶罐3、陶钵1、铜钺1、玉镯2、玉管2、石范1（填土）、砺石1件。

陶罐　3件。

元 M130∶2，Ⅰ式。夹细砂灰褐陶。侈口，圆腹，圜底。口径11.8、腹径15.6、高13.4厘米（图三一，2）。

元 M130∶1，Ⅱ式。夹砂红褐陶。敞口，束颈，圆鼓腹，圜底。饰竖绳纹。口径12、腹径15、高15厘米（图三一，1）。

元 M130∶3，Ⅱ式。夹砂红褐陶。器形较大。折沿，腹较长。素面。口径16、腹径20、高22厘米（图三一，3；彩版一二，2）。

陶钵　1件。

元 M130∶4，Ⅱ式。夹细砂红褐陶。直口，斜直腹，圜底较平。素面。口径12、高10.6厘米（图三一，4）。

铜钺　1件。

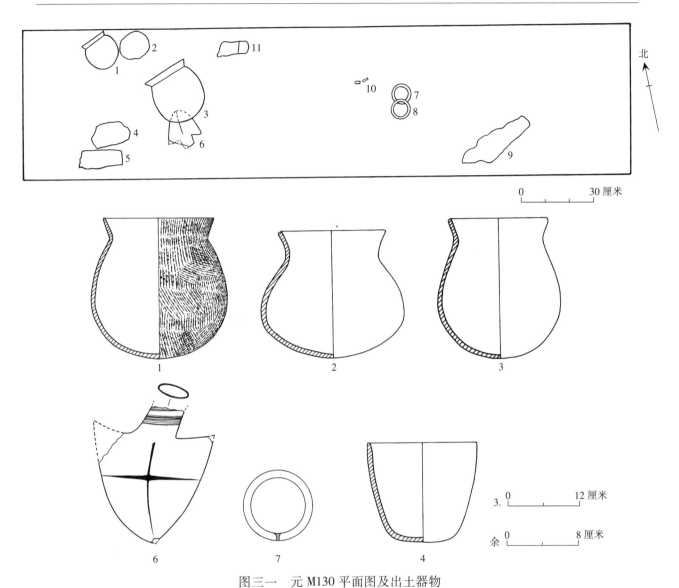

图三一　元 M130 平面图及出土器物
1~3. 陶罐　4. 陶钵　5、9. 石块　6. 铜钺　7、8. 玉镯　10. 玉管　11. 砺石

　　元 M130：6，Ⅰ式。器身扁平，一侧刃角残，双弧刃，刃尖锋，不对称双肩向内收成倒钩状双翼，扁圆銎向一侧斜。銎的后半部有间隔的两组三道粗弦纹，每道粗弦纹上又有两道阴细弦纹。残长 14.4、刃最宽 13 厘米（图三一，6；彩版一二，3）。

　　玉镯　2件。

　　元 M130：7，A 型Ⅱ式。白色，肉质地较细。外径 7.6、内径 5.8、厚 0.3 厘米（图三一，7；彩版一二，4）。

　　石范　1件。

　　元 M130：t1，红砂岩。残二分之一。单边。残长 11、宽 6.2 厘米（彩版一二，5）。

　　砺石　1件。

　　元 M130：11，长条形。表面有内凹磨痕。长 11、宽 4.5、厚 6 厘米（彩版一二，6）。

元 M135　A 型 I 式。位于元龙坡墓区西支墓区中心区域，东南邻元 M136，东北邻元 M129，西北邻元 M130。墓向 102°。长 2.7、宽 0.75、深 2 米。清理前人行小道经过其上，地面可见块状长方形填土痕迹，深 0.35 米后有夹砂陶片出土，深 0.85 米有一处范围 0.23 米的木炭屑层。墓底西端置 2 件相叠压铜矛，矛周围有木套的痕迹，靠东端置陶钵 1 件，倒置，口朝北壁。在填土中发现有夹砂陶片和一小片铜器，呈方形，长 3、宽 2.5 厘米（图三二；彩版一一，2）。

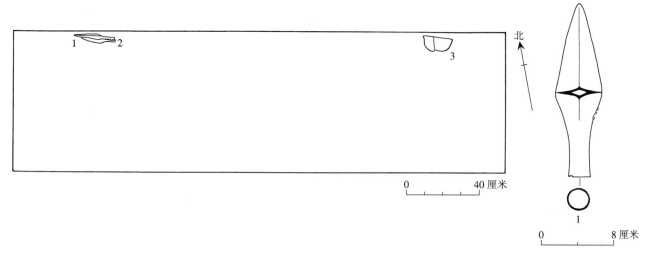

图三二　元 M135 平面图及出土器物
1、2. 铜矛　3. 陶钵

出土器物：陶钵 1、铜矛 2 件。

陶钵　1 件。

元 M135:3，I 式。夹砂红褐陶。直口，弧腹，小平底。素面。口径 15、高 8 厘米。

铜矛　2 件。

元 M135:1，VI 式。长叶短骹，截面呈菱形，凸脊，脊自前锋直伸至骹口，无明显分界线，骹平口。长 18、宽 5 厘米（图三二，1；彩版一一，4）。

元 M135:2，VI 式。叶略残，叶较长且宽，脊粗，叶骹无明显分界线，圆銎，平口。长 22、宽 7 厘米（彩版一一，5）。

元 M139　A 型 I 式。位于元龙坡墓区北坡顶中心区域靠北侧的边缘处，东南邻元 M140、元 M141，西南邻元 M138，西北侧全部是空白地带。墓向 106°，墓室长 2.4、宽 0.7、深 1.1（北）~ 1.3（南）米。清理前人行小道经过其上。填土中有零星木炭屑和陶片。墓底西北置铜矛、夹砂陶罐各 1 件（图三三；彩版一三，1）。

出土器物：陶罐 1、铜矛 1 件。

陶罐　1 件。

元 M139:2，IV 式。夹细砂红褐陶。短颈微束，圆腹。口径 14、腹径 22、高 20 厘米。

铜矛　1 件。

元 M139:1，V 式。短骹，叶较宽，叶微束，前锋呈三角形，脊粗凸出，叶骹分段不明显，骹平口前端有一小孔。长 14、叶宽 4.5 厘米（图三三，1；彩版一三，3）。

元 M140　A 型 I 式。位于元龙坡墓区北坡中部偏边缘处，东邻元 M149、元 M141，西邻元 M138、M139，其他地方是空白地带。墓向 102°，墓室长 2.3、宽 0.6、深 1~1.1 米。清理前人行小道经过其上。填土较松，夹有小粒石子、夹砂陶片。墓底中央靠南壁置一小铜斧，另置陶纺轮 2件，还有小玉玦 1 件，靠西北侧置陶钵（图三四；彩版一三，2）。

出土器物：陶钵 1、陶纺轮 2、铜斧 1、小玉玦 1 件。

陶钵　1 件。

元 M140：5，II 式。夹粗砂褐陶。敞口，平唇，下半部较厚，圜底。器表饰云雷纹。口径 10.2、高 7 厘米（图三四，5；彩版一三，4）。

陶纺轮　2 件。

元 M140：3，III 式，夹粗砂红褐陶。扁圆形。直径 3.2、孔径 0.5、厚 2 厘米（图三四，3）。

元 M140：2，II 式。夹粗砂灰褐陶，质地偏软，火候偏低。算珠形。直径 3.5、孔径 0.5、厚 2.6 厘米（图三四，2；彩版一三，5）。

铜斧　1 件。

元 M140：4，II 式。器形较小。刃、銎残。平口，弧刃外撇呈"风"字形。两侧有合范痕。长 4.6、宽 4.6、厚 1 厘米（彩版一三，6）。

玉玦　1 件。

元 M140：1，外径 1、内径 0.7~0.8 厘米。

元 M147　B 型 I 式。位于元龙坡墓区西南中部中心区域，南邻元 M146，东邻元 M156，北邻元 M142，偏西南侧则是空白地带。墓向 114°。含二层台墓长 4、宽 0.6、深 1.6 米，清理前人行小道经过其上，东、西两端设二层台，二层台面略向墓室倾斜，台面及墓底经火烧，有条状长度、大小不等的炭屑层及烧土，其中以西北角一处最长，距地表深 0.35~0.9 米，长 2、宽 0.14 米，厚 0.4 厘米，由西向东倾斜。东端二层台置铜卣 1 件，填土中在不同的深度出土斧范 1 套、镦范 1套、叉形器石范半片及镞范各半套，大方格纹陶釜（残）（方格 1 厘米×1 厘米）及数量较多陶片（图三五；彩版一四，1、2）。

出土器物：陶罐 1、陶钵 1、铜钺 1、铜矛 1、铜卣 1 件，另有石范 4 套（件）在填土出土。

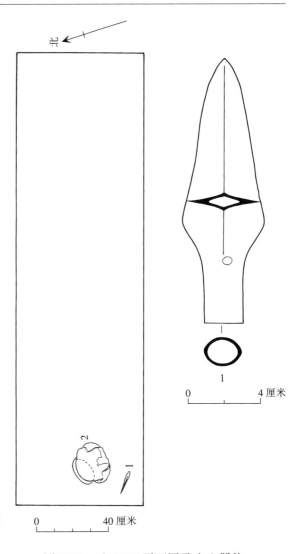

图三三　元 M139 平面图及出土器物
1. 铜矛　2. 陶罐

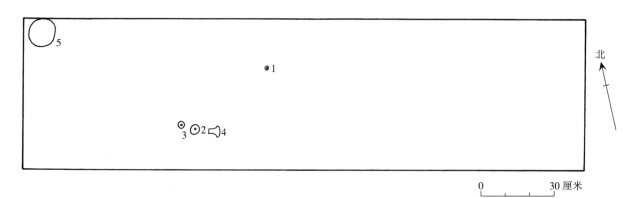

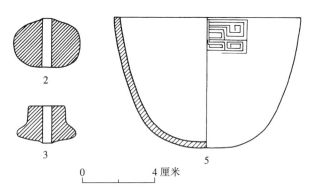

图三四　元 M140 平面图及出土器物

1. 玉玦　2、3. 陶纺轮　4. 铜斧　5. 陶钵

陶罐　1 件。

元 M147：5，V 式。出土时距墓底 0.7 米。夹粗砂黄褐陶。折沿，平唇。素面。口径 26、腹径 32.8、高 30.5 厘米（图三五，5；彩版一四，3）。

陶钵　1 件。

元 M147：4，I 式。夹砂黄褐陶，火候低，质地软。出土时已残破不全。直口，圜底。

铜卣　1 件。

元 M147：1，扁圆形。直口，扁垂腹，圈足，绳索状提梁。提梁头作牛头纹饰，盖及腹部饰夔纹。口径 10~12.5、底径 13.2~16.4、通高 28 厘米（图三五，1；彩版一四，4）。

铜矛　1 件。

元 M147：2，IV 式。脊棱线明显。叶肥大匀称，截面呈菱形；骹中部微束，口呈鱼嘴形，前端有一小孔。长 18.5、宽 5 厘米（图三五，2）。

铜钺　1 件。

元 M147：3，II 式。出土时距墓底 0.35 米。刃、銎均残，单侧斜弧刃，钺刃自銎部前端一侧微凸后，斜弧向一侧延至刃锋，扁圆銎，单侧脊，微曲。长 10.5、刃宽 8.5、厚 1.2 厘米（图三五，3）。

石范　4 套（件）。均出土于填土。斧范、镞范各 1 套，叉形器范、镞范各 1 件（半边）。

斧范　1 套。

元 M147：t1，长 8.6、宽 5~6.4、厚 2 厘米（图三五，t1）。

镞范　1 套。

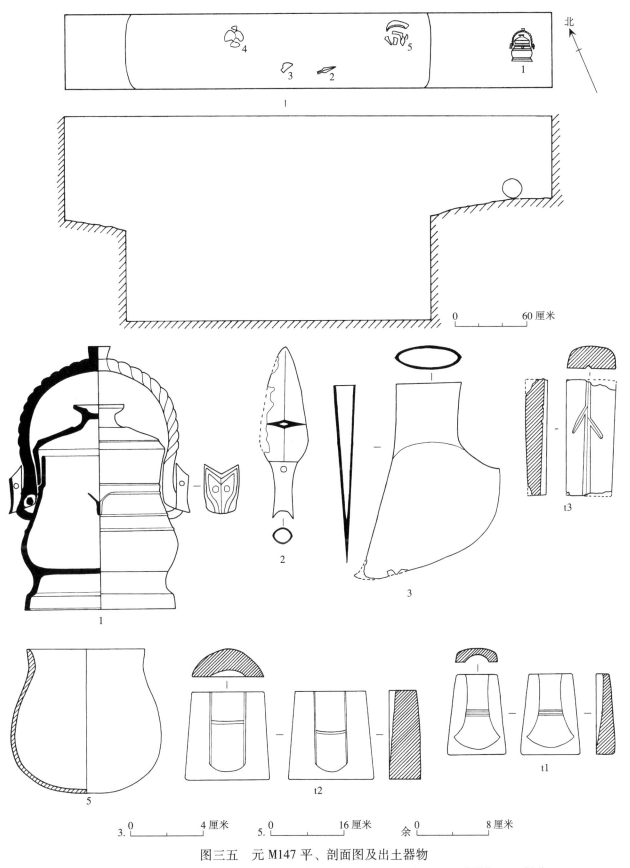

图三五　元 M147 平、剖面图及出土器物

1. 铜卣　2. 铜矛　3. 铜钺　4. 陶钵　5. 陶罐　t1. 斧范　t2. 镦范　t3. 叉形器范　t4. 镞范

元 M147：t2，红色细砂岩。呈梯形，完整两合。长 9.2、宽 7.8~9、厚 3.2 厘米（图三五，t2；彩版一五，1）。

叉形器范　1 套。

元 M147：t3，红色细砂岩。残，长条形。两合。残长 12.2、宽 4~5.4、厚 2.4 厘米（图三五，t3；彩版一五，2）。

三镞范　1 件。

元 M147：t4，红褐色砂岩。存半边。残长 10、宽 6 厘米（见彩版四八，1）。

元 M148　B 型 I 式。位于元龙坡墓区西脉顶部中心区域，西南距元 M142 约 1.5 米，距元 M147 之北约 4 米，东邻元 M16、元 M156。墓向 115°，墓长 3.9、宽 0.6~0.7、深 1.15 米。去表土层 0.15 米后，填土显露出红褐色填土，填土含少量小角砾石及陶器口沿残片，二层台距墓口深 0.2 米。墓底中部偏东处置铜钺 1 件，刃向南，平置。铜钺东侧 2~3 厘米置一组玉饰品，在玉玦与玉镯之间及四周，散布很多小而薄中开小孔的圆玉片（直径 0.5、厚约 0.1 厘米），有单散一、二片，也有 5~10 片成串聚集在一起的可见的有十余片（图三六；彩版一六，1、2）。

出土器物：铜钺 1、玉镯 2、玉玦 1、玉管 3 件及小玉片 20 余片。

铜钺　1 件。

元 M148：1，Ⅲ 式。器身较扁薄，宽弧刃，两刃角上翘呈扇形，身銎间有一道凸分界线，椭圆銎。长 6.9、刃宽 8.5、厚 1 厘米（图三六，1；彩版一六，3）。

玉镯　2 件。

元 M148：2、3，A 型 I 式，内沿稍凸。分别为外径 7、内径 5.1、肉宽 0.9~1 厘米，外径 7.5、内径 5.5、肉宽 1 厘米（彩版一六，4、5）。

玉玦　1 件。

元 M148：7，I 式。外径 2、内径 1 厘米（彩版一六，5）。

玉管　3 件。

元 M148：5、6，I 式。一件长 5、直径 0.7 厘米，另一件长 4.8、直径 0.9 厘米（图三六，5、6；彩版一六，6）。

小玉片　元 M148：8，共有 20 余片。直径 0.5、厚约 0.1 厘米。

元 M151　B 型 I 式。位于元龙坡墓区西支中段南侧中心区域偏边缘处，地面呈自北向南倾斜，北高南低，东邻元 M47，东北邻元 M145，东南邻元 M152，西北邻元 M98，西南侧偏西方向则是空白地带。墓向 120°，墓室长 3.8、宽 0.55、深 1.7~2 米。填土微露地面，二层台两端（东深 0.45 米，西端深 0.8 米）有一层烧土及炭屑，烧土呈较硬灰白色，呈条状向墓中部呈弯曲形伸延，紧靠南北两壁较多，木炭呈多层次叠压。二层台及墓底均有经多次烧烤痕，两端二层台均向墓室倾斜 10°~15°，西端底有一弧边头龛，高 0.3、深 0.15 米，宽与墓底相同。随葬品仅在二层台与填土交界处中，距北壁深 0.7 米发现一处叠压破碎的夹砂陶罐，墓底无随葬品（图三七；彩版一五，3、4）。

出土器物：陶罐 1 件。

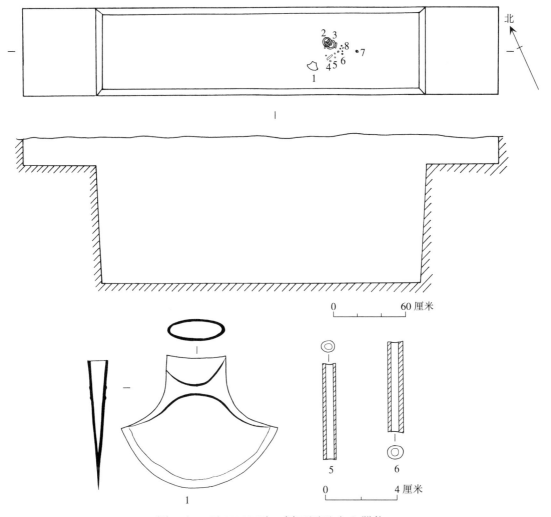

图三六　元 M148 平、剖面图及出土器物
1. 铜钺　2、3. 玉镯　4~6. 玉管　7. 玉玦　8. 小玉片

陶罐　1件（残）。

元 M151∶t1，Ⅱ式。夹粗砂黄褐陶。胎体厚薄均匀，较薄。器形较大。宽沿，圆唇，束颈。器表饰交错绳纹。口径 24、腹径 34、残高 22 厘米（图三七，t1；彩版一五，5）。

元 M169　A 型Ⅰ式。位于元龙坡墓区西支顶部东端中心区域的边缘处，西北邻元 M170，西邻元 M167，而偏东北及东南面则是空白地带。墓向 154°，长 2.4、宽 0.8、深 0.68~1 米。清理前人行小道经过其上，北壁填土深 0.2 米处有长 0.4、宽 0.1 米黑色木灰痕。器物置西北端，自深 0.3~0.4 米分别出土玉管、陶罐、陶钵各 1 件（图三八；彩版一七，1）。

出土器物：陶罐 1、陶钵 1、玉管 1 件。

陶罐　1件。

元 M169∶3，Ⅲ式。夹粗砂灰褐陶。侈口，圆唇，矮领，圆鼓腹，圜底。素面。口径 11、腹径 13、高 12 厘米（图三八，3）。

陶钵　1件。

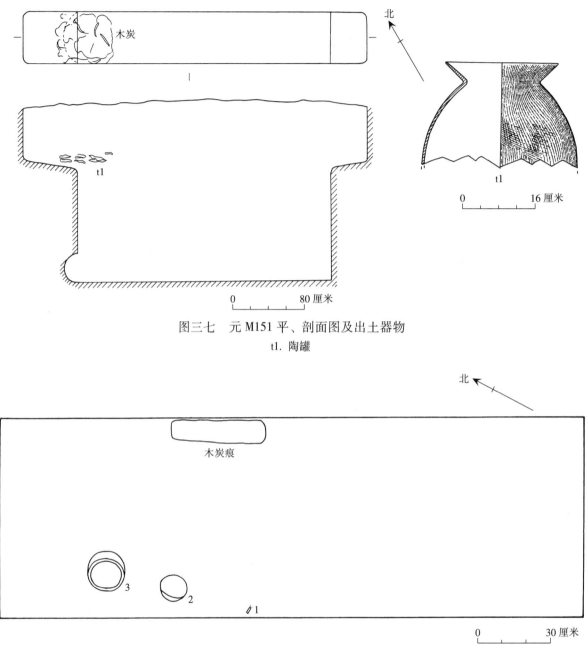

图三七　元 M151 平、剖面图及出土器物
t1. 陶罐

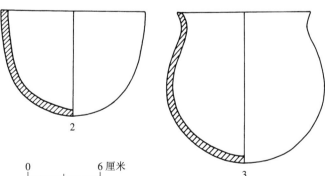

图三八　元 M169 平面图及出土器物
1. 玉管　2. 陶钵　3. 陶罐

元 M169：2，Ⅰ式。夹粗砂红褐陶。敞口，圆唇，弧腹，圜底。素面。器表经打磨。口径11.8、高 8.4 厘米（图三八，2；彩版一七，2）。

玉管 1件。

元 M169：1，白色。长形，圆管状。残长 3、直径 0.6 厘米。

元 M174 A 型Ⅰ式。位于元龙坡南区偏西方向中部两侧近顶凹处的边缘，东南邻元 M176，东北邻元 M340，但相距较为偏远，其他区域为空白地带。墓向 150°，墓室长 2.5、宽 0.75 ~ 0.8、深 1.1 ~ 1.9 米。四周水土流失严重，填土明显凸露地面，其中东北面高出地面 0.2 ~ 0.4 米，西南高出 0.6 ~ 0.9 米，填土上部较坚硬，下部较松软，往下挖东壁渐向内斜，填土中有零星木炭屑，至深 0.9 米出土玉管 2 件，长者长 3、直径 0.7 厘米，短者长 0.7、直径 0.4 厘米，下挖至底部东南角置两套石范，墓底偏西北置砺石 3 块，在砺石旁有铜刀（断节）。北端靠西壁有折沿陶器残片，为夹细砂，灰色，饰细绳纹，直口，方唇，数片为罐、钵残片；靠东北壁有砺石 5 块，有明显磨痕，下有一长形朱红漆痕。南边为一铜片装饰器物，器形不明，其以极薄铜片卷成云雷纹饰件，四周有红、黑相间漆痕；偏南为剑鞘形装饰，亦由铜片卷成云雷纹装饰，装饰中部却为一道 9 厘米 × 7 厘米红、黑相间的漆痕，饰件呈锐三角形，长 35、宽 7 厘米（图三九；彩版一八；彩版一九，1）。

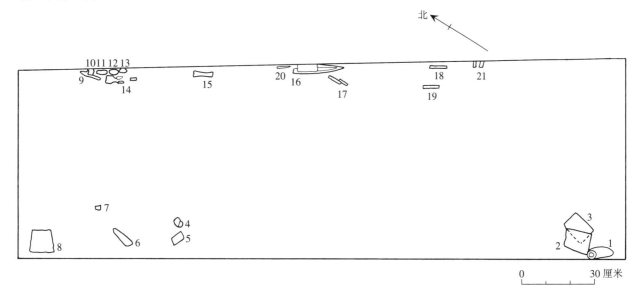

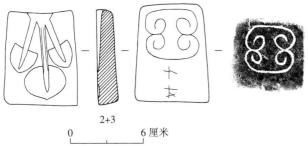

图三九 元 M174 平面图及出土器物
1、2 + 3. 石范 4 ~ 6、9 ~ 13. 砺石 7. 铜刀
8. 陶钵 14. 漆痕 15. 铜片 16 ~ 20. 铜饰片、
漆痕 21. 玉管

出土器物：陶钵1、铜刀1、钺范1套、镞范1套、玉管2、薄铜片、砺石8件。

石范　2套4件。

元M174：1，钺范。竖置，叠合。长8.8、宽4.6~6.5厘米（彩版一九，2）。

元M174：2+3，镞范，相叠合。一范三镞，镞为"心"形，中空，平置。一片背阴刻云雷纹，合石范为三枚心形镞范。长7.8、宽5.4~6.3、厚1.5厘米（图三九，2+3；彩版一九，3）。

铜刀　1件。仅存一小节刀背残片。

薄铜片　元M174：16~20，装饰件与黑红漆痕。

砺石　8件。

元M174：4，方形。四面有磨痕。长7.5、宽4.8、厚3.5厘米（彩版一九，4）。

元M174：6，圆柱状。上下两端有磨痕。长10、宽3.8、厚2厘米（彩版一九，5）

元M187　A型Ⅰ式。位于元龙坡墓区最高处的中心区域偏西侧，东南邻元M190、元M341，东北邻元M203，北邻元M201，西南邻元M186，偏西方向则是空白地带。墓向158°，墓室长2.4、宽0.8、深1.8米。随葬品均置于墓底南端，玉环1件，玉环之南置铜斧、铜镦、铜刀各1件，铜镦旁有瓣形宽0.4、厚0.15厘米扁圆条状铜饰；铜镦出土时侧置。夹砂陶钵1件出于墓底西南角（图四〇；彩版一七，3）。

出土器物：陶钵1、铜斧1、铜刀1、铜镦1、玉环1件。

陶钵　1件。

元M187：1，Ⅰ式。夹粗砂灰褐陶，陶质疏松，火候偏低。敞口，圜底。口径约12厘米。

铜斧　1件。

元M187：4，Ⅱ式。残长6.2、刃宽5厘米（彩版一七，4）。

铜刀　1件。

元M187：3，Ⅱ式。残，仅存刀中部。弧刃，平脊，脊有凸棱。残长7.2、刃残宽2.6厘米（彩版一七，5）。

铜镦　1件。

元M187：2，Ⅲ式。圆筒形。残长3.6、銎径1.8厘米（图四〇，2）。

玉环　1件。

元M187：5，Ⅰ式。外径6、内径5、厚0.5厘米（图四〇，5；彩版一七，6）。

元M189　A型Ⅰ式。位于元龙坡墓区中心区域东南侧，南邻元M190，北邻元M188、元M316，南邻元M274。墓向125°，墓室长2.4、宽0.6、深0.6~1米。清理前地表墓室填土不明显，较松软。在深0.4米靠东有一块石头，至深0.6米有较宽平薄的木炭屑层，靠近中部南壁处约0.4米西北侧有半截玉环，并有零星陶片。西北侧深约0.7米有一陶钵残片，直口，圜底，墓中部近底散布较多与直口钵相同的陶片。东北角置一铜矛，锋尖向东（图四一；彩版二〇，1）。

出土器物：仅有铜矛1件。

铜矛　1件。

元M189：1，Ⅳ式，叶略残，较宽大，骹较短大，束腰，平口，叶骹间有分段线，骹前端有一

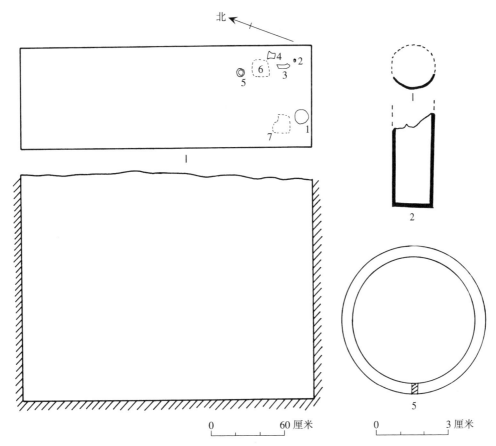

图四〇　元 M187 平、剖面图及出土器物
1. 陶钵　2. 铜镦　3. 铜刀　4. 铜斧　5. 玉环　6、7. 漆痕

对穿小孔。长 13.5、宽 4 厘米（彩版二〇，5）。

元 M192　A 型 I 式。位于元龙坡墓区西南侧边缘处，南邻元 M178，北邻元 M177、元 M176，其他区域则是空白地带。墓向 180°，墓室长 2.37、宽 0.8、深 0.65～1.2 米。清理前有少量块状的填土露出地面，胶结坚硬。墓底中偏北有铜铃、玉管、玉坠（图四二；彩版二〇，2、3）。

出土器物：铜铃 1、玉饰件 8 件。

铜铃　1 件。

元 M192：1，舞呈弧形，纽两侧与舞等宽，呈遍圆形，中开一 0.6 厘米穿孔，铃口呈鱼尾形。底宽 2.5、通高 4.2 厘米（图四二，1；彩版二〇，4）。

玉管、玉坠　8 件（玉管 7、玉坠 1 件）。

元 M192：2，I 式玉管，7 件，白色。均为圆形条状，两端有平、斜之别。长短不一，有的内孔径不对称。约长 0.8～4.7 厘米。另有玉坠 1 件，上有一小孔，残断。断面呈椭圆形。残长 3.1 厘米（图四二，2；彩版二〇，6）。

元 M196　A 型 I 式。位于元龙坡墓区中部东面坡腰处，东北邻元 M195、元 M18，北邻元 M69、元 M82，其他区域为空白地带。墓向 165°，墓室长 2.3、宽 0.7、深 1.2～1.5 米。填土高出地面，坚硬，灰褐色，填土中含较多的小角砾石，内置八块大石。墓底北端西壁置随葬品有漆痕、

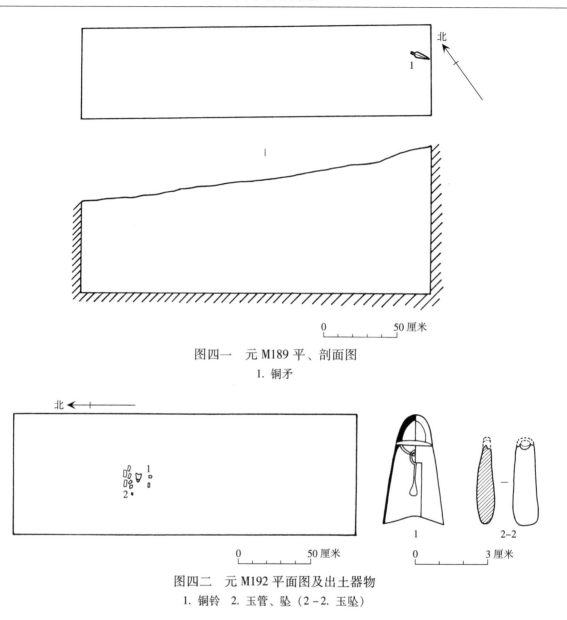

图四一　元 M189 平、剖面图
1. 铜矛

图四二　元 M192 平面图及出土器物
1. 铜铃　2. 玉管、坠（2-2. 玉坠）

铜矛、铜钺等物。漆痕两处为黑色，其中一处圆形，似碗类器物，径 10 厘米；另一处为长方形，似盒类器物，紧靠西壁，长 40、宽 13 厘米，部分贴附在西壁高约 13 厘米。墓中部靠西壁有一玉管（图四三；彩版二一，1、2）。

　　出土器物：铜钺 1、铜矛 1、玉管 1 件。

　　铜钺　1 件。

　　元 M196：3，Ⅱ式，斜刃，两端刃尖呈不对称上翘，器身扁平，微束，扁圆銎，平口。上端有两道凸弦纹。长 7.4、刃宽 8、厚 1.4 厘米（图四三，3；彩版二一，3）。

　　铜矛　1 件。

　　元 M196：2，Ⅱ式。长叶短骹，锋尖较圆钝，两叶翼为双曲弧线刃，椭圆形骹，两侧各一附耳，叶脊较粗呈圆锥形。长 17、宽 5 厘米（图四三，2；彩版二一，4）。

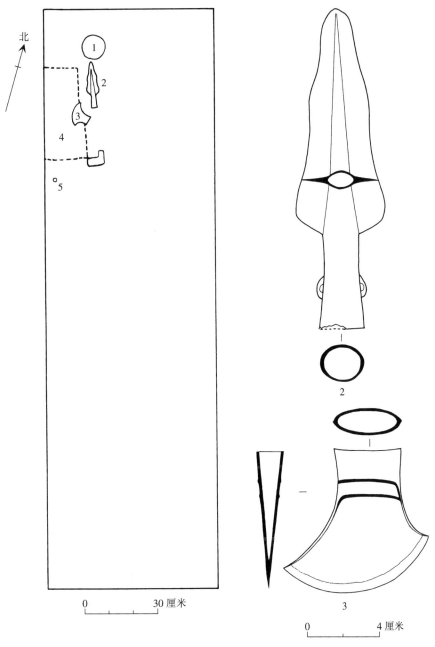

图四三　元 M196 平面图及出土器物
1、4. 漆痕　2. 铜矛　3. 铜钺　5. 玉管

玉管　1件。

元 M196：5，Ⅱ式。白色。圆形，短柱状，两端平。长 0.6、直径 0.5 厘米。

元 M197　A 型 Ⅰ 式。位于元龙坡墓区西支东坡偏北方向，东南与元 M198 相距约 5 米，西南与元 M192 相邻但距离相对较远，北邻元 M87，其他大部分区域为空白地带。墓向 180°，墓室长 2、宽 0.7、深 0.4 ~ 0.73 米。填土坚硬，含有零星木屑。靠东壁有夹细砂陶片多块，火候低，质较细，应为钵；中部有玉饰一套：玉管、玉坠、玉扣、圆玉片等共 46 件，其间有少量无法提取的小玉片环散置玉饰之中（图四四；彩版二一，5）。

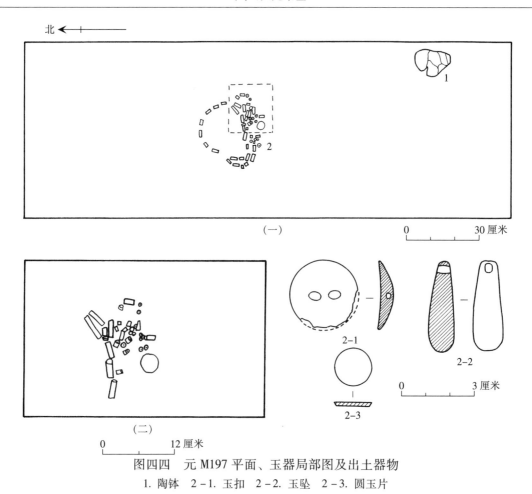

图四四　元 M197 平面、玉器局部图及出土器物
1. 陶钵　2-1. 玉扣　2-2. 玉坠　2-3. 圆玉片

出土器物：陶钵 1、玉饰件（套）46 件。

玉扣　1 件。

元 M197:2-1，Ⅱ式。圆形，一面平，另一面微外凸，中有两互穿相通的扣眼。外径 2.8、厚 0.5 厘米（图四四，2-1；彩版二一，6）。

玉坠　1 件。

元 M197:2-2，上有一对穿小孔。长 3.6、厚 1.2 厘米（图四四，2-2；彩版二一，6）。

圆玉片　1 件。

元 M197:2-3，圆形。直径 1.5、厚 0.2 厘米（图四四，2-3）。

玉管　43 件。

元 M197:2-4，Ⅰ式。色泽粉白，质地较软。长短不一，对穿。最大的长 4、直径 0.7 厘米，最短的长 1.2、直径 0.9 厘米（彩版二一，6）。

元 M215　A 型Ⅰ式。位于元龙坡墓区中部偏东处。东邻元 M220，西南邻元 M208，但相距较远，其他区域为空白地带。墓向 100°，墓室长 2.4、宽 0.7、深 0.7~1.15 米。填土为表土覆盖，揭表土显露墓室，墓室填土灰黄色、坚硬，含少量小角砾。北壁深 0.45 米，有一层灰白沙土层，厚 0.2 米。随葬品置西端，在陶罐与铜斧之间有红黑相间漆痕（图四五；彩版二二，1）。

出土器物：陶罐 1、铜斧 1 件。

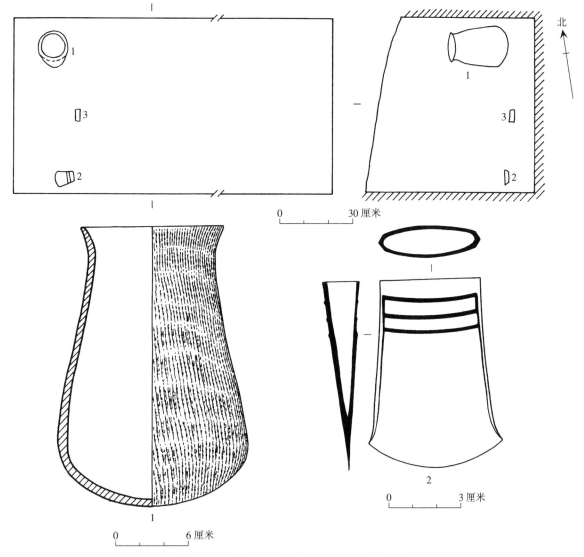

图四五　元 M215 平、剖面图及出土器物
1. 陶罐　2. 铜斧　3. 漆痕

陶罐　1 件。

元 M215:1，Ⅵ式。夹砂灰陶。侈口微撇，圆唇，瘦长深腹，下腹微鼓，呈袋状，圜底。器表饰竖行细绳纹。口径 12、腹径 15.6、高 22.5 厘米（图四五，1；彩版二二，3）。

铜斧　1 件。

元 M215:2，Ⅰ式。刃残缺。长方形，扁身，弧刃略外撇，扁圆銎。上端有两道凸弦纹。两侧面有明显范痕。长 7.5、刃宽 5.5、銎口宽 4.2 厘米（图四五，2；彩版二二，4）。

元 M216　B 型 Ⅱ 式。位于元龙坡墓区顶部北侧，东邻元 M207，南邻元 M188，西南邻元 M202，北侧是空白地带，清理前人行小道经过其旁，西北侧为采石坑。墓向 125°，墓长 3.5、宽 1.1、深 2.2 米。地表为一层块状土层覆盖，铲除后方露出黄褐色的墓室填土，填土较四周的生土层坚硬，应为夯打所致。四周有二层台，二层台及墓室填土中置 12 块大石头。其中深 0.7 米，东西两端各置三块自西北向东南排列的石头；深至1.1米，西端置三块，东端两块，中部一块大石头。至墓底东端又置两块大石头。距墓底0.1~0.3米填土中西端置石范1件，东端出夹砂陶器口沿3块：夹砂黄陶，火候较低，唇较厚（图四六；彩版二二，2）。

出土器物：石范1件。

石范　1件（半合）。

元M216:t1，黄褐色砂岩，质较细。铜镞范。完整，正面呈梯形，背为半弧形。长7.6、宽5~5.8、厚1.5~2.6厘米（图四六，t1；彩版二二，5）。

元M222　A型Ⅰ式。位于元龙坡墓区东区中段北侧边缘处，南邻元M221、元M244，东邻元M226，西邻元M220，北侧大部区域为空白地带。墓向100°，墓室长2.4、宽0.7、深0.85~1.15米。墓葬形制结构与其他基本相同，填土有零星木炭屑和一块夹砂陶器口沿，灰黑色。随葬品集中置于墓室底南侧，随葬品的数量及种类较多（图四七；彩版二三，1）。

出土器物：有陶釜1、陶钵2、铜斧1、铜镞1、铜刀1、铜钺1、石范3、砺石5件等。

陶釜　1件。

元M222:9，Ⅲ式。夹砂红褐陶。微侈口，深腹，圜底。口径9.3、高17.2厘米。

陶钵　2件。

元M222:4，Ⅰ式。夹砂红褐陶。圆唇，弧腹，圜底。口径10、高8.5厘米。

元M222:5，Ⅰ式。夹砂红褐陶。直口，圆唇，弧腹，圜底。口径13.5、高11厘米。

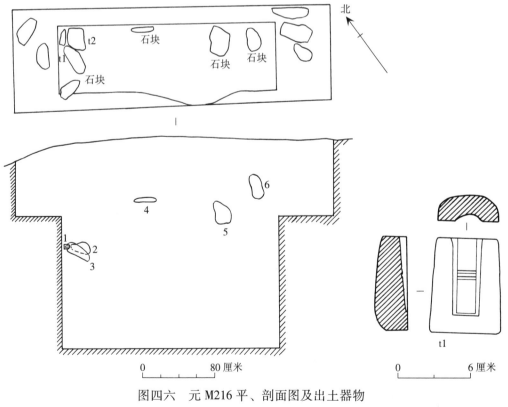

图四六　元M216平、剖面图及出土器物
t1. 石范　t2. 夹砂陶罐口沿

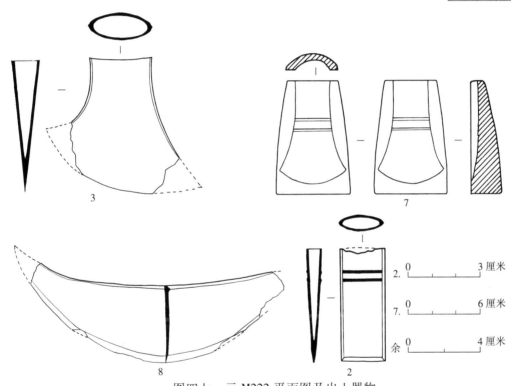

图四七　元 M222 平面图及出土器物

1. 铜斧　2. 铜镦　3. 铜钺　4、5. 陶钵　6、7、17. 石范　8. 铜刀
9. 陶釜　10～15、18. 河卵石　16. 砺石

铜斧　1 件。

元 M222：1，Ⅱ式。甚残，銎及刃部残缺。腰微束，弧刃。残长6.7、宽4.7厘米。

铜刀　1 件。

元 M222：8，Ⅲ式。呈新月形，背微弯曲，刃凸于中部，宽刃，短柄。残长13.8、宽4、厚0.2厘米（图四七，8；彩版二三，2）。

铜钺　1 件。

元 M222：3，Ⅱ式。斜刃，双侧斜弧刃，钺刃自銎部前端单侧向斜弧延至刃锋，扁圆銎，双侧弧脊。长7、刃残宽6、厚1.5厘米（图四七，3；彩版二三，3）。

铜镞　1件。

元 M222：2，Ⅰ式。扁圆鋬。长4.4、宽1.8、厚0.5厘米（图四七，2；彩版二三，4）。

石范　3件。

元 M222：6、7，为钺范，略残。元 M222：6，长8.2、宽5.4、厚3.1厘米。元 M222：7，长9、宽6、厚3.6厘米（图四七，7；彩版二三，5）。

元 M222：17，残块。长11.3、宽3、高1.5厘米。

砺石　5件。

元 M222：16，5件。大小不一，形状各异，均为自然砾石，表面有磨痕（彩版二三，6）。

河卵石　7件。

元 M222：10～15、18，大小不一，形状相近（彩版二三，6）。

元 M224　A型Ⅰ式。位于元龙坡墓区南部中心区域，东南邻元 M293，西北邻元 M287，偏北方向是空白地带。东端被元 M288 打破。墓向105°，墓室长2.52、宽0.65、深0.6～1.05米。清

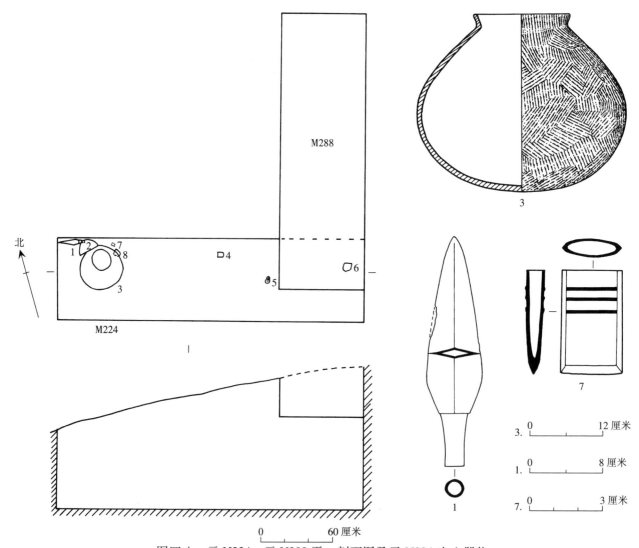

图四八　元 M224、元 M288 平、剖面图及元 M224 出土器物

元 M224：1. 铜矛　2. 陶钵　3. 陶瓮　4. 铜斧　5. 玉玦　6. 河卵石　7. 铜镦　8. 砺石

理前由于地势低于元M288，墓室填土不明显，在深0.2米至墓底均有木炭屑散布，许多呈块状，范围多为长10～20、宽5厘米左右，尤以西端较多，但不成片状分布。随葬品在墓室西北角居多（图四八；彩版二四，1、2）。

出土器物：陶钵1、陶瓮1、铜斧1、铜矛1、铜镞1、砺石1、河卵石1、玉玦3件。

陶钵 1件。

元M224:2，Ⅱ式。夹砂红褐陶。平唇，斜直腹略弧，小平底。饰细绳纹。口径17、高11厘米（彩版二四，3）。

陶瓮 1件。

元M224:3，夹砂灰褐陶，火候较低。器形较大。口较小，窄沿，束颈，大鼓腹，圜底。饰交错绳纹。口径16、腹径34、高28厘米（图四八，3；彩版二四，4）。

铜矛 1件。

元M224:1，Ⅳ式。长24.2、宽6厘米（图四八，1；彩版二四，6）。

铜镞 1件。

元M224:7，Ⅰ式。长方形。上半身有三条微凸粗线。残长4.1、宽2.5、厚0.4厘米（图四八，7）。

铜斧 1件。

元M224:4，Ⅰ式。器身较短，刃微张，扁圆銎口。器身近銎口有一条凸线，两侧合范痕棱凸明显。长5.5、刃宽4.5厘米（彩版二四，5）。

玉玦 3件。

元M224:5，外径2.2、内径1.6、厚0.22厘米。

砺石 1件。

元M224:8，呈三角形。两面有磨痕。长8.5、宽8厘米。

元M288 A型Ⅰ式。位于元龙坡墓区南部中心区域。打破元M224东端。墓向100°，墓室长2.2、宽0.7、东深0.42～0.55、西深0.28米。表土中未见墓室露出，而元M288南北两端有0.2米灰褐色填土高出地表，清理后发现其南端打破元M224的东端北侧，墓室较浅，墓中无遗物（图四八）。

元M226 A型Ⅰ式。位于元龙坡墓区北坡靠东侧边缘处，西南邻元M221，西北邻元M222，东邻元M227，南邻元M247，北面为空白地带。墓向105°，墓室长2.5、宽0.7、深1.2米。清理前人行小道经过其上，清理前地表有填土高出约5厘米，填土中有较多坚硬小角砾、零星木炭屑，西侧有零星陶片。随葬品中陶器置墓室两端，玉玦在中部（图四九；彩版二五，1）。

出土器物：陶釜1、陶钵1、玉玦1件。

陶釜 1件。

元M226:1，Ⅰ式。夹粗砂红褐陶。敞口微外撇，领微束，扁圆腹。素面。口径14、高15厘米（图四九，1；彩版二五，3）。

陶钵 1件。

元M226:2，Ⅰ式。夹砂黑褐陶。素面。口径15、高10厘米。

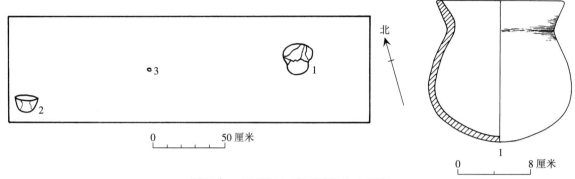

图四九　元 M226 平面图及出土器物
1. 陶釜　2. 陶钵　3. 玉玦

元 M235　A 型 I 式。位于元龙坡墓区北坡东侧，北邻元 M234，西邻元 M231，南邻元 M236，东西两侧均为水冲沟。墓向 80°，墓室长 2.4、宽 0.55、深 0.4 米。填土露出地面，呈块状、坚硬，夹小石粒，近底较松软。随葬品置西侧，小陶壶靠北壁，铜斧靠南壁（图五〇；彩版二五，2）。

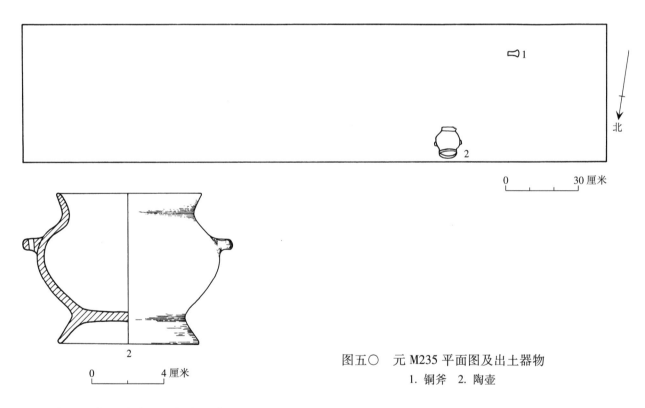

图五〇　元 M235 平面图及出土器物
1. 铜斧　2. 陶壶

出土器物：陶壶 1、铜斧 1 件。

陶壶　1 件。

元 M235：2，泥质红褐陶，火候较低。敞口，颈微束，小双贯耳，扁圆腹，圈足外敞。素面磨光。口径 8、腹径 10、足径 7.8、高 8 厘米（图五〇，2；彩版二五，4）。

铜斧　1 件。

元 M235：1，I 式。体形较小，弧刃，銎部残。残长 5、刃宽 3 厘米（彩版二五，5）。

元 M237　A 型 Ⅱ 式。位于元龙坡墓区东区顶部东端边缘处，北约 8 米为元 M236，南与元 M330 紧连，东北侧及西侧是空白地带。墓向 85°，墓室长 2.4、宽 1.2、深 0.15～0.25 米。清理前人行小道经过其上，由于流水冲刷严重，墓室已遭严重破坏，因此墓室甚浅，清理前可见填土微露地面，呈黄褐色，清理深 12 厘米时，北侧已露出墓底。随葬品中有夹砂陶器 5 件、陶纺轮 2、玉镯 2、玉凿 1 件及小石子 1 组（图五一；彩版二六，1、2）。

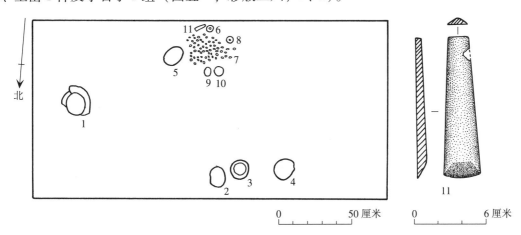

图五一　元 M237 平面图及出土器物
1～5. 陶器　6、8. 陶纺轮　7. 小石子　9、10. 玉镯　11. 玉凿

出土器物：夹砂陶器 5（夹细砂灰黑陶，陶质较软，仅一件较完整外，余均破碎，无法采集）、玉凿 1、陶纺轮 2、玉镯 2 件及经人工加工的小石子 1 组，共计 125 粒。

陶纺轮　2 件。

元 M237：6、8，Ⅰ 式。泥质黑陶。大小一致。表面有划纹及一阴线圆圈纹。直径 4.2、孔径 0.6、厚 0.8 厘米（彩版二六，4）。

玉镯　2 件。

元 M237：9、10，A 型 Ⅰ 式。宽带形。外径 6、厚 0.7 厘米。

玉凿　1 件。

元 M237：11，色泽米白偏黄，玉质地较软，细腻。扁长条形，单面开刃，弧刃。正面弧突如龟背，背面稍窄平。通体磨制光滑。长 11、刃宽 3.1、厚 0.4 厘米（图五一，11；彩版二六，3）。

小石子　1 组。

元 M237：7，共计 125 粒，经人工加工的痕迹清晰。大小不等，但相差不大（彩版二六，5）。

元 M244　A 型 Ⅰ 式。位于元龙坡墓区北坡东侧，南与元 M248 相距约 4 米，北邻元 M220，东邻元 M221，偏西方向则为空白地带。墓向 110°，墓室长 2.2、宽 0.6、深 0.5 米。清理前人行小道经过其上，填土不明显，坚硬，杂有小碎石粒及零星木炭屑随葬品置东西两侧，玉环、玉玦相互叠压，由于玉饰件的质地松软，出土时已与泥土胶结在一起，无法剥离，大小不一，共 10 件（图五二；彩版二七，1～3）。

出土器物：陶钵 2、铜斧 1、铜圆形器 1、玉镯 1、玉饰件 10 件。

陶钵　2 件。

元 M244：5，Ⅱ 式。夹细砂红褐陶。直口，圜底。素面。口径 10 厘米。

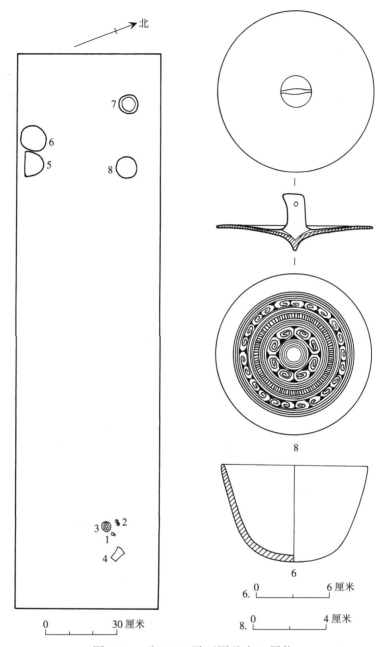

图五二　元 M244 平面图及出土器物

1. 玉玦（2 件）　2. 玉玦（4 件）　3. 玉环（4 件）　4. 铜斧　5、6. 陶钵　7. 玉镯　8. 铜圆形器

　　元 M244：6，Ⅱ式。泥质红陶，黄褐色陶衣已大部分脱落，呈现枣红色泽，火候偏低。敞口，圆唇，斜直腹，近小平底。有烟垢。光素无纹。口径 12、高 7.5 厘米（图五二，6；彩版二七，4）。

　　铜斧　1 件。

　　元 M244：4，Ⅰ式。"风"字形，扁圆形銎，銎略残。器身上端有两道凸弦纹，两侧有合范痕。长 5.5、刃宽 4.5 厘米（彩版二七，5）。

　　铜圆形器　1 件。

　　元 M244：8，Ⅰ式。圆形似镜，一面内凹，一面凸起尖状纽。直径 8.6、通高 3 厘米（图五二，

8；彩版二七，6）。

玉饰件 一串（套），器形计有玉环、玉玦、玉管等，无法分离提取，据现场观测其中玉镯1件、玉环4件、玉玦6件（彩版二七，3）。

玉镯 1件。

元 M244：7，A 型 I 式。内缘起棱。外径 8.5、内径 6.3 厘米。

玉玦 6件。

元 M244：1，2件。Ⅲ式。管状，外呈珠形。一件外径 1.05、孔径 0.4、厚 1.6 厘米；另一件外径 0.75、孔径 0.4、厚 1.1 厘米。

元 M244：2，4件。Ⅱ式。大小基本一致。色泽呈白黄色，质地偏软。外径 1.7、内径 1.3 厘米。

玉环 4件。

元 M244：3，4件。I 式。大小不一、形状相近。最大外径 4、内径 2.8 厘米，最小外径 1.6、内径 1.1 厘米。

元 M246 A 型 I 式。位于元龙坡墓区东脉顶部偏南侧中心区域，东邻元 M245、元 M243，西南邻元 M249。墓向 91°，墓室长 2、宽 0.7～0.84、深 1.3～1.6 米。填土露于地面，坚硬，多呈块状结构，灰褐色，深至约 0.5 米。填土中含有较多小角砾及木炭屑。随葬品置墓底东端，墓底东端东北角有漆器痕迹，黑白相间较明显，器形不明。红黑漆底呈带状，外层为黑宽带，内层为红宽带，偏北有一圆形黑红漆，外黑里红，外径 12、黑带宽 4 厘米，红带保存不全，仅见宽为 1 厘米左右。拟为一件碗形器。其南侧亦有一圆形漆痕，但不如前者明显，仅见一小部分，外径约 10 厘米，亦黑红相间，亦可能为一漆碗（？），两碗外围有一长方形漆痕，外黑内红，东边为一线形漆痕，西边为弧形漆痕，全部漆痕似为一漆器，长约 28、宽约 20 厘米（图五三；彩版二八，1），

出土器物：陶釜、钵各 1件，铜刀、矛各 1件，铜矛与铜刀之间置大小不一玉玦 10件。

陶釜 1件。

元 M246：6，Ⅱ式。夹粗砂灰褐陶，火候低。敞口，鼓腹，圜底。素面。底有烟垢。口径 14、高约 12 厘米（彩版二八，2）。

陶钵 1件。

元 M246：1，Ⅱ式。夹细砂淡黄褐陶。直口，圜底。饰细绳纹。口径约 12、高约 17 厘米。

铜刀 1件。

元 M246：3＋4，I 式。出土时已断为两节，并分别置放，后经粘合同为一器，较完整，铜质坚硬。弧刃，锋尖，脊微内弧。残长 14.3、宽 3.6、厚 0.15 厘米（图五三，3＋4）。

铜矛 1件。

元 M246：5，Ⅳ式。出土时矛上下皆有长方形木朽痕，拟为矛套。銎部残缺，两侧刃极薄，叶中有凸脊直达尖锋，叶后部中空。残长 10.5、宽 5.4 厘米（彩版二八，3）。

玉玦 10件。

元 M246：7，I 式。宽肉且薄。外径 4.6、内径 2.8 厘米（图五三，7）。

元 M246：8～15，Ⅱ式，从大至小依次递减 8件（一套）。尺寸最大的外径 3.5、内径 2.8 厘

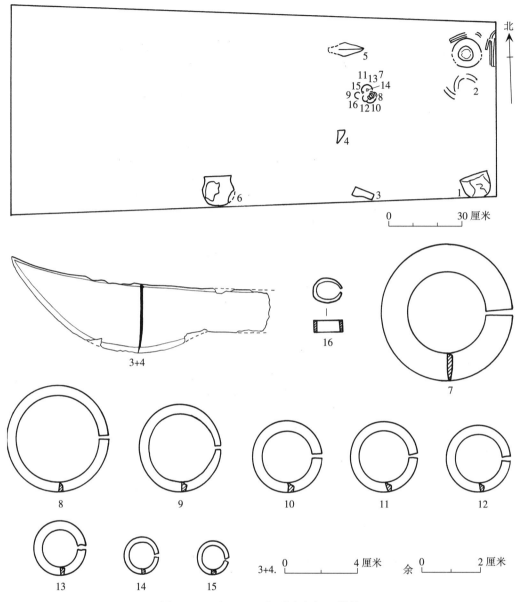

图五三　元 M246 平面图及出土器物
1. 陶钵　2. 漆痕　3+4. 铜刀　5. 铜矛　6. 陶釜　7~16. 玉玦

米，最小的外径 1、内径 0.8 厘米（图五三，8~15；彩版二八，4、5）。

元 M246：16，Ⅲ式。白色，完整。短管状。外径 1、内径 0.8 厘米（图五三，16）。

元 M258　A 型Ⅱ式。位于元龙坡墓区南支北端东坡顶部中心区域，东北邻元 M250，东南邻元 M260，北邻元 M212，西邻元 M217，其他区域则是空白地带。墓向 45°，墓室长 2.5、宽 0.95、东端深 1.05~1.1、西端深 1.15~1.22 米。填土灰褐色，较硬。墓底北端西壁下有（元 M258：11、16、17）漆痕三处，其中编号 11 有两道呈直角形红漆痕，每条宽 10~14 厘米；靠北壁，有红黑相间的漆痕及薄铜片两条，饰卷云纹，长 5~7、宽 1 厘米。此外墓底还置放石头 5 块。距北端一大石头中间处置数件玉玦、玉管；墓中贴西壁两块大石，旁有与元 M174 相同的薄铜片，饰云雷纹

（图五四；彩版二九，1）。

出土器物：陶釜 1、陶罐 1、陶钵 2、铜镦 1、铜块 1、残铜刀 1、薄铜片 1、玉管和玉玦 7 件以及石范 1 件（一套）、砺石 6 件。

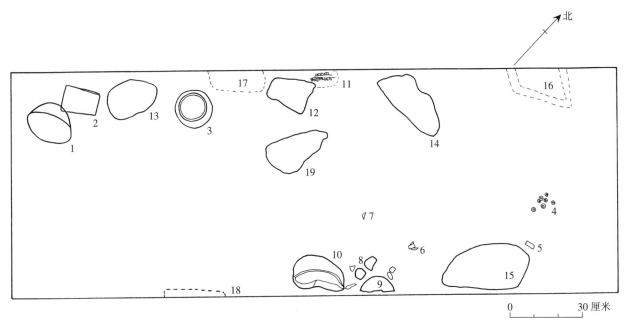

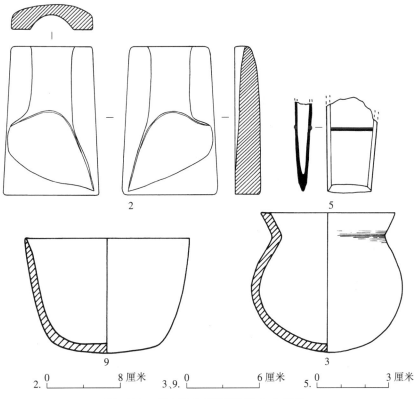

图五四　元 M258 平面图及出土器物

1、9. 陶钵　2. 石范　3. 陶罐　4. 玉玦、玉管　5. 铜镦　6. 铜块　7. 铜刀　8. 砺石（6 件）

10. 陶釜　11. 铜片与漆痕　12～15、19. 石块　16～18. 漆痕

陶罐　1件。

元 M258：3，Ⅰ式。夹砂灰褐陶。敞口，尖唇，溜肩，圆腹，圜底。素面。口径 11、腹径 12.6、高 11 厘米（图五四，3；彩版二九，2）。

陶钵　2件。素面。

元 M258：9，Ⅱ式。夹粗砂灰褐陶。直口，尖唇，斜直腹，小平底。饰细绳纹。口径 11.2、高 9 厘米（图五四，9；彩版二九，3）。

铜镞　1件。

元 M258：5，Ⅱ式。梯形。残长 3.8、宽 2.1、厚 0.7 厘米（图五四，5）。

铜刀　1件。

元 M258：7，Ⅰ式。残长 4.2、残宽 2.7 厘米。

薄铜片　1件。

元 M258：11，云纹饰件。

铜块　1件。

元 M258：6，呈三角形。长 3.8、宽 3.2 厘米。

玉管、玉玦　7件。其中玉管 2件，玉玦 5件。

元 M258：4，玉管，2件。Ⅰ式。长 3、外径 0.6、内径 0.4 厘米。玉玦，5件。Ⅰ式。外径 1.2、内径 0.8、厚 0.2 厘米（彩版二九，4）。

石范　1件（套）。

元 M258：2，红褐色细砂岩。一套，残断，呈梯形，斜刃钺的范。长 15.6、宽 9～10.4、厚 2.8 厘米（图五四，2；彩版二九，5）。

砺石　1件。

元 M258：8，不规则梯形。长 5.5、宽 2～3、厚 2 厘米。

元 M270　A 型Ⅰ式。位于元龙坡墓区南支坡中段东侧中心区域，南邻元 M269、元 M282，西邻元 M281。墓向 87°，墓室长 2.3、宽 0.8、深 1～1.1 米。此墓特点为陶器多，而且器形较大，但多数都严重残破，可观察的器形有 8 件，主要分别置墓底的西端及北侧。其间相夹玉饰及大石块。其中墓底西端西北角置大陶瓮 1件，其东侧置夹砂陶碗 1件；近北壁置陶罐、钵残片，其中一钵残片上饰云雷纹；墓底中部北侧及中部则置残玉镯 2 节，残玉环一节；墓底东端北侧沿北壁放置小玉片串饰、红黑相间的云纹漆痕（图五五；彩版三〇，1～4）。

出土器物：陶瓮 1、碗 1、罐 3、钵 3、玉镯 2 节、铜铃 2 件（其中 1 件无法提取）、小玉环片约 400 片。此外还有罐的残片以及佩饰件类的扁条辫形状薄铜片 2 条（无法提取）等。

陶罐　4件，其中 1 件无法提取。

元 M270：3，Ⅳ式。夹细砂灰褐陶，胎较薄。直口，圆唇，圆鼓腹，圜底。器身饰绳纹。口径 11、腹径 18.2、高 15 厘米（图五五，3）。

元 M270：8，Ⅲ式。夹粗砂红褐陶。侈口，圆唇，深圆腹，圜底。器表打磨光滑。口径 20、腹径 28、残高 14 厘米（图五五，8）。

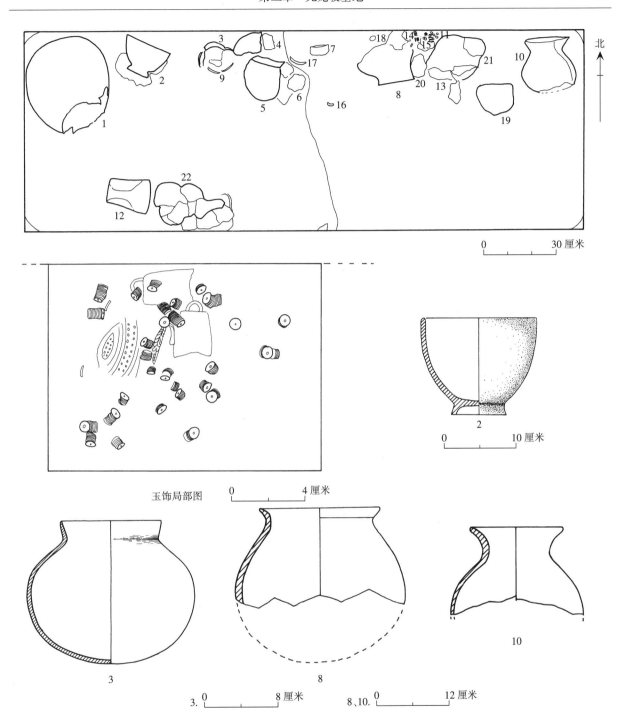

图五五　元 M270 平面图及出土器物
1. 陶瓮　2. 陶碗　3、8、10. 陶罐　4. 陶罐残片　5~7. 陶钵　9、11、15. 玉扣、小玉片、玉环、玉坠
12. 薄铜片与漆痕　13、19~21. 石块　14. 铜铃　16、17. 玉镯　18. 玉环　22. 陶片

元 M270:10，Ⅱ式，夹粗砂褐陶。大敞口，宽沿，束颈，圆腹。口径15.6、残高14厘米（图五五，10）。

陶瓮　1件。

元 M270：1，夹粗砂红褐陶。破碎严重，小口，鼓腹。饰交错绳纹。厚 0.5~0.6 厘米（彩版三〇，4）。

陶碗　1 件。

元 M270：2，Ⅱ式。夹砂灰陶，火候较低。口沿斜直，平唇，圈足。光素无纹。打磨光滑。口径 15.6、足径 7.5、高 13 厘米（图五五，2；彩版三〇，5）。

陶钵　3 件。残。

元 M270：6，夹细砂褐陶。饰云雷纹。

铜铃　2 件。

元 M270：14，原为一套饰件之一，出土时与铜链饰相互连接，与泥土粘连无法提取。仅可观察到为大小形式基本相同，铃身上端稍小，环形纽，铃口呈弧形，一件铃口宽 2、通高 3.3 厘米，另一件铃口宽 2.2、通高 3 厘米。

玉饰　1 串（套），编号为元 M270：9、11、15、18。出土时玉饰与铜铃胶结在一起，多数无法分离提取，器形计有残玉环 1 节、玉坠 1、玉扣 1 件、小玉片串若干片（约 400 片），均为白色玉质（彩版三〇，2、3、6）。

玉镯　2 节。

元 M270：16、17，A 型 Ⅰ 式。残。扁心形。元 M270：16，外径 6.5、内径 4.8、厚 0.2~0.3 厘米（彩版三〇，6）。

铜辫形饰件　2 件。

元 M270：12，应为佩饰上的附件。出土时与红黑相间的云纹漆痕相融合，呈扁条辫形状，质差无法提取。现场测量残长 4、宽 0.4、厚约 0.2 厘米。

元 M273　A 型 Ⅰ 式。位于元龙坡墓区中部偏南中心区域，东北邻元 M184，东南邻元 M272，南邻元 M276，西邻元 M275，北邻元 M256。墓向 110°，墓室长 2.6、宽 0.9、北端深 0.9~0.95、南端深 1.3~1.36 米。清理前填土微露地面，淡黄色，块状，坚硬，含有少量素面夹砂陶片。北端深至 0.45、南端 0.84 米之间，置 18 块大石。墓底有漆痕，有的贴在卵石上，漆痕宽约 2 厘米一条，有的均为红色，有的红黑相间，近墓底又置有 9 块大石，石质与填土中的一样。至此填土共积石 27 块。墓底为砂岩基岩。墓底有 4 件夹砂陶器，其中 3 件在西侧，1 件在东南端；中部有 1 件玉管（图五六；彩版三一，1）。

出土器物：陶罐 3、陶釜 1、玉管 1 件。

陶罐　3 件。

元 M273：11，Ⅲ式。夹粗砂黑褐陶，火候偏低。侈口，圆唇，颈微束，圆腹略扁，圜底。饰竖绳纹。口径 13.2、腹径 16.4、高 14 厘米（图五六，11；彩版三一，3）。

元 M273：12，Ⅰ式。夹细砂灰褐陶，火候偏低。敞口，小折沿，圆唇，圆腹略扁，圜底。素面。器表打磨光滑。口径 17.6、腹径 24、残高 18 厘米（图五六，12；彩版三一，2）。

元 M273：10，Ⅲ式。夹细砂黄褐陶。敞口，圆腹略扁，圜底。素面。器面打磨光滑。口径 14.5、腹径 18.5、高 12.6 厘米（图五六，10；彩版三一，4）。

元 M311　A 型 I 式。位于元龙坡墓区南支中部东侧边缘处，西南邻元 M312，西北邻元 M309，北邻元 M338，但相距较远，其他区域是空白地带。墓向 20°，墓室长 2.86、宽 0.96、深 0.45 米。填土微露地面，浅黄色，较坚硬，下部较松软，墓底为砂岩基岩。墓中部有铜圆形器、铜匕首，匕首叶西侧茎尖置一椭圆形铜配饰，铜匕首周围有漆木朽痕，东侧斜置一陶钵，口朝西（图五七）。

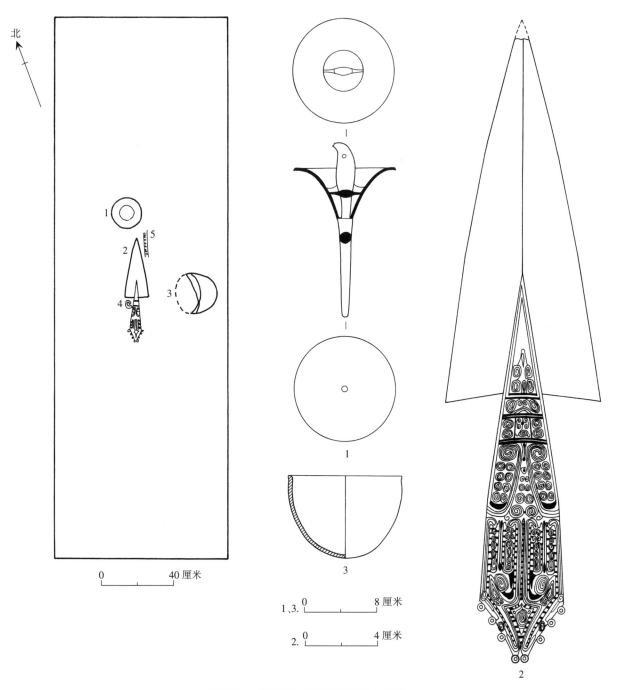

图五七　元 M311 平面图及出土器物

1. 铜圆形器　2. 铜匕首　3. 陶钵　4. 铜匕首鞘饰　5. 漆痕

出土器物：陶钵 1、铜圆形器 1、铜匕首 1、铜匕首鞘饰 1 件。

陶钵　1 件。

元 M311：3，Ⅰ式。夹砂灰褐陶。直口，尖唇，弧腹，圜底。素面。口径 12、高 8.8 厘米（图五七，3；彩版三二，1）。

铜匕首　1 件。

元 M311：2，扁平宽叶，三角形状。柄部饰镂孔花纹图案。残长 33、叶宽 8.5 厘米（图五七，2；彩版三二，2、3）。

铜圆形器（铜护手）　1 件。

元 M311：1，Ⅱ式。圆形，一面的中心处有勾饰突起，另一面中心处有一圆柱状长柄。直径 11、通高 18 厘米（图五七，1；彩版三二，4）。

铜匕首鞘饰　1 件。

元 M311：4，出土时位于铜匕首叶后扁茎一侧，与铜匕首粘连。呈椭圆形，中部一侧有一斜伸向下部并形成鹰嘴钩的缺口。长 5、宽 3.2、厚 0.15 厘米（彩版三二，2、3）。

元 M316　B 型Ⅱ式。位于元龙坡墓区偏南坡中心区域，西邻元 M189、元 M274，北邻元 M188，东北邻元 M204。墓向 85°，墓室长 2.7、宽 0.8、深 2.4 米。四周二层台，填土显露明显，灰褐色，较松软。二层台以上的填土中积石大小不等，石长 0.2～0.4 米间，天然石块 49 块，二层台之下距墓底 0.4 米左右的墓室填土中有积石 13 块，墓室填土中积石共 62 块，墓底置 2 块石块。随葬品置东西两端，东端东南角铜矛 2 件，矛旁有漆痕、小玉环 2 件。西端置夹砂陶双耳罐 1、陶钵 1、陶碗 1、玉雕饰 1、铜刀 1 节（前锋）（图五八；彩版三二，5；彩版三三，1）。

出土器物：陶双耳罐 1、陶钵 1、陶碗 1、铜刀 1、铜矛 2、小玉环 2、玉雕饰 1 件。

陶双耳罐　1 件。

元 M316：6，夹细砂灰褐陶，质地较软，火候偏低。敞口，圆唇，肩上饰一对錾状贯耳，大鼓腹，圜底。素面。通体磨光。口径 8、腹径 11.6、高 10.6 厘米（图五八，6）。

陶钵　1 件。

元 M316：8，Ⅱ式。泥质黄褐陶。饰竖细绳纹。口径 11、高 10 厘米（彩版三三，2）。

陶碗　1 件。

元 M316：7，Ⅰ式。泥质红褐陶，火候偏低，内外不均。敞口，圆唇较薄，斜直腹，平底，喇叭形圈足。器身饰竖粗绳纹。口径 11.6、足径 8.2、高 7.2 厘米（图五八，7）。

铜刀　1 件。

元 M316：5，残缺。铜质坚硬，黑色光亮。锋利状的刃部带小锯齿。残长 2.5、残宽 2.5 厘米（彩版三三，3）。

铜矛　2 件。

元 M316：1，Ⅲ式。叶呈锐三角形，有脊，骹口呈弧形内收，叶截面呈菱形，骹末端有细弦纹六周，脊棱线突起。骹叶间有一穿，平口短小圆骹，在骹前端有一小圆孔。长 22.8、叶长 15.8、最宽 6.3 厘米（图五八，1）。

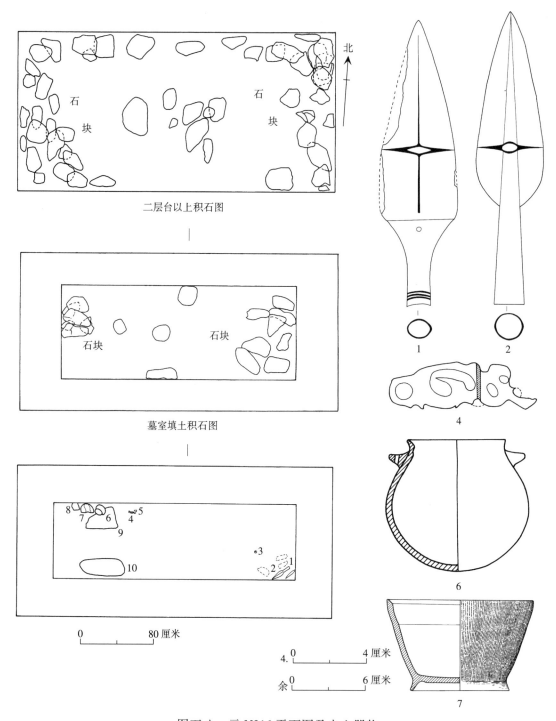

图五八　元 M316 平面图及出土器物

1、2. 铜矛　3. 玉环　4. 玉雕饰　5. 铜刀　6. 陶双耳罐　7. 陶碗　8. 陶钵　9、10. 石块

元 M316：2，Ⅰ式。宽长叶，圆骹略扁呈圆锥体直通中脊至前锋，叶肥而薄。圆骹，骹与叶脊相连伸至前锋，叶呈柳叶形。长 23.3、叶长 15.5、最宽 5.5 厘米（图五八，2；彩版三三，4）。

玉环　2件。

元 M316：3，Ⅰ式。残。直径 1.2、内径 0.8 厘米。

玉雕饰　1 件。

元 M316：4，扁平长条状。镂空，制作精美。长约 8、宽约 2.5 厘米（图五八，4；彩版三三，5）。

填土中出土砺石 1 件。

砺石　1 件。

元 M316：t1，呈束腰状。四面有磨痕。长 8.6、直径 3.3～4.5 厘米。

元 M318　B 型 I 式。位于元龙坡墓区南脉东侧中心区域，东北邻元 M291，西南邻元 M290，北邻元 M282，西邻元 M283、元 M284。墓向 86°，墓室长 2.68、宽 0.82、深 1.7 米。两端设二层台，含二层台长 3.96、宽 0.82、深 1.7 米。填土灰褐色，坚硬，下部则较松软。墓室规整。随葬器物有铜钺 1 件、玉镯 7 件、残玉镯 1 件，玉镯套串在一起，周围有数百片小圆玉片，成串叠排整齐的小片环置在玉镯之内，此外还有散落的，还有 5～10 片成串的小玉片环置在玉饰件之中，另外又有两处成堆的玉饰件，共计 47 件；陶器 8 件，其中 3 件残破（图五九；彩版三四，1、2）。

出土器物：陶器 8 件，其中 3 件残破；铜钺 1、玉镯 7、残玉镯 1 件及玉饰 47 件（套）。

陶罐　3 件。

元 M318：9，I 式。夹砂灰褐陶。饰绳纹。口径 12.5、腹径 15、高 14 厘米（图五七，9）。

元 M318：10，I 式。夹粗砂红褐陶。敞口，尖唇，溜肩，圆腹，圜底。口径 7.4、腹径 8.3、高 8.5 厘米（图五九，10；彩版三四，3）。

元 M318：11，V 式。夹砂红褐陶。直口，圆唇，溜肩，圆腹。口径 12、腹径 16、残高 10 厘米（图五九，11；彩版三四，4）。

陶釜　2 件。

元 M318：6，夹细砂红褐陶。敞口，微束颈，圆腹。饰绳纹。口径 16、腹径 25、高 22 厘米。

元 M318：8，残。口径 16、残高 16 厘米。

铜钺　1 件。

元 M318：3，III 式。扇形，器身较扁薄，宽弧刃，两刃角上翘，小銎且短。长 7、残宽 6.8、厚 1.3 厘米（图五九，3）。

玉镯　1 套 7 件。

元 M318：1，7 件。A 型 I 式。出土时互叠成串，胶结无法分离，镯内置穿孔小玉片。内沿有一圈凸领，断面呈 "T" 形，肉较宽。外径 7、内径 5.6、领高 0.4 厘米（彩版三五，1）。

玉饰　47 件（套），其中元 M318：2，25 件；元 M318：4，22 件。计有管、玦、扣、小玉片（彩版三四，2）。其中玉管较完整 36 件，分 I、II 式，以 I 式为主，形制基本相同，只是长短有别，长 0.8～1.8、外径 1 厘米（图五九，2-1、4-1；彩版三五，3）。残玉镯 1 件，元 M318：5，A 型 I 式，外径 6.6、内径 4.6、肉宽 1 厘米（彩版三五，2）；玉玦、环残缺，其中 1 件外径 7、内径 5.4、肉宽 0.8 厘米。小玉片数量较多，残缺，直径 0.8、孔径 0.1、厚 0.1 厘米；玉扣 1 件，III 式，直径 2、厚 0.5 厘米（图五九，4-2；彩版三五，2）。另一件玉扣为 IV 式，直径 1.6、厚 0.15 厘米（图五九，2-2；彩版三五，2）。

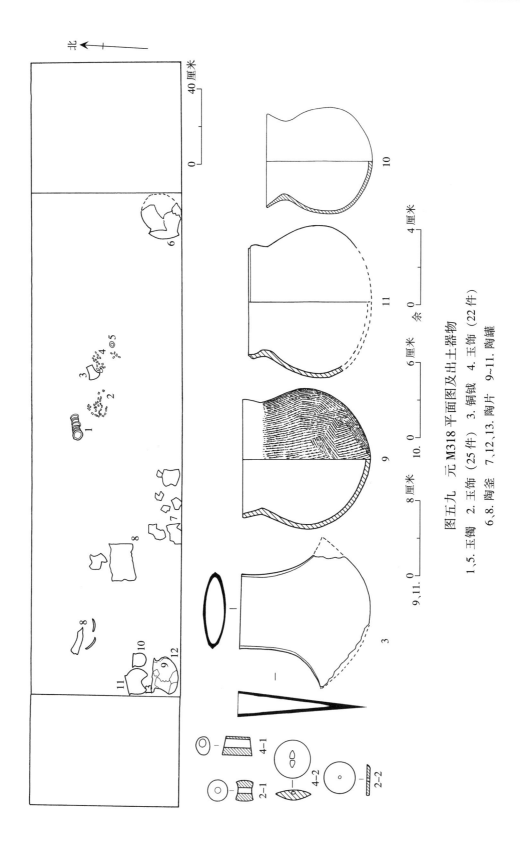

图五九　元 M318 平面图及出土器物
1、5. 玉镯　2. 玉饰（25件）　3. 铜钺　4. 玉饰（22件）
6、8. 陶釜　7、12、13. 陶片　9~11. 陶罐

元 M325　A 型 I 式。位于元龙坡墓区南部近中心区域，东南邻元 M339，西邻元 M206，北邻元 M294，东北邻元 M295，但距离略远。墓向60°，墓室长2.7、宽0.75、深1.3～1.5 米。填土显露地面，呈灰黄色，土质较硬（图六〇；彩版三六，1）。

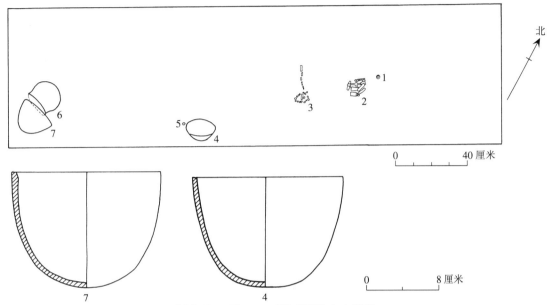

图六〇　元 M325 平面图及出土器物

1. 玉玦　2. 铜链、铜铃　3. 玉管、小玉圆片　4、7. 陶钵　5. 陶纺轮　6. 陶釜

出土器物：陶釜1、陶钵2、陶纺轮1、玉玦1、铜铃1套、玉饰1串。

陶釜　1件。

元 M325：6，I 式。夹粗砂黄褐陶。敞口，溜肩，圆腹。磨光。口径15、腹径20、高15厘米。

陶钵　2件。

元 M325：4，I 式。夹粗砂灰褐陶。敞口，圆唇，弧腹，圜底。素面。器表经打磨。口径16.5、高12厘米（图六〇，4）。

元 M325：7，I 式。夹粗砂灰褐陶。敞口，圆唇，弧腹，圜底。素面。器表经打磨。口径16、高12.6厘米（图六〇，7；彩版三六，3）。

陶纺轮　1件。

元 M325：5，II 式。夹粗砂灰褐陶，质地较疏松。算珠形。直径3.5、孔径0.5、高2.6厘米（彩版三六，4）。

铜铃　1套。

元 M325：2，有链5节，铃3只。表面呈灰白色，质地极差，出土时与其他玉器、泥土粘连无法提取，中间一节为三叉形，每一叉端有一小环，每环又连扣一节椭圆形长环，长环另一端扣套一铃，铜铃宽2、纽高1.5、高6、厚1.5厘米；铜链每节长6～6.5、宽1.7厘米，叉形长10、宽4厘米（彩版三六，2）。

玉玦　1件。

元 M325：1，I 式。外径约1.5、内径0.9厘米。

玉饰　1串。

元 M325：3，有玉管 18、玉圆片约 200 片。出土时相互间套穿在一起。其中 18 件玉管为 I 式，玉管最长 4.5、直径 1 厘米，最短 0.3、直径 0.5 厘米（彩版三六，5）。

元 M345　B 型 I 式。位于元龙坡墓区西侧偏南坡地边缘处，南邻元 M340，北邻元 M179，东西两侧则有较大的空白地带。墓向 160°。二层台长 3.8、宽 0.95、深 1.3（南）～2.3（北）米，墓室长 2.5、宽 0.95、深 1.3～2.3 米。南端填土露出地面 0.1 米，灰黄色，块状。两端设二层台，南侧二层台被雨水冲毁。二层台上及填土中有零星木炭屑和陶片。墓底有红漆痕散布，最长 0.2、宽 0.06 米。填土中有玉玦 1 件，外径 2.8 厘米；小圆玉片 1 串，直径约 0.2 厘米；玉管 1 件，高、直径均为 0.9 厘米（图六一；彩版三七，1）。

出土器物：陶罐 1、陶钵 1、铜刀、铜凿 1、玉玦 4、砺石 3 件，小圆玉片成串无法计数。

陶罐　1 件。

元 M345：8，I 式。夹砂红褐陶。直口。口径 18.6、腹径 18.6、高 14 厘米。

陶钵　1 件。

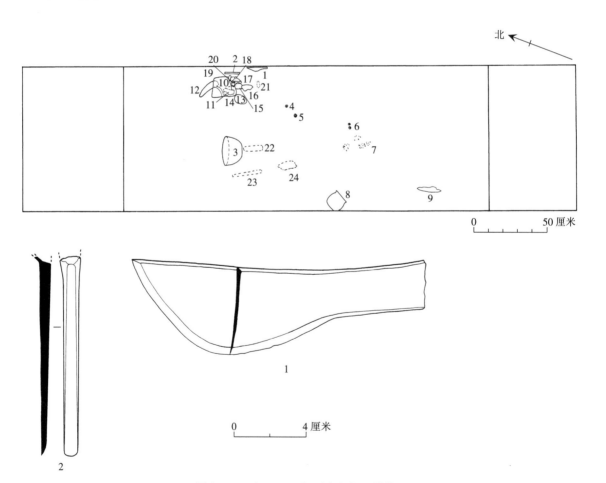

图六一　元 M345 平面图及出土器物

1. 铜刀　2. 铜凿　3. 陶钵　4～6. 玉玦　7. 小圆玉片　8. 陶罐　9. 陶片　10、11、20. 砺石
12～19. 卵石　21～24. 漆痕

元 M345：3，Ⅰ式。夹砂红褐陶。口径 10.5、高约 10 厘米。

铜刀　1 件。

元 M345：1，Ⅰ式。完整，宽弧刃，最宽处位于刃中部，柄较长，脊中部内弧。长 16.2、宽 4.6、厚 0.3 厘米（图六一，1；彩版三七，2）。

铜凿　1 件。

元 M345：2，长条形，弧刃，上端稍大实心无銎，柄与身无界线，顶端有残断痕。上端截面呈梯形，背面较窄。残长 10.5 厘米，前宽 1.15、后宽 0.55、厚 0.85 厘米，刃宽 0.75 厘米（图六一，2；彩版三七，3）。

玉玦　4 件。

元 M345：4、5、6（6 号 2 件），残破。外径 1~1.5 厘米。

小圆玉片　若干。

元 M345：7，成串，成堆置于 6 号玉玦的附近。直径 0.2~0.4 厘米。

砺石　3 件。出土时与数件自然砾石相互叠压堆放在一起。

元 M345：10，石质细腻，较坚硬，红褐色。残断，不规则形，正面有四个内凹的磨面。长 12.5、宽 11.5 厘米（彩版三七，4）

元 M349　A 型Ⅰ式。位于元龙坡墓区南支南侧边缘处，南邻元 M173，北邻元 M348，东、西留有较多的空白地带。墓向 145°，墓室长 2.4、宽 0.6、深 1.1~1.4 米。填土灰黄色，较松软（图六二；彩版三七，5；彩版三八，1）。

出土器物：陶釜 1、陶钵 1、铜斧 1、铜矛 1、铜匕首 2、玉镯 2 件。

陶釜　1 件。

元 M349：3，Ⅱ式，夹粗砂红褐陶。敞口，微沿折，平唇，圆腹，圜底。器表磨光。口径 9.8、高 9 厘米（图六二，3；彩版三八，2）。

陶钵　1 件。

元 M349：2，Ⅱ式，夹砂红褐陶。器形较小。敞口，平唇，扁浅腹。饰细绳纹。口径 13、高 8.6 厘米。

铜斧　1 件。

元 M349：5，Ⅰ式。出土时与铜匕首粘连无法分离。弧刃，扁圆銎。长 5.9、刃宽 4.8 厘米（彩版三八，3）。

铜矛　1 件。

元 M349：1，Ⅳ式。仅存叶及骹前端，且叶两侧均残，宽叶，截面呈菱形，脊细，骹分界明显，骹前端有一小孔。残长 14.8、叶宽 6.6 厘米（彩版三八，4）。

铜匕首　2 件。

元 M349：6，后端较长，微束，镂空，两侧对称饰四对小环耳。茎前端饰细云雷纹。长 18.5、叶宽 5 厘米（图六二，6；彩版三八，3）。

元 M349：7，与元 M349：6 基本相似，只是茎后端呈较短锐三角形，两侧无小耳环饰。残长 17.8、叶宽 6 厘米（图六二，7）。

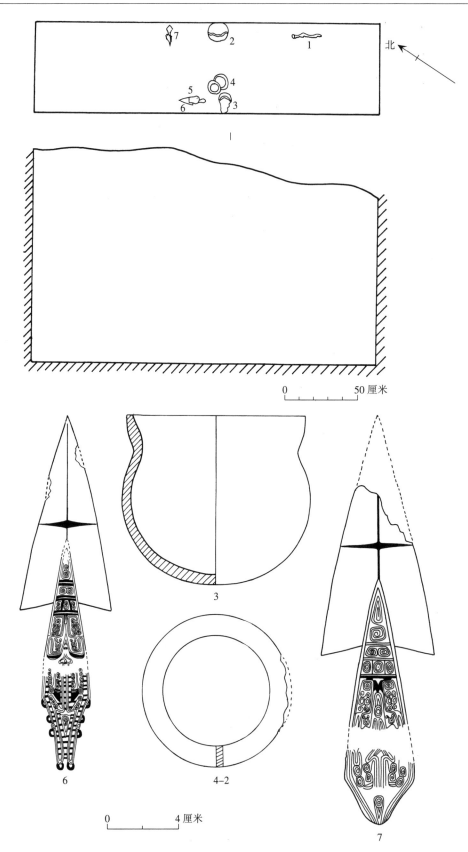

图六二　元 M349 平、剖面图及出土器物

1. 铜矛　2. 陶钵　3. 陶釜　4. 玉镯　5. 铜斧　6、7. 铜匕首

玉镯　2件。编号为 M349∶4 - 1、4 - 2，分别为 A 型 I 式、B 型 I 式。

元 M349∶4 - 2，B 型 I 式。色泽呈米白，质地较软。通体光滑。外径 8.2、内径 5.8、肉宽 1.2、厚 0.4 厘米（图六二，4 - 2；彩版三八，5）。

第四节　随葬品

元龙坡墓地由于盛行打碎随葬品随葬习俗，出土完整的器物不多，较为完整或能辨出器形的器物，计 1000 多件。有陶、铜、玉、石等质料的生活用具、生产工具、兵器、佩饰及漆器（全部残朽，只留下痕迹而无法提取）等，以陶器为主。现按质料分类简介如下。

一　陶器

元龙坡墓地随葬器物以陶器为主，在发掘清理的 350 座墓葬中有 205 座出土陶器（包括打碎后随葬的陶器残片），能辨器形的有 211 件，可分型式的 136 件，另有 127 处陶器残件（或片）。陶器以夹砂陶为主，占总数的 99.5% 以上，余为泥质陶。夹砂陶的掺和料大多是天然石英河砂，有的还掺和有经加工大小不等的白色方解石颗粒。夹砂陶依据掺和料颗粒的大小，可分为夹细砂和粗砂两种。这里的粗砂是指直径 2 毫米以上的砂粒，细砂是指直径 1 毫米左右的砂粒。元龙坡墓葬夹砂陶中夹粗砂陶占绝大多数。陶器制作粗糙，有相当多的器物，内壁残留有凹凸不平的垫压窝痕，在领与肩的交接处为加强连接的牢固而施加的数道粗深或长或短的压印痕也往往残留不加修整。轮制与手工兼用，火候不高，极易破碎。陶色不纯，主要为内外两面黄褐、中间灰色的灰褐陶；灰陶次之；灰黑陶、黄褐陶极少。大多数陶器表面光素无纹，打磨光滑，部分饰有绳纹、弦纹、云雷纹、篮纹和方格纹等，以绳纹为主。绳纹又有粗、细、交错绳纹之分，深浅之别（图六三至六五）。元 M221∶1 出土一彩绘陶钵残片，在浅浅的交错绳纹（酷似戳印方格纹）上再施红褐色彩绘，为元龙坡墓群所仅见（见图七〇，3；彩版三九，6）。

元龙坡墓葬出土陶器种类不多，器形较简单，变化不大，绝大多数为圜底器，圈足器极少，未见平底器和三足器。由于元龙坡墓葬流行打碎随葬品随葬的葬俗，及陶器烧制火候低入葬后受压变形和破碎，故出土完整器极少，绝大部分为破碎陶片，有的虽然在清理时可观察到器形，但多都无法提取进行修复，因此在陶器统计中无法得到相对准确的数据，有的仅能根据陶片的口沿进行大致的判断，经修复后可观察到的器形有陶罐、釜、钵、壶、碗、瓮、杯、纺轮等，以陶罐、釜、钵为主。陶罐是人们日常生活中最常见和使用最多的一种容器，也见用于炊具，是墓葬最常见的随葬品之一。在元龙坡墓葬群随葬的陶器中，大多数均为敞口、圜底，对此器形分类以往有作为罐类，也有的作为釜类。此类器物除了以敞口、圜底为主要特征外，而在局部特征中亦有所区别。为了便于识别，我们把陶罐与陶釜区别的定义界定为，口径相对小于腹径的为陶罐，口径大于腹径的为陶釜。

陶罐　64 件。可修复分式的 50 件，绝大多数为夹砂灰褐陶，少量泥质陶。领部特别是领肩的接合处较厚，腹壁则较薄。多数领部以下外表打磨光滑无纹饰，部分饰绳纹。分六式。

I 式　11 件。编号为元 M115∶3、元 M130∶2、元 M191∶6、元 M258∶3、元 M273∶12、元

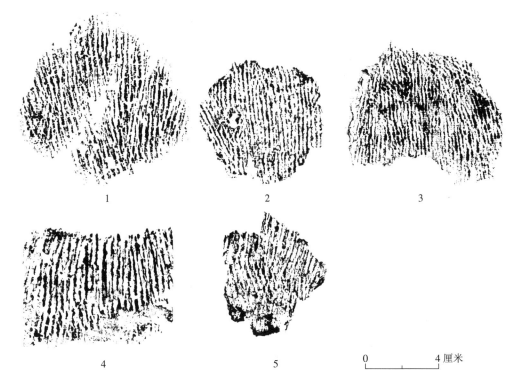

图六三　元龙坡墓葬出土陶器粗绳纹拓片

1. 元 M252：1　2. 元 M264：7　3. 元 M144：4　4. 元 M118：2　5. 元 M151：t1

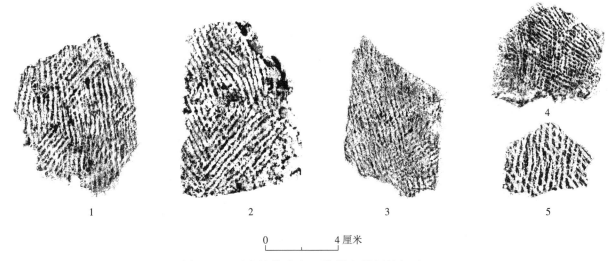

图六四　元龙坡墓葬出土陶器交错绳纹拓片

1. 元 M115：3　2. 元 M270：1　3. 元 M57：1　4. 元 M39：1　5. 元 M95：7

M284：1、元 M286：1、元 M318：9、元 M318：10、元 M340：1、元 M345：8。夹粗砂红褐或灰褐陶，有的在粗砂里还掺和大小不一的方解石颗粒。敞口，圆唇或方唇，溜肩，鼓腹，圜底。多数器表打磨光滑无纹饰，部分饰绳纹。

　　元 M115：3，夹砂灰褐陶。口微敞，扁鼓腹，圜底。口沿下饰绳纹。口径 13.6、腹径 19、高 14 厘米（图六六，1）。

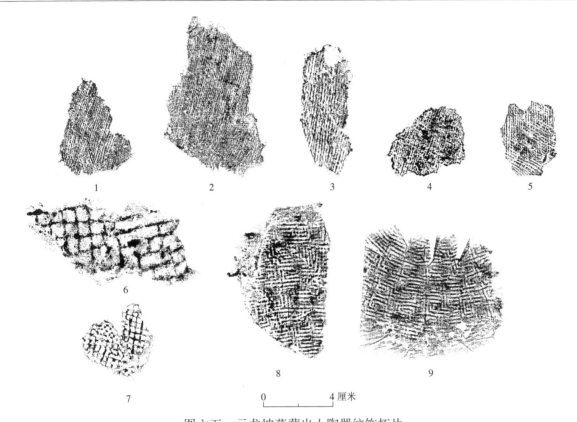

图六五　元龙坡墓葬出土陶器纹饰拓片

1~5. 细绳纹（元 M220:1、元 M264:7、元 M59:1、元 M301:7、元 M300:2）　6. 粗方格纹（元 M147:t5）
7. 细方格纹（元 M253:t1）　8、9. 云雷纹（元 M36:2、元 M140:5）

元 M191:6，夹粗砂灰褐陶。敞口，圆腹，圜底。口径 16、腹径 20.8、残高 20 厘米（图六六，2）。

元 M286:1，夹粗砂灰褐陶。敞口，圆唇，束颈，溜肩，腹略扁，圜底。器表打磨光滑。口径 11.2、腹径 17、高 16 厘米（图六六，3）。

元 M340:1，夹粗砂红褐陶，火候低。敞口，圆唇，束颈，斜肩，深腹，圜底。领以下饰粗绳纹。口径 21.2、腹径 28.8、高 25.2 厘米（图六六，4；彩版三九，1）。

Ⅱ式　19 件。编号为元 M45:1、元 M86:1、元 M95:2、元 M102:1、元 M105:1、元 M109:1、元 M118:1、元 M118:2、元 M119:6、元 M130:3、元 M130:1、元 M144:1、元 M144:2、元 M151:t1、元 M198:2、元 M232:1、元 M256:2、元 M270:10、元 M323:1。夹砂颗粒较粗大，火候低。敞口较小，圆唇或方唇，束颈，斜肩，深腹，圜底。颈以下饰粗绳纹。打磨光滑。

元 M45:1，夹粗砂灰褐陶。敞口，小折沿，束颈，圆肩，圆鼓腹，圜底。口径 12、腹径 17、高 16.4 厘米（图六六，5）。

元 M102:1，夹粗砂灰黑陶。敞口，折沿，圆唇，斜肩，圆腹，圜底。饰绳纹。口径 13.6、腹径 19.6、高 20 厘米（图六六，6）。

元 M105:1，夹粗砂灰褐陶。敞口，小折沿，束颈，溜肩，圆腹，圜底。口径 14、腹径 16、高 15.8 厘米（图六六，7）。

元 M118:1，夹粗砂灰褐陶。敞口，小折沿，束颈，溜肩，圆腹，圜底。口径 20、腹径 24、

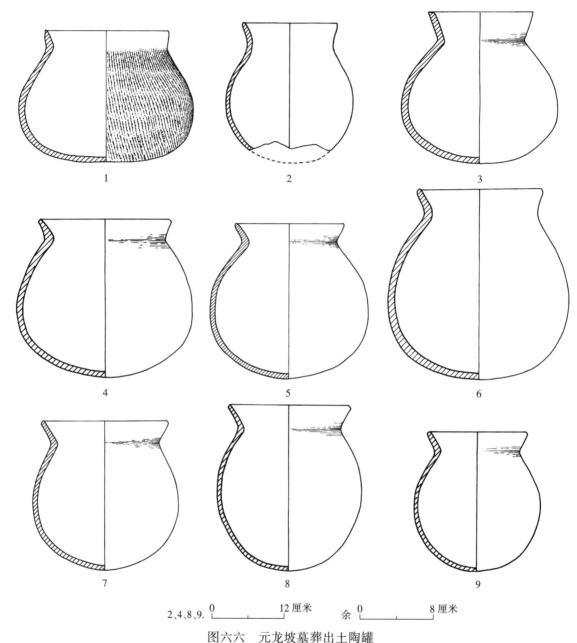

2、4、8、9. 0 —————— 12厘米   余 0 —————— 8厘米

图六六　元龙坡墓葬出土陶罐

1~4. Ⅰ式（元 M115∶3、元 M191∶6、元 M286∶1、元 M340∶1）

5~9. Ⅱ式（元 M45∶1、元 M102∶1、元 M105∶1、元 M118∶1、元 M144∶2）

高 26 厘米（图六六，8）。

元 M144∶2，夹粗砂红褐陶。敞口，小折沿，束颈，溜肩，圆腹，圜底。口径 16、腹径 20、高 22 厘米（图六六，9；彩版三九，2）。

元 M144∶1，夹粗砂红褐陶。敞口，小折沿，束颈，溜肩，深腹，圜底。器表打磨光滑。口径 20、腹径 22、高 26 厘米（图六七，1；彩版三九，3）。

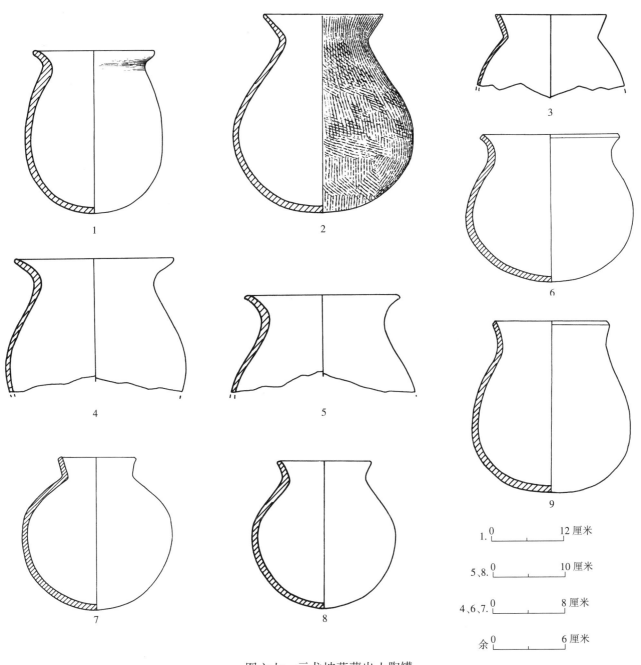

图六七　元龙坡墓葬出土陶罐

1～5.Ⅱ式（元 M144：1、元 M198：2、元 M232：1、元 M256：2、元 M323：1）　6.Ⅲ式（元 M336：1）

7、8.Ⅳ式（元 M36：1、元 M111：1）　9.Ⅴ式（元 M132：2）

　　元 M198：2，夹粗砂褐陶。敞口，小折沿，束颈，斜肩，鼓圆腹，圜底。饰绳纹。口径 9.6、腹径 15、高 15.8 厘米（图六七，2）。

　　元 M232：1，夹粗砂灰褐陶。敞口，小折沿，束颈，圆肩。口径 9、残高 6.5 厘米（图六七，3）。

　　元 M256：2，夹粗砂灰褐陶。敞口，宽沿，束颈，溜肩。口径 17.4、腹径 19.5、残高 14.1 厘米（图六七，4）。

元 M323：1，夹粗砂灰褐陶。敞口，宽沿，束颈，斜肩。口径 21.5、残高 12.8 厘米（图六七，5）。

Ⅲ式 6 件。编号为元 M69：2、元 M169：3、元 M270：8、元 M273：10、元 M273：11、元 M 336：1。夹粗砂灰褐陶。敞口，方或圆唇，唇外翻，微束颈，圆腹，圜底。大多数器表打磨光滑无纹，部分饰以绳纹。

元 M336：1，敞口，圆唇外翻，微束颈，斜肩，腹下部微鼓，圜底。器表打磨光滑无纹。口径 15.4、腹径 18.4、高 16 厘米（图六七，6；彩版三九，4）。

Ⅳ式 5 件。编号为元 M36：1、元 M111：1、元 M117：1、元 M139：2、元 M270：3。

元 M36：1，夹砂红褐陶。侈口，圆唇，圆鼓腹，圜底。素面磨光。口径 8.4、腹径 16.4、高 16.4 厘米（图六七，7）。

元 M111：1，夹粗砂灰褐陶。侈口，圆唇，圆鼓腹，圜底。腹部饰绳纹。口径 12.8、腹径 19.2、高 19.6 厘米（图六七，8）。

Ⅴ式 4 件。编号为元 M74：5、元 M147：5、元 M132：2、元 M318：11。

元 M132：2，夹砂灰褐陶。器表饰绳纹。口径 9.8、腹径 11.5、高 13.3 厘米（图六七，9；彩版三九，5）。

Ⅵ式 5 件。编号为元 M69：3、元 M69：6、元 M80：3、元 M215：1、元 M220：1。夹砂灰陶，火候低。侈口微撇，圆唇，瘦长深腹，下腹微鼓，呈袋状，圜底。

元 M215：1，侈口微撇，圆唇，瘦长深腹，下腹微鼓，呈袋状，圜底。器表饰竖细绳纹。口径 12、腹径 15.6、高 22.5 厘米（图六八，1）。

元 M69：6，泥质红陶。侈口，圆唇。口径 12.8、残高 7 厘米（图六八，2）。

元 M220：1，夹砂灰褐陶。侈口，卷唇。饰竖细绳纹。残高 6.3 厘米（图六八，3）。

此外，有部分出土陶器中有部分不明器形的残口沿，因器形特殊，器形与此式罐相似，应为罐类，同时列于下：

元 M103：1，夹砂灰陶。侈口，卷唇，高领。残高 7.1 厘米。

元 M29：4，夹砂灰陶。直口，折沿，圆唇，高领。残高 8.2 厘米。

元 M180：t1，夹砂灰陶。敞口，圆唇，高领。残高 5.6 厘米。

陶双耳罐 1 件。

元 M316：6，夹细砂灰褐陶，质地较软，火候偏低。敞口，圆唇，肩上饰一对錾状贯耳，大鼓腹，圜底。素面。通体磨光。口径 8、腹径 11.6、高 10.6 厘米（图六八，4）。

陶釜 48 件。在出土陶器中仅次于罐和钵。夹砂灰陶或灰褐陶，火候较低。一般为侈口，折沿，沿面宽大，有的沿面微内凹，平唇或圆唇。表面磨光或身饰交错绳纹，许多器物领部及身饰绳纹。能分型式的 28 件，分三式。

Ⅰ式 15 件。编号为元 M26：1、元 M59：5、元 M59：6、元 M63：1、元 M119：10、元 M125：1、元 M165：1、元 M226：1、元 M237：5、元 M240：2、元 M240：5、元 M264：1、元 M273：13、元 M296：1、元 M325：6。夹粗砂红褐陶。敞口，宽沿，束颈，圆腹，圜底。器表饰绳纹。

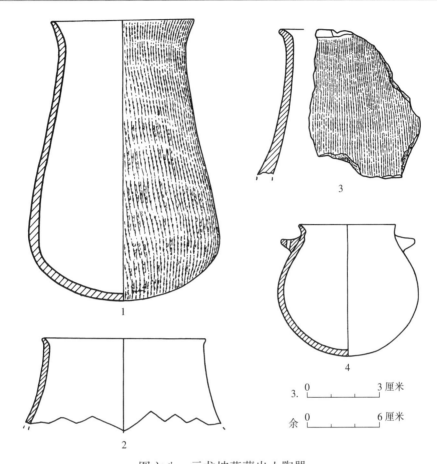

图六八 元龙坡墓葬出土陶器

1~3. Ⅵ式罐（元 M215：1、元 M69：6、元 M220：1） 4. 双耳罐（元 M316：6）

元 M26：1，敞口，宽沿，束颈，圆腹，圜底。口径 12、高 10.6 厘米（图六九，1；彩版四〇，1）。

元 M59：5，器形较大。敞口，大宽沿，束颈，圆鼓腹，圜底。口径 22、高 24 厘米（图六九，2）。

元 M59：6，器形较大。敞口，大宽沿，束颈，圆鼓腹，圜底。饰较浅粗绳纹。口径 25、高 27.6 厘米（图六九，3）。

元 M165：1，敞口，宽沿，束颈，圆腹，圜底。口径 16、高 18 厘米（图六九，4）。

元 M125：1，大敞口，宽沿，圆腹，圜底。口径 13、高 12 厘米（图六九，5；彩版四〇，2）。

Ⅱ式 4 件。编号为元 M25：5、元 M136：1、元 M246：6、元 M349：3。多为夹粗砂红褐陶。敞口，微折沿，圆唇或平唇，圆腹略扁，圜底。器表多磨光滑或饰粗绳纹。

元 M25：5，夹粗砂红褐陶。敞口，微折沿，圆唇。口径 15、高 15 厘米（图六九，6；彩版四〇，3）。

元 M136：1，夹粗砂红褐陶。敞口，微折沿，圆唇，圆腹略扁，圜底。口径 14、高 14 厘米（图六九，7；彩版四〇，4）。

Ⅲ式 9 件。编号为元 M3：1、元 M3：4、元 M63：2、元 M141：1、元 M149：2、元 M155：1、元 M222：9、元 M264：11、元 M279：1。侈口，尖唇或圆唇，扁腹。

元 M3：4，夹砂灰褐陶。器形较小。侈口，圆唇，扁浅腹。口径 11.6、高 6.8 厘米（图六九，8）。

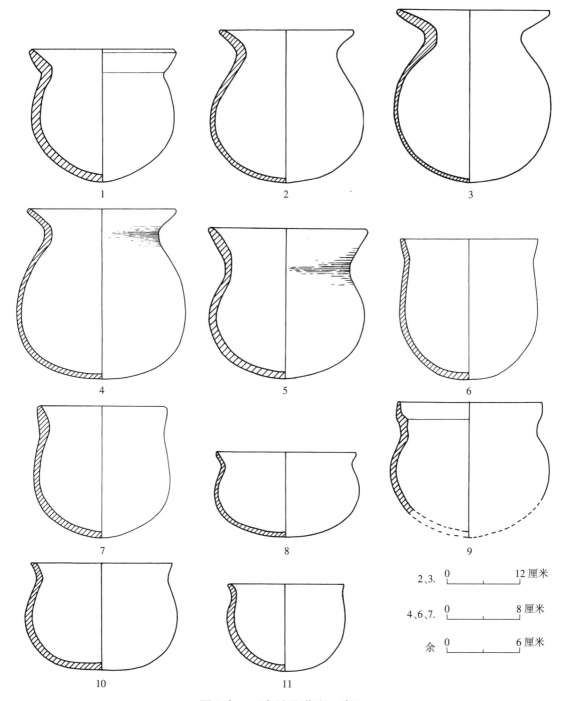

图六九　元龙坡墓葬出土陶釜

1~5.Ⅰ式（元 M26:1、元 M59:5、元 M59:6、元 M165:1、元 M125:1）　6、7.Ⅱ式（元 M25:5、元 M136:1）
8~11.Ⅲ式（元 M3:4、元 M141:1、元 M149:2、元 M264:11）

元 M141:1，夹砂灰褐陶。子母口，短颈，扁腹。口径 11.8、残高 9 厘米（图六九，9）。

元 M149:2，夹砂灰褐陶。器形较小。侈口，平唇，扁浅腹。口径 11.6、高 8.6 厘米（图六九，10；彩版四〇，5）。

元 M264:11，夹细砂灰褐陶。敞口微撇，圆唇，圜底。口径与腹径相当。器表打磨光滑。口径9.8、高7厘米（图六九，11）。

　　陶钵　77件。数量多于陶罐类。有泥质灰陶、夹砂灰褐陶和夹砂灰陶等，火候低，易碎。多素面磨光，少数饰绳纹、凹凸弦纹、云雷纹。可分式的46件。分两式。

　　Ⅰ式　27件。编号为元M4：3、元M29：1、元M36：2、元M48：2、元M56：5、元M69：4、元M69：5、元M97：2、元M106：1、元M119：14、元M124：1、元M135：3、元M147：4、元M169：2、元M187：1、元M204：1、元M212：1、元M221：1、元M222：4、元M222：5、元M226：2、元M294：1、元M301：7、元M311：3、元M325：4、元M325：7、元M345：8。夹粗砂或细砂。弧腹，圜底。器表打磨光滑或饰绳纹。

　　元M36：2，夹砂灰褐陶。直口，弧腹，圜底。饰满云雷纹。口径16.4、高12厘米（图七〇，1；彩版四一，1）。

　　元M4：3，夹粗砂灰褐陶。敞口，圆唇，弧腹，圜底。素面。器表经打磨。口径15.6、高9.4厘米（图七〇，2；彩版四一，2）。

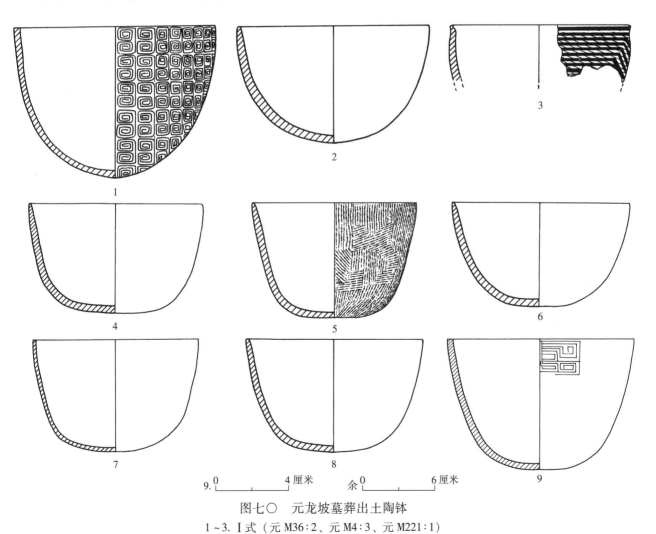

9.　0 ____ 4厘米　　余　0 ____ 6厘米

图七〇　元龙坡墓葬出土陶钵

1～3. Ⅰ式（元M36：2、元M4：3、元M221：1）

4～9. Ⅱ式（元M66：2、元M28：9、元M260：1、元M252：1、元M319：1、元M140：5）

元 M221：1，夹砂灰褐陶。微侈口，圆唇。彩绘曲折条状纹饰。口径 14、残高 4 厘米（图七〇，3；见彩版三九，6）。

Ⅱ式　19 件。编号为元 M28：9、元 M66：2、元 M83：1、元 M86：2、元 M89：1、元 M130：4、元 M140：5、元 M224：2、元 M244：5、元 M244：6、元 M246：1、元 M252：1、元 M253：1、元 M258：1、元 M258：9、元 M260：1、元 M316：8、元 M319：1、元 M349：2。以夹砂陶为主，有少量泥质陶。直口或直口微撇，斜直腹，小平底。有的在平唇上压印一道深浅不一的凹印痕。器表一般打磨光滑，部分饰绳纹，少数饰云雷纹。

元 M66：2，夹砂灰褐陶。直口，尖唇，斜直腹，小平底。口径 14.2、高 8.8 厘米（图七〇，4）。

元 M28：9，夹砂灰褐陶。直口，尖唇，斜直腹，小平底。器身饰满交错绳纹。口径 13、高 9.2 厘米（图七〇，5）。

元 M260：1，夹砂灰褐陶。尖唇，斜直腹，小平底。口径 14.4、高 8.2 厘米（图七〇，6；彩版四一，3）。

元 M252：1，夹砂灰褐陶。直口，尖唇，斜直腹，小平底。口径 13.6、高 9 厘米（图七〇，7；彩版四一，4）。

元 M319：1，夹砂灰褐陶。直口，尖唇，斜直腹，小平底。口径 14.4、高 9 厘米（图七〇，8；彩版四一，5）。

元 M140：5，夹粗砂灰褐陶。敞口，平薄唇，下半部较厚，小平底。器表饰云雷纹。口径 10.2、高 7 厘米（图七〇，9；见彩版一三，4）。

陶瓮　2 件。编号为元 M224：3、元 M270：1。夹砂灰陶或灰褐陶，火候较低。器形较大。口较小，窄沿，平唇或圆唇，束颈，大鼓腹，圜底。有的器表饰交错绳纹。器表打磨光滑。

元 M224：3，夹粗砂灰褐陶。厚薄均匀，较薄。口较小，短领外卷，深腹，圜底。器表饰交错绳纹。口径 16、腹径 34、高 28 厘米（图七一，1）。

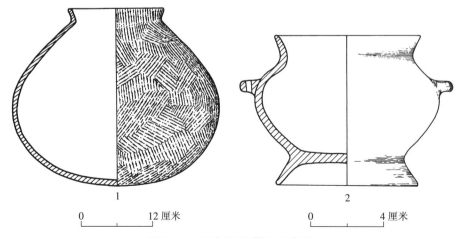

图七一　元龙坡墓葬出土陶器
1. 瓮（元 M224：3）　2. 壶（元 M235：2）

陶壶 2件。编号为元 M235：2、元 M240：1。形式、大小基本相同。敞口微撇，圆唇，束颈，扁圆腹，肩上饰一对附耳，圈足。

元 M235：2，泥质红褐陶，火候较低。敞口，微束颈，小双贯耳，扁圆腹，圈足外敞。素面磨光。口径 8、腹径 10、足径 7.8、高 8 厘米（图七一，2；见彩版二五，4）。

元 M240：1，夹细砂灰褐陶，质地偏软，火候偏低，陶衣大部分脱落。直口，圆唇，扁圆腹，圈足微侈。素面。打磨光滑。口径 1、腹径 18、足径 11、高 17 厘米。

陶碗 4件。夹砂灰陶，火候较低。分三式。

Ⅰ式 2件。编号为元 M144：t1、元 M316：7。

元 M316：7，敞口，圆唇较薄，斜直腹，平底，喇叭形圈足。器身饰竖粗绳纹。口径 11.6、足径 8.2、高 8 厘米（图七二，1）。

元 M144：t1，敞口，圆唇较薄，斜直腹，平底，圈足外撇。素面。口径 7.5、足径 5、高 6 厘米（图七二，2）。

Ⅱ式 1件。

元 M270：2，直口，圆唇，弧腹较深，平底，小圈足微外撇。素面。打磨光滑。口径 15.6、足径 7.5、高 13 厘米（图七二，4；见彩版三〇，5）。

Ⅲ式 1件。

元 M4：2，夹粗砂灰陶。直口微敛，腹微弧，圜底。素面。磨光。口径 7.2、高 6 厘米（图七二，3；彩版四二，1）。

陶纺轮 13件，其中填土 1件。个别火候稍高。分四式。

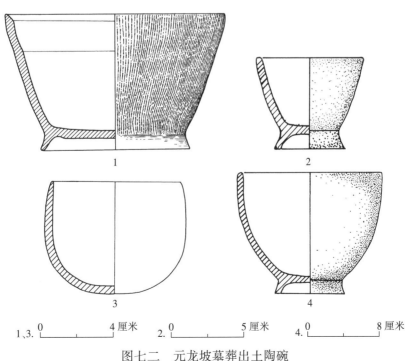

图七二 元龙坡墓葬出土陶碗

1、2.Ⅰ式（元 M316：7、元 M144：t1） 3.Ⅲ式（元 M4：2） 4.Ⅱ式（元 M270：2）

Ⅰ式　6件。编号为元M237：6、元M237：8、元M240：4、元M240：6、元M250：2、元M313：1。扁圆形，两面平整。一般边缘饰三道凹弦纹。

元M240：4、6，两件形制相同。夹细砂灰陶，质地偏软，火候偏低。平面扁平，其中元M240：6面上边缘处饰六组平行斜线纹。元M240：4，直径4、孔径0.4、厚0.9厘米。元M240：6，残。直径4、孔径0.4、厚0.8厘米（图七三，1、2；彩版四二，2）。

元M313：1，夹细砂灰黑陶，质地偏软，火候偏低。器形扁平。两面各有一道凹弦纹。直径3.8、孔径0.3、厚0.8厘米。

Ⅱ式　2件。编号为元M140：2、元M325：5。夹粗砂灰褐陶。算珠形。

元M140：2，质地偏软，火候偏低。算珠形。直径3.5、孔径0.5、厚2.6厘米（图七三，3；见彩版一三，5）。

Ⅲ式　4件。编号为元M140：3、元M284：5、元M315：5、元M315：t1，上小下大。

元M140：3，夹粗砂红褐陶。上小下大，小端面平，大端台面中间隆起。直径3.2、孔径0.5、厚2厘米（图七三，4）。

元M284：5，夹粗砂灰褐陶。上小下大，呈斗笠状，两端平，大端向小端弧收，呈帽形。直径3、孔径0.7、厚1.8厘米（图七三，5；彩版四二，3）。

元M315：5、t1，夹粗砂灰褐陶，质地较软，火候偏低。上小下大，两端平，小端向大端弧收，断截面呈梯形。直径2.8、孔径0.4、高2.2厘米（彩版四二，4）。

Ⅳ式　1件。

元M95：1，夹粗砂红褐陶。上小下大，两端微内凹，断面呈梯形。直径4.4、孔径0.6、高1.6厘米（图七三，6）。

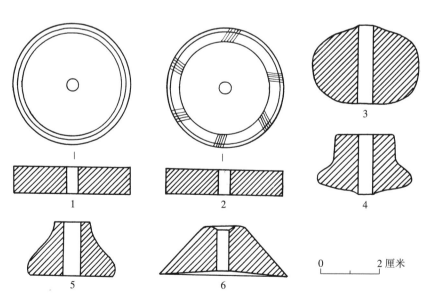

图七三　元龙坡墓葬出土陶纺轮

1、2.Ⅰ式（元M240：4、元M240：6）　3.Ⅱ式（元M140：2）
4、5.Ⅲ式（元M140：3、元M284：5）　6.Ⅳ式（元M95：1）

二　铜器

元龙坡墓葬出土铜器136件，能辨别器形和分型式的约107件，计有工具、兵器、容器、乐器、饰件及其他，以兵器和工具为主。工具有斧、刀、凿、针等，兵器有钺、矛、匕首、镞、镦，容器有卣、盘，乐器有铜编钟残件，饰件有圆形器、铃、铜铃链环套饰、泡、铜鞘饰及铜辫形饰等。此外，其他有铜块。与这些铜器一起出土的还有铸造这些铜器用的一批石范。这些铜器除卣、盘外，其余均体小轻薄，制作较粗糙，器物上往往残留合范缝隙铸痕的边棱不加除去磨平，具有强烈的地域色彩。

1. 工具

铜斧　28件。器形均较小，轻薄。为合瓦式扁圆形，弧刃，多为新月形扁圆銎口。身两侧及銎口均有合范缝隙铸痕的棱线，上身两面有两至三道微隆起的粗阳线，并与两侧微凸的边棱线相连。有3件残，余25件形式大致相同，分两式。

Ⅰ式　11件。编号为元M72：3、元M74：1、元M97：3、元M128：1、元M142：1、元M215：2、元M224：4、元M244：4、元M308：1、元M235：1、元M349：5。长方形，扁身，弧刃一般略超出身宽，扁圆銎口。有大小之分。

元M74：1，弧刃微张，扁圆銎。器身上端有两条较粗凸线。两侧合范痕明显。长5.5、刃宽4.6、厚1.35厘米（图七四，1；见彩版六，3）。

Ⅱ式　14件。编号为元M61：1、元M77：2、元M102：2、元M128：2、元M140：4、元M187：4、元M191：1、元M198：1、元M218：2、元M222：1、元M225：1、元M233：1、元M272：1、元M289：1。呈"风"字形，銎部与身无明显分界线，刃较宽，有的刃角微上翘，有大小之别。

元M61：1，刃銎略残。弧刃微外张，扁圆銎。两侧有细凸棱线。长7、刃宽4.5厘米。

元M77：2，銎口内凹呈弧形。器身上端有两道凸弦纹。两侧有合范痕。长6.1、刃宽4.9、厚1.1厘米（图七四，2；彩版四二，5）。

元M191：1，微束腰，椭圆形銎。器身上端有两道凸弦纹。两侧有合范痕。长5.2、刃宽3.7、厚1.1厘米（图七四，3；彩版四二，6）。

元M198：1，銎残。器身上端有两道凸弦纹。两侧有合范痕。残长5.4、刃宽4.3、厚1.3厘米（彩版四三，1）。

元M218：2，器形完整。弧刃，刃较宽，刃角微上翘，扁圆銎。长7.4、刃宽5.8、厚1.4厘米（图七四，4；彩版四三，2）。

元M233：1，两侧刃角及銎口残缺。器身微束，椭圆形銎。上有三道粗凸弦纹。两侧有明显合范痕。长8.1、刃残宽5.8、厚1.4厘米（图七四，5；彩版四三，3）。

元M289：1，两侧刃角及銎口残缺。器身微束，椭圆形銎。两侧有明显合范痕。长5.5、刃残宽4.5、厚1.3厘米（图七四，6；彩版四三，4）。

元M225：1，銎、刃均残，器身微束。器身上端有两道凸粗线。两侧有明显合范痕。残长6、残宽4、厚1厘米（图七五，5）。

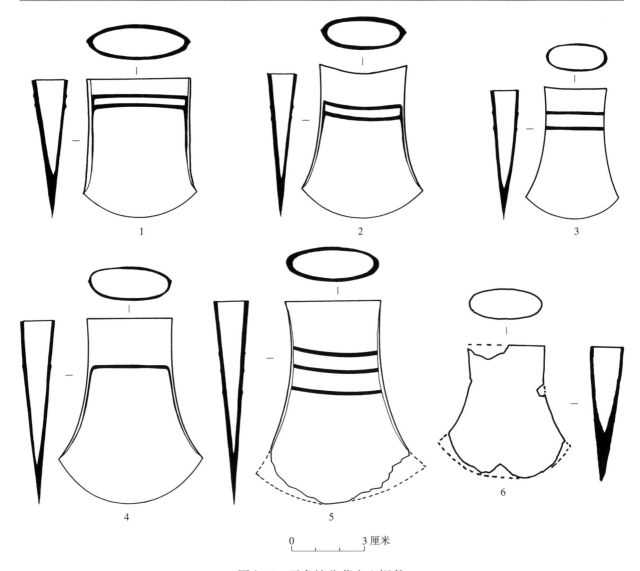

图七四　元龙坡墓葬出土铜斧

1. Ⅰ式（元 M74：1）　　2～6. Ⅱ式（元 M77：2、元 M191：1、元 M218：2、元 M233：1、元 M289：1）

铜刀　15 件。由于随葬品打碎随葬，仅有少部分完整器，不少仅存一小节，无法辨别分式的有元 M159：1、元 M174：7、元 M258：7、元 M292：4、元 M316：5、元 M335：2，余 9 件分三式。

Ⅰ式　3 件。编号为元 M77：3、元 M246：3、元 M345：1。弧凸刃略偏于前端，长柄，背脊直或锋尖微翘，背脊棱突起如刃，柄扁平，大多数身柄无分界线。

元 M77：3，新月形，器身扁平，刃的最宽处于刀身中部，然后渐收到刀柄，长宽把，脊前端微弧。残长 14、宽 3.5、厚 0.15 厘米（图七五，1；彩版四三，5）。

Ⅱ式　4 件。编号为元 M35：3、元 M97：5、元 M124：4、元 M187：3。平背，弧凸刃于前端。

元 M35：3，柄部残缺，仅存刃部。平脊，弧刃，刃最宽处在刃锋前靠锋尖部前段。残长 9.7、宽 3.7、厚 0.13 厘米（图七五，2）。

元 M124：4，平背，弧刃最宽于前端，刃后部急收延伸成柄。残长 10.6、宽 3.8、厚 0.2 厘米

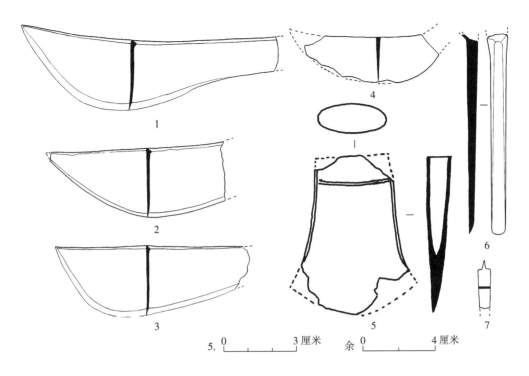

图七五　元龙坡墓葬出土铜器
1. I 式刀（元 M77：3）　　2、3. II 式刀（元 M35：3、元 M124：4）
4. III 式刀（元 M252：2）　5. II 式斧（元 M225：1）　6. 凿（元 M345：2）　7. 针（元 M101：2）

（图七五，3；见彩版九，4）。

　　III 式　2 件。编号为元 M222：8、元 M252：2。呈新月形，背微弯曲，刃凸于中部，身柄间刃部急收后延伸成扁平柄。

　　元 M252：2，色泽灰绿，铜质较软。仅存刃部，多处断裂，宽刃，内弧脊。残长 7、刃宽 2.3、厚 0.1～0.2 厘米（图七五，4）。

　　铜凿　1 件。

　　元 M345：2，长条形，弧刃，上端稍大，实心无銎，柄与身无界线，顶端有残断痕。上端截面呈梯形，背面较窄。残长 10.5、宽 1.15、厚 0.85 厘米（图七五，6；见彩版三七，3）。

　　铜针　3 件。编号为元 M101：2、元 M101：3、元 M210：15。形式大小基本相同。扁薄长方形，长柄，短圆条针锋，无针眼。

　　元 M101：2，残缺。针锋圆锥形。残长 2.6、厚 0.1 厘米（图七五，7；彩版四三，7）。

　　2. 铜兵器

　　铜钺　14 件。颇具地域特色。除元 M33：3 外，余 13 件分三式。

　　I 式　2 件。编号为元 M66：1、元 M130：6。双弧刃钺。

　　元 M66：1，双弧刃，尖锋，不对称双肩向内收成倒钩状双翼，两面自肩部至锋尖各有一道弯弧形棱脊，器身扁平，斜扁圆銎。銎的后半部有间隔的两组三道粗弦纹，每道粗弦纹上又有两道阴细弦纹。长 12、残宽 7、厚 1 厘米（图七六，1）。

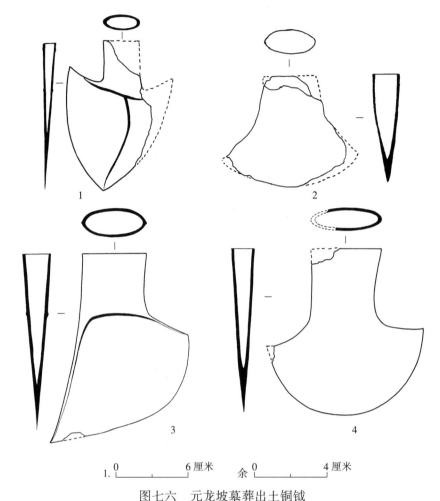

图七六　元龙坡墓葬出土铜钺
1. Ⅰ式（元 M66:1）　2、4. Ⅲ式（元 M149:1、元 M279:3）　3. Ⅱ式（元 M59:4）

　　Ⅱ式　5件。编号为元 M59:4、元 M97:4、元 M147:3、元 M196:3、元 M222:3。单斜弧刃钺，单斜弧刃，尖锋，扁圆銎，脊斜直或微曲，新月形銎口。

　　元 M59:4，单侧斜弧刃，钺刃自銎部前端一侧微突后，斜向一侧延至刃锋，扁圆銎，单侧脊，微曲。长10、宽7.5、厚1.5厘米（图七六，3）。

　　Ⅲ式　6件。编号为元 M95:3、元 M77:1（残）、元 M148:1、元 M149:1、元 M279:3、元 M318:3。扇形钺，形体如一把张开的折扇，圆弧刃，扁圆短小銎，对称双肩微翘。

　　元 M149:1，刃、銎部残缺。扇形，器身较扁薄，宽弧刃，两刃角上翘，小銎且短。上端有两道凸弧线。残长5.5、刃残宽6.5、厚1.5厘米（图七六，2）。

　　元 M279:3，銎部残。器身较扁薄，宽弧刃，两刃角上翘呈半球形，小銎且短。长9、刃宽8.5、厚1.5厘米（图七六，4）。

　　铜矛　20件。一般都较短小，轻薄，多是扁圆骹。分六式。

　　Ⅰ式　1件。

　　元 M316:2，宽长叶，叶呈柳叶形，圆骹略扁呈圆锥体直通中脊至前锋。长23.3、宽5.5厘米

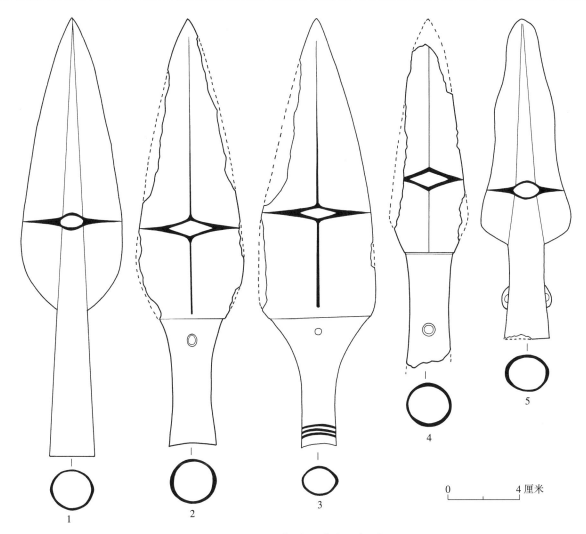

图七七　元龙坡墓葬出土铜矛

1. Ⅰ式（元 M316：2）　　2、4. Ⅳ式（元 M97：1、元 M21：3）　　3. Ⅲ式（元 M316：1）　　5. Ⅱ式（元 M196：2）

（图七七，1；见彩版三三，4）。

　　Ⅱ式　1件。

　　元 M196：2，长叶短骹，锋尖较圆钝，两叶翼为双曲弧线刃，椭圆形骹，两侧各一附耳；叶脊较粗呈圆锥形。长 17、宽 5 厘米（图七七，5；见彩版二一，4）。

　　Ⅲ式　1件。

　　元 M316：1，叶呈锐三角形，有脊，骹口呈弧形内收，叶截面呈菱形，骹末端有细弦纹六周，脊棱线突起。骹叶间有一穿，平口短小圆骹，在骹前端有一小圆孔。长 22.8、宽 6.3 厘米（图七七，3）。

　　Ⅳ式　8件。编号为元 M21：3、元 M76：1、元 M97：1、M147：2、M224：1、元 M189：1、元 M246：5、元 M349：1。宽叶，短骹，叶截面呈菱形，刃部微内曲，叶骹间有骹略低于叶的分段界线，亦即叶骹的分界线，骹口呈新月形或鱼嘴形。

　　元 M21：3，柳叶形，有细突脊，叶截面呈菱形，圆骹，骹内残留朽木柄，骹末端有一小圆孔。

残长 17.1、刃残宽 3.6 厘米（图七七，4；见彩版四，2）。

元 M76：1，器形较大。柳叶形，叶较宽，叶骹分界线明显，骹短小，前端有一小孔，骹口内凹。长 21.5、宽 6.3 厘米（图七八，1；见彩版六，5）。

元 M97：1，脊较高，叶、骹处有明显分界线；骹短小，口呈弧形，中部微束，前端开一小孔。通长 22.5、宽 5.7 厘米（图七七，2；见彩版八，3）。

元 M147：2，脊棱线明显。叶肥大匀称，截面呈菱形；骹中部微束，口呈鱼嘴形，前端有一小孔。长 18.5、宽 5 厘米（图七八，2）。

元 M224：1，器形较大。叶呈柳叶形，骹叶间分段线明显，叶截面呈菱形；脊不明显，骹短小，中部微束，平口。长 24.2、宽 6 厘米（图七八，3；见彩版二四，6）。

Ⅴ式　2 件。编号为元 M56：6、元 M139：1。

元 M56：6，叶后部肥大，中部微束，脊棱线明显并直延至骹口，圆骹，短小，叶骹间有明显分界线，骹前端有一小圆孔。残长 17、宽 6 厘米（图七八，4；见彩版四，5）。

Ⅵ式　7 件。编号为元 M56：1、元 M119：2、元 M135：1、元 M135：2、元 M214：1、元 M315：1、元 M163：1。此式主要特征是器形较小，骹、叶长度基本相等，各为二分之一或骹较短。扁圆骹，脊棱线明显，叶骹间有分段线，骹上有一穿。

元 M56：1，叶前端呈三角形，叶骹长度相近，骹略残，扁圆骹较长。骹呈扁圆形，前端有小孔。长 9、宽 3.4 厘米（图七八，5）。

元 M119：2，叶单侧残。叶较宽，截面呈菱形，叶骹无明显分段，骹前端附一对小鼻纽，平口。长 13、残宽 4 厘米（图七八，6）。

元 M214：1，叶宽肥，呈柳叶形，脊棱线凸起，骹叶间分段明显，骹较短，骹上有一穿。长 9.8、宽 4 厘米（图七八，7）。

元 M315：1，叶较大，腰微束，矛锋呈等腰三角形，截面呈菱形，脊自前锋直伸至骹口，叶骹分界不明显，骹较长，呈椭圆形，两侧微内凹。长 11.5、宽 4、銎宽 1.5 厘米（图七八，8）。

铜匕首　4 件。编号为元 M35：1、元 M311：2、元 M349：6、元 M349：7。具有独特地域风格，形式一样，有大小之别。锐角三角形叶，扁茎，无格，叶脊突起截面呈菱形。茎部及由茎两边线延伸入叶后部的锐角三角形区域或其两侧饰纤细线云雷纹，有的镂空成凿点纹或饰小环边饰。

元 M311：2，无格，叶呈锐三角形，截面呈菱形，有微凸中脊线，茎部前端较厚，呈扁圆形，末端扁平，镂空，末端两侧对称各饰四对小环耳。茎部饰纤细线云雷纹。残长 33、叶长 20、宽 8.5 厘米。此外，与匕首同时出土的还有一附件，紧贴匕首茎的前端左侧，应是匕首鞘的附件，呈椭圆形，面微凸呈弧形，下端有一缺口。长 5、宽 3 厘米（图七九，1；见彩版三二，2、3）。

元 M349：6，与元 M311：2 相似。后端较长，微束，镂空，两侧对称饰四对小环耳。茎前端饰纤细线云雷纹。长 18.5、叶宽 5 厘米（图七九，2；见彩版三八，3）。

元 M349：7，与元 M349：6 基本相似，只是茎后端较短呈锐三角形，两侧无小耳环饰。残长 17.8、叶宽 6 厘米（图七九，3）。

元 M35：1，与元 M349：6 相似。叶后端两侧与茎部均饰云雷纹，茎后端两侧无小耳环饰。残

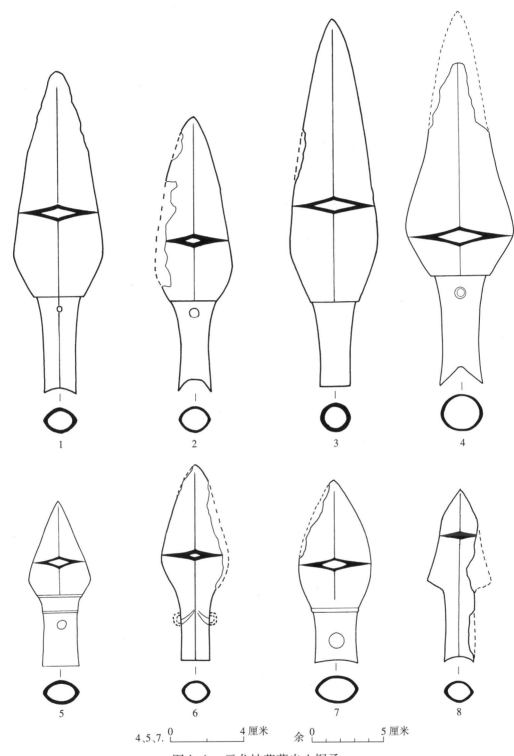

图七八　元龙坡墓葬出土铜矛

1~3. Ⅳ式（元 M76:1、元 M147:2、元 M224:1）　4. Ⅴ式（元 M56:6）

5~8. Ⅵ式（元 M56:1、元 M119:2、元 M214:1、元 M315:1）

长20.2、叶宽6厘米（图七九，4；彩版四三，6）。

铜镦　15件。分三式。

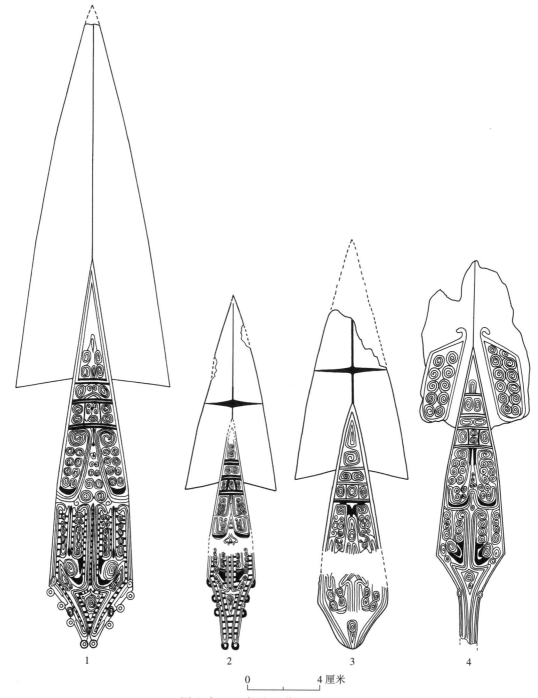

图七九　元龙坡墓葬出土铜匕首
1. 元 M311∶2　2. 元 M349∶6　3. 元 M349∶7　4. 元 M35∶1

Ⅰ式　10件。编号为元 M80∶2、元 M81∶3、元 M115∶1、元 M119∶3、元 M132∶1、元 M171∶
2、元 M188∶1、元 M222∶2、元 M224∶7、元 M308∶2。扁长方形，扁圆銎。合范铸成，两侧皆有两
条对称的凸棱线，多数上半身两面有 1~3 条微凸的粗线与两边自銎口伸向刃边锋的边棱线相连。
多为平銎口。有大小长短之别。

元 M115∶1，长方形，銎口微弧，底端微弧。两侧面合范痕脊。长 4.8、宽 2.5、厚 0.6 厘米

（图八〇，1）。

元 M119：3，长方形，扁圆形銎，平口，上端有一凸棱。长 4.3、宽 1.7、厚 0.6 厘米（图八〇，2）。

元 M171：2，扁圆形，銎平口。长 5.6、宽 2.2、厚 0.5 厘米（图八〇，3）。

元 M188：1，长方形，较扁薄。两侧面合范痕脊。长 5.3、宽 2.3、厚 0.7 厘米。

元 M222：2，长方形，扁圆銎。上端有两条微凸粗线与两边自銎口向刃边锋延伸的边棱线相连。长 4.4、宽 1.8、厚 0.5 厘米（图八〇，4；见彩版二三，4）。

元 M308：2，质差，略残。长 5.8、刃残宽 4.4 厘米（彩版四四，1）。

Ⅱ式　3件。编号为元 M28：8、元 M138：1、元 M258：5。呈扁长方形，上大下小，多为新月形銎口。上半身两面多有一至两道微凸粗线。

元 M138：1，上大下略小，弧口略残。长 3.9、宽 2 厘米（图八〇，5；彩版四四，2）。

元 M258：5，上部残。上大下小，中有一凸线纹。残长 3.8、宽 2.1、厚 0.7 厘米（图八〇，6）。

图八〇　元龙坡墓葬出土铜镦

1~4. Ⅰ式（元 M115：1、元 M119：3、元 M171：2、元 M222：2）

5~7. Ⅱ式（元 M138：1、元 M258：5、元 M28：8）　8. Ⅲ式（元 M187：2）

元M28:8,上大下略小,弧形銎口,较薄。近銎口有两道较粗弦纹。两侧面合范痕脊。长4.4、宽2、厚0.4厘米(图八〇,7)。

Ⅲ式　2件。编号为元M36:4、元M187:2。圆筒形。

元M36:4,残存一小半。圆筒形略扁,平底壁厚。残长3.5厘米。上附一小节辫形铜饰件,残长1.2、宽0.4、厚0.2厘米。

元M187:2,残碎。圆筒形。残长3.6、銎径1.8厘米(图八〇,8)。

铜镞　11件。分三式。

Ⅰ式　5件。编号为元M72:1、元M72:2、元M119:1、元M171:6、元M301:1。桃形,宽叶。

元M72:1,铜色呈深绿色,质地较软,光滑无锈。桃形,尖锋,扁铤,两面自铤至锋有长条凹形血槽。残长2.9、宽2.1厘米(图八一,1;彩版四四,3)。

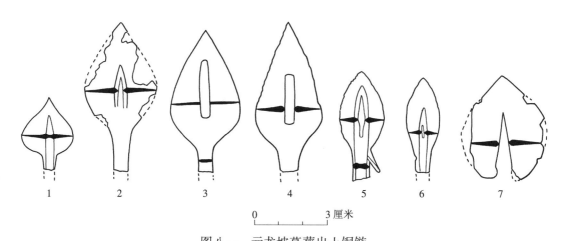

0　　　　　　3厘米

图八一　元龙坡墓葬出土铜镞
1~4. Ⅰ式(元M72:1、元M301:1、元M171:6、元M119:1)
5、6. Ⅱ式(元M336:8、元M336:2)　7. Ⅲ式(元M115:4-1)

元M301:1,叶后部较窄,叶中间有一锐角形血槽。残长5.8、宽3厘米(图八一,2)。

元M171:6,残,质地很差。叶后部较窄,锋尖呈三角形,叶中间有血槽。残长5.6、宽3厘米(图八一,3)。

元M119:1,三角尖状,扁长方铤,叶中有一透穿血槽。残长5.8、宽2.8厘米(图八一,4)。

Ⅱ式　2件。编号为元M336:2、8。桂叶形,两端小,中间稍大,扁长方铤。

元M336:8,青黑色,光亮无锈蚀。镞身中间有一透穿血槽,铤的左侧有一长0.7厘米的倒刺。长4.3、宽1.7厘米(图八一,5;彩版四四,4)。

元M336:2,稍小,无倒刺,中间血槽略小。残长3.7、宽1.4厘米(图八一,6;彩版四四,4)。

Ⅲ式　4件。编号为元M108:3、元M108:4、元M115:4(2件)。心形,扁长方铤,叶中间有一透穿长条血槽。

元M115:4,2件,均残,形制相同。心形,宽叶,叶后部有一锐三角形缺口,无铤。元M115:4-1,残长4.2、残宽3厘米(图八一,7)。元M115:4-2,残长3.9、宽3.8厘米。

3. 容器

铜卣　1件。

元 M147：1，扁圆形。直口，扁垂腹，圈足，绳索状提梁。提梁头作牛头纹饰，盖及腹部饰夔纹。口径 10～12.5、底径 13.2～16.4、通高 28 厘米（图八二；见彩版一四，4）。

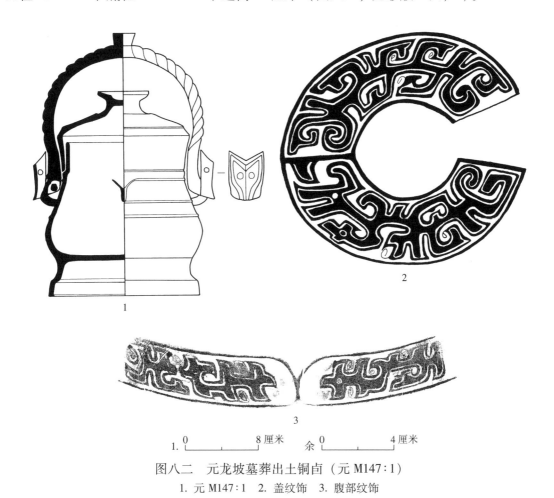

1.　0　　　　　8厘米　　余　0　　　　4厘米

图八二　元龙坡墓葬出土铜卣（元 M147：1）
1. 元 M147：1　2. 盖纹饰　3. 腹部纹饰

铜盘　1件。

元 M33：4，铜色淡绿不均，部分显露灰色胎体，质地偏软，通体胶结颗粒状锈斑。折沿，平唇，浅腹折成内空的高圈足（圈足的总高度比盘身还高），圈足内有一个半环纽。扁形实芯条状双耳。盘内中心饰六瓣花纹，六瓣花纹以外为三周重环纹；腹部饰窃曲纹，圈足外饰云雷纹。口径 30.3、足径 22、高 10.5 厘米（图八三；彩版四四，5、6）。

4. 乐器

铜编钟　残件，残片 1 片、枚 3 枚，均出自元 M264。残片为钲部一小块，面排列枚钉三颗，篆无纹。枚钉三颗，从大小看似乎与残片不是一体（彩版四五，1）。

5. 饰件

铜圆形器　5件。圆形，近似铜镜，一面中央隆起呈尖突状或成一细长圆柄，另一面中部相

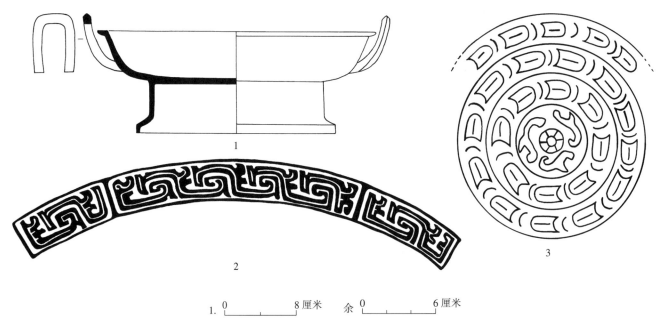

1. 0 |_____| 8厘米　　余 0 |_____| 6厘米

图八三　元龙坡墓葬出土铜盘（元 M33：4）

1. 元 M33：4　2. 圈足纹饰　3. 盘内纹饰

应部位凹入并伸出一扁形长鹰嘴钩状舌，钩舌上有一穿。这是很有地域特色的器物，由于用途不明，因此暂用此名称。除元 M133：6 残破严重外，余 4 件分两式。

Ⅰ式　3 件。编号为元 M91：1、元 M94：1、元 M244：8。

元 M244：8，铜色淡绿，质地偏软，松散粉粒状。出土时已残。平面圆形，外侧正面中部尖凸，另一面内凹，中间一扁形钩舌。正面饰以四组四道纤细同心圆及弦纹将器面分隔成四区并依次饰以栉纹、云雷纹、栉纹、云雷纹，组成层层晕圈。直径8.6、舌钩长 2、通高 3 厘米（图八四，1；彩版四五，6）。

元 M91：1，铜淡绿色，质地较软，呈松散颗粒状。出土时已残，形状与元 M244：8 相似，平面呈圆形，外侧正面中部尖凸，另一面内凹，中间有一扁形钩舌。因腐蚀严重，仅见外侧靠中心有一组栉纹。直径 11、舌钩长 1.4、通高2.7 厘米（图八四，2；彩版四五，2）。

元 M94：1，铜色偏灰黑，质地较软，呈松散颗粒状，极易破碎。器形已变形，形状与元 M91：1 相似，残破。平面圆形，外侧正面中部尖凸，另一面内凹中间一扁形钩舌。纹饰不清，仅见面饰多周以弦纹相间的栉纹及勾连云纹、三角形纹。直径 10、舌钩长 1.1、通高 2.7 厘米（彩版四五，3、4）。

Ⅱ式　1 件。

元 M311：1，铜色淡绿，质地偏软。通体较光滑，器形精美。一侧截面呈长尾展翅翔鹰，正面为圆形似镜，一面隆起呈圆尖状后渐收成细长小圆柄，另一面则内凹呈喇叭状，中间为一扁形鹰嘴状钩舌，舌上有一穿，四周缘面工整平齐，光素无纹。直径 11、舌钩长 3.5、通高 18 厘米（图八四，3；见彩版三二，4）。

元 M133：6，由于严重残缺，仅残存三分之一，无法分式。器形较小。正面可见尚存有以弦纹

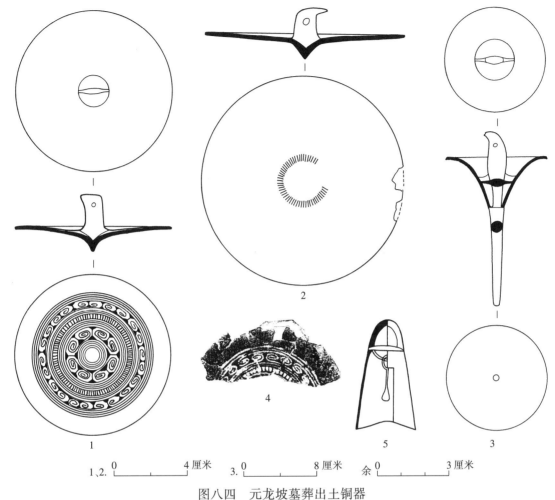

图八四　元龙坡墓葬出土铜器

1、2. Ⅰ式圆形器（元 M244∶8、元 M91∶1）　3. Ⅱ式圆形器（元 M311∶1）

4. 圆形器（元 M133∶6）　5. 铃（元 M192∶1）

相间各一圈云纹及栉纹纹饰。直径约 8 厘米（图八四，4；彩版四五，5）。

铜铃　7 件。编号为元 M192∶1、元 M270∶14（2 件）、元 M325∶2（3 件）、元 M336∶3。合瓦型，体较小，与其他饰件相配套。如元 M325 出土的 3 件，即与 4 个长方形铜环及环钩套构成一套铜铃饰件。

元 M192∶1，舞呈弧形，纽两侧与舞等宽，呈扁圆形，中开一 0.6 厘米穿孔，铃口呈鱼尾形。底宽 2.5、通高 4.2 厘米（图八四，5；见彩版二○，4）。

铜泡　1 件。

元 M115∶6，铜质较好，表面绿色。圆形，呈弧形微隆起，另一面内凹，靠边缘有一小穿。直径 4.8、高 0.65、厚 0.1 厘米（彩版四六，1）。

铜匕首鞘饰　1 件。

元 M311∶4，出土时位于铜匕首叶后扁茎一侧，与铜匕首粘连。呈椭圆形，中部一侧有一斜伸向下部并形成鹰嘴钩的缺口。长 5、宽 3.2、厚 0.15 厘米（见彩版三二，2、3）。

铜羚形饰件　2 件。

元 M270：12，与红黑相间的云纹漆痕同处。质差无法分离提取，为佩饰上附件，扁条辫形，两端均残。残长 4、宽 0.4、厚 0.2 厘米。

6. 其他

铜条　1 件。

元 M119：15，黑褐色，似铁质，质地较粗，疏松。残长 7、径 1 厘米（见彩版一〇，4）。

铜块　2 块。

元 M284：2，铜色淡绿，质地较软，呈松散粉粒状。为某一器形较大、厚重器物上残块。上有一道粗浅阴线。长 4、宽 3、厚 1 厘米（彩版四六，2）。

元 M258：6，残铜足。淡绿色，质地较软，疏松颗粒状，出土时已有伤残。呈三角形。长 3.8、宽 3.2 厘米（彩版四六，3）。

三　玉器

多为装饰品，生产工具极少。由于有打碎随葬品随葬之俗，出土的玉器大多数是残器，完整器不多，较完好的器物 350 多件。大多数墓葬是出土一两节残件或一两件小件玉器，成组成套的较少。成组成套的玉饰组合，最常见的是环＋玦或环（玦）＋管的组合，少数是环＋玦＋管＋小圆玉片或其他小饰件，不计小玉片一套组合件数少者 10 件左右，多者四五十件。穿孔小圆玉片绝大多数直径在 0.5 厘米以下，不仅小，且非常薄，往往 5～10 片串成一串与玉管（珠）串成长串，难以将其分离及与泥土分开，无法计其数。饰佩玉器计有：环、镯、玦、管、穿孔小圆玉片、坠、扣、圆形玉片、镂空雕饰等，工具有凿。由于埋藏的土壤为酸性土，对玉质的腐蚀极为严重，因此玉器质地极软，有的与泥土胶结后已无法分离提取，玉色均已变为不透明白色（又称鸡骨白）。按照用途可分为饰佩件与工具两类，以饰佩件最多，工具类仅有玉凿。

1. 饰佩件

出土时大多数是单件或残件，成组成套的较少。种类有镯、环、玦、管、穿孔圆玉片、坠、玉扣、圆形玉片、镂空雕饰。

玉镯　75 件，其中填土 15 件。绝大多数为残件，这类型亦有称为钏。器形较大，出土时绝大多数是残件，少数是单件或多件出土，外径一般都在 6～10 厘米之间，肉宽 1.2、厚 0.3 厘米左右。白软玉，风化严重易粉碎。可分型式的 53 件，其中较完整的 15 件，分两型。

A 型　47 件，其中较完整的 11 件。有领型。器物内沿均有一圈凸领，断面呈“T”形。根据肉的宽窄、厚薄不同，分两式。

Ⅰ 式　43 件，其中较完整的 7 件。有领宽肉式。出土残件较多。宽厚肉，内沿有领凸出，肉面宽平或两面微弧或平，边沿多圆滑，少数属两面对钻孔。

元 M69：1，白色，表面浸蚀较严重，残。肉宽平。外径 9、内径 5.8、肉宽 1.6 厘米（见彩版五，4）。

元 M133：3，黄褐间白色，色杂。质地粗糙，石纹多。肉宽平。外径 9.5、内径 6、领高 1、外缘厚 0.5 厘米（图八五，1；彩版四六，4）。

元 M155：2，黄褐色，质地疏松。仅残存一小节。肉宽平。残长 6、肉宽 3、厚 0.5 厘米（图

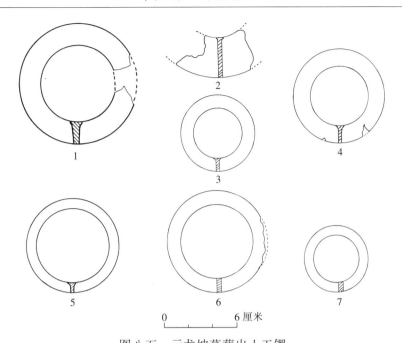

图八五 元龙坡墓葬出土玉镯

1~4. A 型 I 式（元 M133∶3、元 M155∶2、元 M131∶1、元 M167∶6） 5. A 型 II 式（元 M130∶7）

6. B 型 I 式（元 M349∶4 – 2） 7. B 型 II 式（元 M260∶22）

八五，2）。

元 M148∶2、3，白色偏黄，质地较软，保存较完整。一件外径 7、内径 5.2 厘米。另一件外径 7.5、内径 6.5 厘米（彩版一六，4、5）。

元 M131∶1，灰褐色，质地较软。肉宽平。外径 6、内径 4、领高 0.3、厚 0.1 厘米（图八五，3；彩版四六，5）。

元 M167∶6，白色，质地不匀，一半较硬，一半疏松。制作规整。肉宽平。外径 7.5、内径 5、领高 0.6、厚 0.4 厘米（图八五，4；彩版四六，6）。

元 M315∶2，浅白色，质地不匀，一半疏松。制作规整。外径 6.1、内径 5.2、领高 0.5、厚 0.4 厘米（彩版四六，7）。

元 M270∶16，残节。外径 6.5、内径 4.8、厚 0.2~0.3 厘米（见彩版三〇，6）。

II 式 4 件，均较完整。有领窄肉式。

元 M130∶7，白色，肉较细。外径 7.6、内径 5.8、厚 0.3 厘米（图八五，5；见彩版一二，4）。

元 M199∶1，2 件，出土时与其他环、玦配套。器形较小，肉细窄。外径 5.2~5.3、内径 4.2~4.4 厘米（彩版四七，1）。

B 型 6 件，其中较完整 4 件。无领宽肉或窄肉，扁薄。肉面平或另一方面渐斜或弧收成薄边，也有两面平。分两式。

I 式 2 件，其中较完整 1 件。无领，肉宽。器形较大。

元 M349∶4 – 2，色泽米黄微灰，质地偏软。器形较大。外径 8.2、内径 5.8、厚 0.4 厘米（图八五，6；见彩版三八，5）。

Ⅱ式　4件，其中较完整3件。无领，肉窄。器形较小。

元 M260：22，质地较软。外径5.3、内径4.2、厚0.4厘米（图八五，7；彩版四七，2）。

元 M191：5－9，外径2.3、内径1.2、厚0.2厘米。

元 M82：1，外径3.1、内径1.8、厚0.15厘米。

玉环　47件，其中填土2件。与B型镯有相似之处，只是B型玉镯较宽。器形较小，肉细窄，外径一般为1~5厘米之间，且肉的较细，截面形式多样，有扁平、圆形、半圆形、三角形、菱形等。出土时完整器较少，多与其他饰佩件同出。可分型式36件，分两式。

Ⅰ式　29件。条形，窄带。

元 M292：7，10件，条形，断面近似方形。元 M292：7－1，外径3、内径2.25、厚0.2厘米。元 M292：7－2，外径1.2、内径0.75、厚0.2厘米（图八六，1、2）。

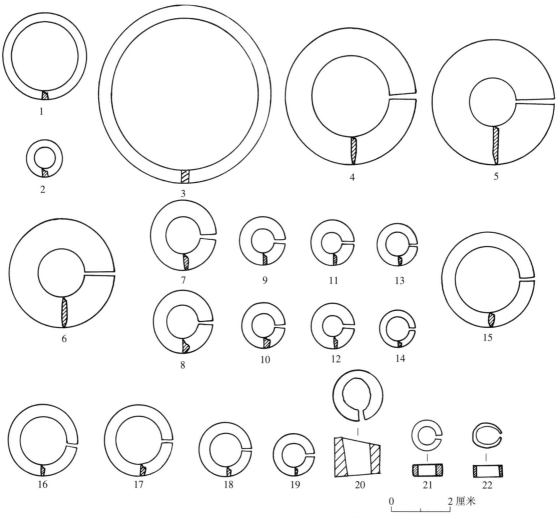

图八六　元龙坡墓葬出土玉器

1~3. Ⅰ式玉环（元 M292：7－1、元 M292：7－2、元 M187：5）　4~14. Ⅰ式玉玦（元 M246：7、元 M210：3、元 M210：4、元 M191：5－1、元 M191：5－2、元 M191：5－3、元 M191：5－4、元 M191：5－5、元 M191：5－6、元 M191：5－7、元 M191：5－8）　15~19. Ⅱ式玉玦（元 M210：5、7、8、10、11）　20~22. Ⅲ式玉玦（元 M79：t1、元 M210：12、元 M246：16）

元 M187：5，外径 6、内径 5、厚 0.5 厘米（图八六，3；见彩版一七，6）。

元 M199：1 – 3，与镯配套出土。器形较小，直径小，肉细窄，截面呈三角形。外径 6.5、内径 4.3 厘米（见彩版四七，1）。

Ⅱ式　7 件。宽带形。出土时多与其他玉镯、玉环、玉管等伴随出土，因玉质差，器形小，出土时多数已残碎，数量较难统计及修复。有宽肉、窄肉之分，厚薄不一，一面平，与Ⅰ式玉玦形制基本相同，只是玉玦多一玦口。外径多 1.5 ~ 4 厘米之间。

元 M191：4、5，最大外径 3.3、最小外径 1.2 厘米。

玉玦　87 件，其中填土 2 件。出土时多数已残，较完整的有 30 余件。可分式的 57 件，根据肉的形状，分三式。

Ⅰ式　30 件。宽薄肉型。肉面较宽，有的一面微弧向边倾斜，一面平或临边微弧上收成边薄如刃的薄边。

元 M246：7，白色。一面呈弧形，边缘尖，内圈稍尖。外径 4.6、内径 2.6、厚 0.2 厘米（图八六，4）。

元 M210：3、4，白色，质地较软。较完整，一面呈弧形，边缘尖，内圈稍尖。元 M210：3，外径 4.1、内径 1.6、厚 0.2 厘米。元 M210：4，外径 3.6、内径 1.5、厚 0.2 厘米（图八六，5、6）。

元 M191：5 – 1 ~ 5 – 8，出土时依大至小递减共 8 件，最大的外径 2.4、内径 1.4 厘米，最小的外径 1.3、内径 0.8 厘米（图八六，7 ~ 14）。

Ⅱ式　21 件。条形。窄肉或条状。

元 M210：5、7、8、10、11，出土时由大至小共 5 件（一套），最大的外径 3、内径 2.1 厘米，最小的外径 1.4、内径 0.7 厘米（图八六，15 ~ 19）。

元 M244：2，出土时为与玉环、玉镯配套组成一套佩饰，共 10 件套叠在一起，除最大一件为宽薄肉型和最小一件为短管形玦外，外径 2、内径 1.6、厚 0.2、缺口宽 0.25 厘米，小的外径 1.6、内径 1.1、厚 0.15、缺口宽 0.1 厘米（见彩版二七，3）。

Ⅲ式　6 件。短管状。

元 M79：t1，白色，质较硬。出土时与玉管、玉镯同时出土。完整，制作不规整。外径 1.8、内径 1、厚 1.25 厘米（图八六，20；彩版四七，3）。

元 M210：12，外径 1、内径 0.6、厚 0.4 厘米（图八六，21）。

元 M244：1，2 件。外径 1.1、内径 0.9、宽 0.6、缺口宽 0.25 厘米。

元 M246：16，白色。完整，内孔不规整，一端斜。外径 1、内径 0.8、厚 0.5 厘米（图八六，22）。

玉管　238 件，其中填土 14 件。较完整的约 150 件。长短不一。多数是一两件单独出土，也有少数与穿孔小圆玉片串成串，或 10 余件一起出土，或集中一堆放置。多数为单面穿孔。可分型式的 192 件，分两式。

Ⅰ式　182 件。圆管状，通体打磨圆滑，管的两端有平切、斜割两种。长短不一，最长的长 5.1 厘米，一般长 2 ~ 3 厘米左右，短的一般长 1、直径 0.8 厘米左右。

元 M148：4、5、6，长 5、直径 0.7、孔径 0.4 厘米（图八七，1、2；见彩版一六，6）。

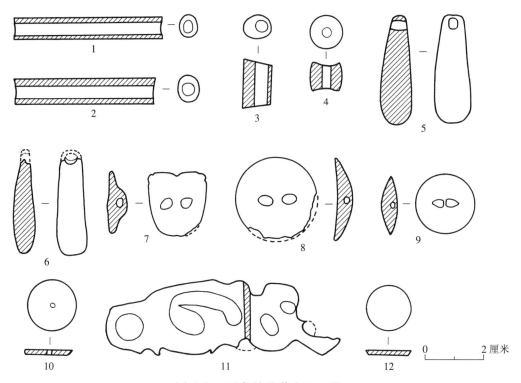

图八七　元龙坡墓葬出土玉器

1~3. Ⅰ式玉管（元M148∶5、元M148∶6、元M318∶4-1）　4. Ⅱ式玉管（元M318∶2-1）　5、6. 玉坠
（元M197∶2-2、元M192∶2-2）　7. Ⅰ式玉扣（元M284∶4）　8. Ⅱ式玉扣（元M197∶2-1）　9. Ⅲ式玉扣
（元M318∶4-2）　10. Ⅳ式玉扣（元M318∶2-2）　11. 玉雕饰（元M316∶4）　12. 圆玉片（元M197∶2-3）

元M318∶4-1，两端斜，内孔不对称。长1.6、直径1、孔径0.4厘米（图八七，3；见彩版三五，2）。

元M79∶t2，完整。长2.8、直径1.1、孔径0.4厘米（彩版四七，4）。

元M213∶1，长4.6、直径0.7、孔径0.4厘米（彩版四七，5）。

Ⅱ式　10件。鼓形，短管，一般长1、直径0.8、孔径0.4厘米左右，两端微凹。

元M32∶1、2，长1.2、直径0.9、孔径约0.4厘米（彩版四七，6）。

元M318∶2-1，直径1、孔径0.3厘米（图八七，4）。

穿孔小圆玉片　约1000片。因其细薄，又5~10片成串难以分离及与泥土分开，无法计其数。极为规整极薄的小圆玉片，中心一小孔。磨制光滑，扁薄如纸。最大者直径0.8、厚0.1厘米，少见。最小的直径0.3、厚0.03厘米，为数不少。一般直径为0.5、厚0.06厘米左右。

元M270、元M318等墓出土的小圆玉片成串，与环、镯、管成堆排放在一起。直径0.6、孔径0.1、厚0.1厘米（见彩版三○，6）。元M318出土的最小圆玉片，直径0.3、孔径0.1、厚仅0.03厘米。

玉坠　5件。色泽呈米白色，质地较坚硬较细腻。扁圆垂胆形，上端较细穿一孔。通体磨制圆滑。

元M197∶2-2，长3.5、孔径0.4厘米（图八七，5）。

元M192∶2-2，孔残。残长3.1厘米（图八七，6；见彩版二○，6）。

玉扣　6件。分四式。

Ⅰ式　1件。

元M284：4，色泽呈米白色，玉质较坚硬、细腻。器形呈扁方形。正面呈兽面形，背面中间突起桥形纽，横穿圆孔眼。通体磨制光滑。通长2.1、上宽1.9、下宽1.2、厚0.2厘米（图八七，7）。

Ⅱ式　1件。

元M197：2-1，色泽呈米白色，玉质较坚硬、细腻。形状呈扁圆形，正面平，背面弧突，正中心下挖隧孔，边缘残。直径2.8、厚0.4厘米（图八七，8；见彩版二一，6）。

Ⅲ式　1件。

元M318：4-2，色泽呈米白色，玉质地较坚硬细腻。器形呈扁圆形，中间厚，边沿薄，一面中心两侧下挖隧孔。制作精美，形状有点夸张。直径2、厚0.5厘米（图八七，9；见彩版三五，2）。

Ⅳ式　3件。圆形，两面平，中心开一个或两个小孔。制作简洁工整。

元M318：2-2，色泽米白，玉质较坚硬、细腻。直径1.6、厚0.15厘米（图八七，10；见彩版三五，2）。

元M270：15，中间开两小孔。中心开一小孔。外径2.25厘米。

玉雕饰　1件。

元M316：4，中间镂空卷云纹，两侧镂空圆圈纹。整个墓地仅此一件。残长8、最宽2.5厘米（图八七，11；见彩版三三，5）。

圆玉片　1件。

元M197：2-3，白软玉。平薄圆形无孔。两面磨平光滑。直径1.5、厚0.2厘米（图八七，12）。

2. 工具

玉凿　1件。

元M237：11，色泽米白偏黄，玉质地较软，细腻。扁长条形，单面开刃，弧刃。正面弧突如龟背，背面稍窄平。通体磨制光滑。长11、刃宽3.1、厚0.4厘米（图八八，1；见彩版二六，3）。

四　石器

200余件，器形有石凿、石锛、石范、砺石、小石子、河卵石等。

石凿　3件。呈长条形或不规则长条扁形，弧刃，通体磨光。

元M269：t1，呈长条形，弧刃，半成品。已打制成形，截面呈长方形，除一侧面经琢磨外，其余未经打磨。长4.6、宽2.3、厚1.2厘米。

石锛　1件。

元M154：2，为残件。平刃，截面呈椭圆形。残长3.5、刃宽3.2、厚0.8厘米（图八八，2；彩版四八，6）。

石范　8套及13件（套）和较多残碎片。均为红砂岩质。计有双刃铜钺范、单斜刃铜钺范、扇形铜钺范、铜斧范、铜镦范、铜镞范、铜刀范、铜圆形器范、叉形器等。石范由两片合成，呈长方椭圆形，合面平，刻凿所铸器物模型，一端开扁圆形浇注口。有些范内有烧焦痕，说明已使用过。

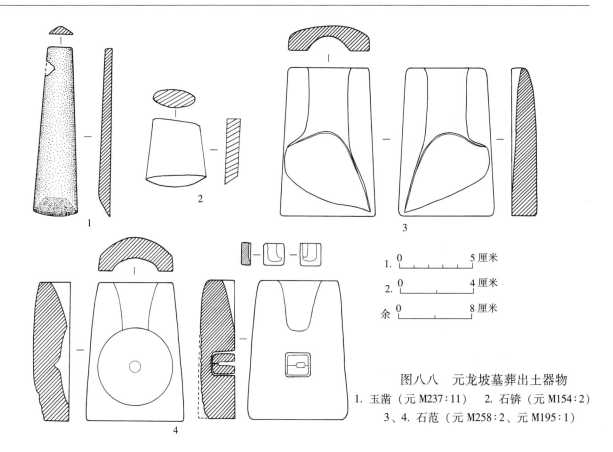

图八八　元龙坡墓葬出土器物
1. 玉凿（元 M237：11）　2. 石锛（元 M154：2）
3、4. 石范（元 M258：2、元 M195：1）

　　元 M165：t1，红褐色砂岩。残存二分之一，叉形器石范，呈梯形，石范内侧可见三条叉形凹槽。残长 10、宽 6.4 厘米（彩版四八，1）。

　　元 M138：2，残二分之一，为刀范。石范内侧可见一平背，弧刃刀形凹槽。残长 11.8、宽 5.6 厘米（彩版四八，2）。

　　元 M258：2，红褐色细砂岩。一套，残断，呈梯形，斜刃钺范。长 15.6、宽 9～10.4、厚 2.8 厘米（图八八，3；见彩版二九，5）。

　　元 M195：1，为圆形器套装范，外大范里还配有钩舌的小范。外范通长 14.6、宽 8.4～10.8、厚 5.6～8 厘米，内小范长 2.4、宽 2.2、厚 1 厘米。其中钩舌长 1.8、宽 1 厘米（图八八，4；彩版四八，3）。

　　元 M299：3，打碎后随葬。器形较大，似为单面斜刃钺。残存最大一块长 13、宽 8 厘米（彩版四八，4）。

　　砺石　50 件。大部分是颗粒较粗的砂岩，部分是颗粒细腻的细砂岩，多数系天然青灰色河卵石制成。

　　元 M3：5，灰白色细砂岩。不规则长方形，有长形内凹磨痕。长 14.4、宽 9.2 厘米（彩版四八，5）。

　　元 M50：2，灰白色细砂岩。近似三棱形锥状，三面有磨痕。长 9.3、宽 5.1 厘米（彩版四九，1）。

　　元 M126：t1，灰白色细砂岩。正面为不规则三角形，正面有内凹磨痕。长 14.3、宽 8.7 厘米（彩版四九，2）。

元 M252：3，灰色细砂岩，质地较硬。圆形，正面有圆形内凹磨痕。长 8.2、宽 5.6 厘米（彩版四九，3）。

元 M263：t1，白色，石质坚硬。椭圆形，一端有平面磨痕，余保留自然砾石面。长 7.3、宽 5.1 厘米（彩版四九，4）。

元 M301：3，灰色细砂岩。不规则长条形，两端及正面均有平面磨痕。长 13、宽 6.7 厘米（彩版四九，5）。

元 M301：2，红色细砂岩。不规则正方形，正面有平整的磨痕。长 8.1、宽 5.1 厘米（彩版四九，6）。

小石子 125 粒。出自元 M237。多呈扁方形，还有不规则形，均经人工加工。出土时成堆集中一起，附近有陶纺轮、陶罐共存。一般长 2、宽 1.5、厚 0.5 厘米（见彩版二六，5）。

河卵石 32 件。均为自然河卵石，无人工加工痕迹。大部分出土时与铜器、陶器放置在一起，也有个别单独在填土中发现。有的与砺石混在一起置放，卵石多呈扁圆、椭圆形，大小直径 8 厘米左右，表面细润光滑，应是制陶时用以托拍陶胎或打磨器表的工具，如元 M222：10（见彩版二三，6）。

五 其他

元龙坡墓葬除出土上述随葬器物外，还有 54 座墓有随葬或使用漆器的痕迹。这些痕迹有长条形的红色、红黑相间的斑块、圆形或长方形黑色或间杂红色的大斑块及红黑相间的云雷纹斑块。如元 M74 墓底南侧有长 1.6、宽 0.18～0.35 米的红色长条漆痕，元 M196 墓底有长方形、圆形黑漆痕。

第五节 随葬品组合及年代推断

一 随葬品组合及器物特征

陶钵是元龙坡墓葬最基本的随葬器物，陶钵＋陶罐（釜）是元龙坡墓葬最流行的随葬品组合形式；玉器在随葬品中仅次于陶器，数量多，品种丰富。出土的长条形玉管，工艺精湛，是岭南西周墓葬中屡见之物，对元龙坡墓葬年代断代具有重要意义。元龙坡出土的陶器因被打破随葬，完整器少见。经修复综合观察，品种较少，早晚器形变化不大，发展滞缓。器物多为夹粗砂软质黄褐色陶，也有部分夹细砂或泥质软陶。铜器不多，品种也少，但对年代推测具有重要意义。铜器基本上是本地所造，有出土石范为证。铜器中的斧、钺类大都小巧轻薄，合瓦形扁圆銎口，器形从小巧轻薄的长方形演变为刃部向两侧延张的"风"字形，并逐渐从直腰向束腰形、扇形发展。矛可分为两类：A 类：从骹、叶、脊呈圆锥形，叶两翼轻薄，骹部短小，向锥体脊逐渐变小，近圆骹部演变为四棱形骹，有的骹两侧附鼻纽，叶部呈双曲弧刃。B 类：叶呈柳叶形，截面呈扁菱形，短小骹呈四棱形并略束腰，骹口略呈燕尾形，叶骹间有脊线段，此类矛从骹部短小逐步演变为粗长，叶脊线由凸起粗线条演变成一条细细的直线。

二 年代推断

元龙坡一类墓葬在两广地区发现不多，可供参考的资料较少，给元龙坡墓葬年代的断定带来困难。元龙坡墓葬中出土的铜卣、铜盘是可供比较的主要依据，对墓葬的断代具有重要意义。容庚先生认为，铜卣"皆属两周前期以前之物，西周后期以后未见其器"①。元龙坡 M147 出土的牛首纹提梁卣与北方地区发现西周时期的告田父乙卣、医作父乙卣、启卣相比较，虽说纹饰内容有所差异，但整体造型及纹饰位置基本相似，当是同一时代之物；铜盘在造型与纹饰上也具有西周晚期风格。出土的铜匕首（剑）与浙江长兴西周墓出土的一把铜剑相类，特别是勾连云纹装饰方法很接近，应是同时代的器物②。晚期的器物以斜刃钺为代表。此类钺在越南东山文化的弘里、越溪遗址中有发现，是战国至西汉初期之物③。

元龙坡墓葬出土的陶器中，有 4 件拍印变形云雷纹等几何形纹的陶器，与广西地区以往发现的春秋时期盛行的夔纹陶器相比，器形纹饰不大相同。在部分墓中采集到的木炭标本，经北京大学考古系碳十四实验室测试，所得年代数据最早为距今 2960±85 年（树轮校正为距今 3110±80 年），最晚为距今 2530±100 年（树轮校正为距今 2580±102 年）④。因此，我们认为元龙坡墓葬的年代，上限为西周，下限在春秋时期。

第六节　墓葬分期

元龙坡墓葬群为目前广西地区先秦时期一处规模较大、数量较多的墓群，然而墓葬出土的遗物数量较少，随葬品器类较简单，且空墓较多，多数墓葬仅有少量铜器或陶器，因此据器物组合较难进行系统的排列对比，尤其是目前此类型墓葬在广西乃至相邻地区也较为少见，这为墓葬分期带来较大的困难。墓葬中虽然有两组墓葬叠压打破关系，分别是：元 M288 打破元 M224、元 M335 打破元 M336。但是由于墓葬出土器物很少，甚至是空墓，对年代推断和分期也缺乏意义。因此仅能从墓群本身分布的情况，结合部分出土器物的特征以及碳 – 14 测定年代的情况分析，墓葬大致可分为早、晚二期。

元龙坡墓葬自然环境大致分为五个区域，即以山坡中部最高处为基点，分为中部、东南、东北、西北、西南五区。中部及东南、西南的海拔为最高，这三区墓葬规模较大，随葬品丰富。东北及西北最底，坡度较大。西北区元 M46、元 M115 两墓碳 – 14 测定的年代为春秋时期，墓葬出土年代较晚的斜刃钺中，主要分布于墓区的西北及东北区。根据以上情况可见以元龙坡制高点的中部及东南、西南区，即海拔 207 米高度以上，地面较平，墓葬年代较早，为一期墓葬，年代为西周时期；而东北及西北区海拔 207 米高度以下的墓葬为二期墓葬，年代为春秋时期。此外从一期区域的元 M224、元 M288 等部分墓葬打破关系可知，此区域的墓葬亦应有部分为二期墓葬，由于无随葬品进行对比，因此无法细分。

① 容庚：《商周彝器通考》，哈佛燕京学社，1941 年。
② 夏星南：《浙江长兴县发现吴、越、楚铜剑》，《考古》1989 年第 1 期。
③ 〔越〕黎文兰等编著，梁志明译：《越南青铜时代的第一批遗迹》，中国古代铜鼓研究会印，1982 年。
④ 在碳 – 14 数据中，虽然有一数据可早至商代晚期，但根据出土的典型器物中，最早的皆为西周，未见商代器物。

第三章 安等秧墓地

第一节 墓葬概述

1985 年 10 月，南宁市文物管理委员会与武鸣县文管所，在武鸣县马头乡进行文物调查时，根据当地群众提供的线索，在乡政府所在地马头圩附近的元龙坡、安等秧山坡上分别调查发现二处不同时期的墓葬群，其中安等秧为战国时期。同年 10 月由广西壮族自治区文物工作队、南宁市文物管理委员会、武鸣县文管所联合组成发掘队，先后对两处墓群进行了抢救性发掘。首先发掘的为安等秧墓群，发掘工作从 10 月 15 日至 28 日，历时 13 天。共清理土坑墓葬 86 座，方形土坑 12 个。

安等秧位于武鸣马头乡东南约 1 千米，丘陵土岗，土壤为褐红色酸性红壤。地处大明山余脉边缘，因大明山余脉环绕而成半月形。安等秧南面为缓坡，地势较平缓，坡上发现过磨光大石铲，北面为两个平缓的山坡延伸至西北面马头河谷地边缘。其西端坡上出土过西周时期的青铜盘。

安等秧等几个岗丘形成了一个半月形地势，其凹处为一小盆地，盆地中部有一条小河从中流过，水源来自大明山脉。原河流较宽，现仅有 3 ~ 5 米宽的河道，终年流水不断。马头圩即位于盆地东南部。安等秧西南是一条狭长、低洼并且较为平坦的地带。这里的环境极为理想。背靠大明山脉可作防御屏障，进可向西南平地发展，还可移处大明山森林之中。这里土地肥沃，资源丰富，实乃古人生息繁衍的安居场所。安等秧之名来自当地壮语译音，等秧即等稻草，此地原来是一处交易稻草的场所。

一 地理位置与墓葬分布

墓地位于马头圩南约 300 米的安等秧山坡上（见图二；彩版五〇，1），是一座海拔高度为 250 米、相对高程约 20 米的小土岭。马头河周边地貌可分为三级阶地，墓地位于二级阶地，附近为连绵起伏的二、三级丘陵地形。东北距大明山约 3 千米，东北与元龙坡墓地相距约 500 米。马头河东北向西南折流经墓地前约 250 米。历年来村民曾经在坡地上采集到铜矛、铜剑、铜斧、陶器之类遗物。安等秧为一圆形土岭，面积约 3000 平方米，其中东、南、西坡地较为平缓，坡度为 10° ~ 15°；北面坡度较大，约为 20° ~ 30°，并已辟为耕地。墓葬主要分布在以坡顶为中心的散布在较为平缓的东、南、西三面坡地上，东、南两面坡地又较西面坡地密集，地表植零星松树。西北侧被一占地约 100 平方米的近现代墓葬破坏。由于坡地水土严重流失以及人为的破坏，山坡上大部分红土已裸露,大部分墓室已被冲刷破坏,墓坑及部分随葬器物已暴露地表。由于原墓室填土经夯打,填土胶结较坚硬,因此,地面上多可见到因水土流失后留下的呈灰褐色块状的墓室填土高凸地表,且往往高出地表 5 厘米左右,因而排列有序的墓葬大多数从地表可见(图八九;彩版五〇,2;附表二)。

在墓区东南侧的边缘坡处还清理了 11 个大小不一的土坑,中部 1 个清理后未发现文化遗物。只是在 K1 内发现东西方向排列有序的页岩条形石块 13 块,K2 内有前后排列的砾石 2 块,K3 内有"八"字形排列的条形砾石 2 块,其余均无它物。另外,K4 的东侧被安 M27 打破。土坑的填土大都高出地表约 0.1 ~ 0.15 米,土坑的大小有别,最大的是 K5,长 2、宽 0.5 米,最小的是 K8,长 0.76、宽 0.56 米(附表三)。

二　墓葬形制

1. 墓圹与葬具

墓室规模较小,从清理较为完整的墓葬可知基本为东西向,墓室形制简单,均为长方形竖穴土坑墓。现存墓室深浅不一,最深的约 0.9 米。墓坑最大的为安 M45,长 2.5、宽 0.8 米,最小的为安 M31,长仅 1.6、宽 0.65 米。填土多为灰黄色,经夯打。因墓地埋藏环境为红色酸性土壤,腐蚀性强,未见葬具及人骨痕迹,葬式不明。部分墓底或器物周围可见较薄的黑色炭末及红色漆痕等现象。

2. 随葬品组合和置放位置

在随葬品中,青铜器一般置于墓室中部两侧,装饰品多置头端或胸部,陶器多置于中部或脚端,夹砂陶器基本都置于脚端。大部分青铜器已严重锈蚀,有的青铜工具及兵器的銎或把手中残留有木痕或麻绳。器物组合为青铜工具或兵器 + 玉质和石质装饰品 + 几何印纹陶器和夹砂陶器。

第二节　典型墓葬分述

由于部分墓葬已被严重破坏,形制简单,因此难以进行具体形制分类。为了较全面反映该墓地的情况,现将保存较为完整、出土器物较多、规模大小不同,具有代表性的部分墓葬分述如下。

安 M1　位于墓区西侧中部,西北邻安 M16,东南邻安 M2。墓向 55°,墓室长 2.1、宽 0.7、深 0.15 ~ 0.2 米。清理前墓室已被严重冲刷破坏,在中部可见灰黄色块状填土。随葬品置放墓室的中部及西侧处,计有铜剑、铜镞、陶罐共 3 件(图九〇)。

出土器物:陶罐 1、铜剑 1、铜镞 1 件。

陶罐　1 件。

安 M1:1,Ⅳ式,灰色硬陶,陶色纯正,质地坚硬,火候偏高,敲之有清脆声。器形较小。敛口,圆唇,扁鼓腹,折收成小平底。上腹部饰三道弦纹相间竖排式锥刺篦点纹。口径 8.6、腹径 13.6、底径 7.2、高 6.4 厘米(图九〇,1;彩版五一,1)。

铜剑　1 件。

安 M1:2,Ⅵ式。铜色不均,刃锋处呈浅绿色,质地较软,呈松散颗粒状,无锈迹。通体光滑。

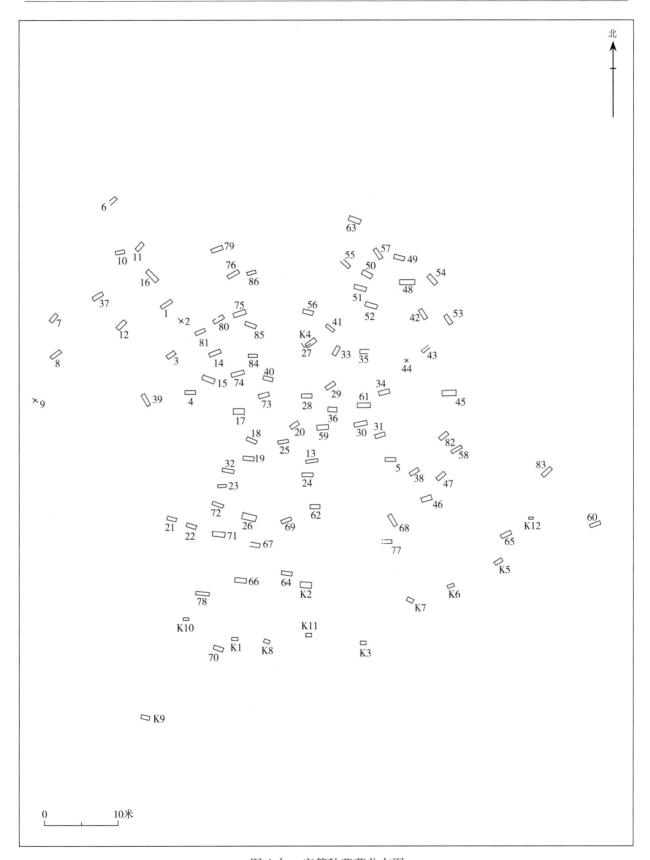

图八九　安等秧墓葬分布图

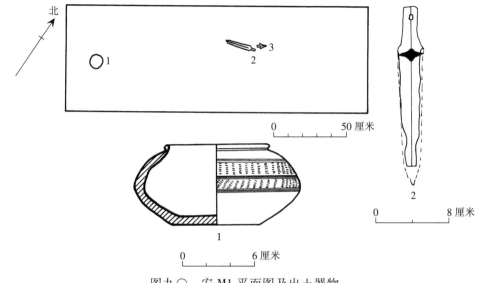

图九〇　安 M1 平面图及出土器物
1. 陶罐　2. 铜剑　3. 铜镞

叶长茎短，茎一端有一小圆孔。叶中部有一细棱凸脊，凸脊从尖锋处一直延伸至小圆孔边消失，两侧刃部及尖锋处已残缺。残长 17、最宽 2.3 厘米（图九〇，2；彩版五一，2）。

铜镞　1 件。

安 M1：3，Ⅰ式。铜质地特别软散，成粉粒状。已残朽，无法提取。

安 M5　位于墓区东侧中部，西北邻安 M31，东南邻安 M38。清理前墓室中部南侧已被一现代墓打破。墓向 90°，墓室长 2.1、宽 0.6、深 0.15 米。清除扰土刮平地表后，随葬品即显露。玉玦置墓室东端中央处，陶器置墓室西端处靠偏中部。出土器物有玉玦、陶罐、陶杯、陶钵各 1 件（图九一）。

出土器物：陶罐 1、陶钵 1、陶杯 1、玉玦 1 件。

陶罐　1 件。

安 M5：2，Ⅳ式，灰色硬陶，陶色纯正。器形小巧。敛口，圆唇，扁鼓腹，折收成小平底。肩至腹部相间刻划弦纹及水波纹。罐底有一刻划符号。口径 8.4、底径 4.4、高 8 厘米（图九一，2；彩版五一，3）。

陶杯　1 件。

安 M5：3，Ⅱ式，灰色硬陶，质地较硬，火候较高。敞口，平唇，斜直腹，平底。素面。底部有刻划符号。口径 6.9、底径 3.6、高 5.1 厘米（图九一，3；彩版五一，4）。

陶钵　1 件。

安 M5：4，夹粗砂灰陶。敞口，圜底。已残碎，无法提取。

玉玦　1 件（残）。

安 M5：1，Ⅱ式。色泽呈米白色微黄，质地偏软，细腻。宽缘，一侧缘面钻有两个小孔，一面较平，另一面微弧形，近边缘处极薄。通体缘面光滑。外径约 8.6、内径 3.1、缘宽 3、厚 0.1～0.25 厘米（彩版五一，5）。

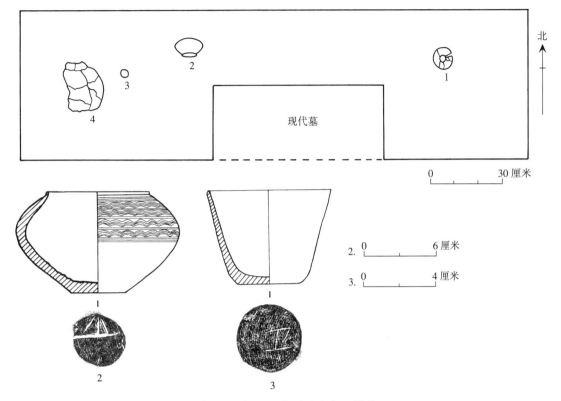

图九一　安 M5 平面图及出土器物
1. 玉玦　2. 陶罐　3. 陶杯　4. 陶钵

安 M7　位于墓区西面半坡，南邻安 M8，东北邻安 M37，但相距偏远，因其靠偏西方向的边缘处，所以大部分区域为空白地带。墓向 34°，墓室长 1.8、宽 0.7、深 0.15 ~ 0.38 米。东西两侧各有一条水冲沟，东壁已被流水冲刷无存，东低西高。清理前地表可见长方形填土露出，填土为灰黄色。随葬器物置放墓室西侧偏靠中部处，计有铜矛、陶杯各 1 件，铜矛的銎后部残存有一长23、宽 2 厘米的木痕（图九二；彩版五二，1）。

出土器物：陶杯 1、铜矛 1 件。

陶杯　1 件。

安 M7：2，Ⅰ式。灰白色硬陶，质地坚硬，火候较高。口沿微内敛，圆唇，直腹，近底部折收成平底。素面。口径 5.2、底径 3.7、高 4.3 厘米（图九二，2；彩版五二，2）。

铜矛　1 件。

安 M7：1，Ⅳ式。铜色淡绿色，质地较坚硬，斑状铜锈布满矛身。器形较小，短身，脊微凸，叶与骹等长，叶部与圆骹无明显分界线，脊为一细线，骹部前端稍细，与叶脊及刃相对有凸棱线。长 10、叶宽 2.3 厘米（图九二，1；彩版五二，3）。

安 M8　位于墓区西面半坡处，北邻安 M7，南邻安 M9，但相距偏远。墓向 55°，墓室长2.12、宽 0.6、深 0.28 ~ 0.3 米。清理前地表可见长方形填土露出，清理后南壁保留墓壁深 0.28米，北壁基本被流水冲刷破坏，仅存 3 厘米。随葬器物的铜斧、石玦置放墓室的东端偏中部，陶

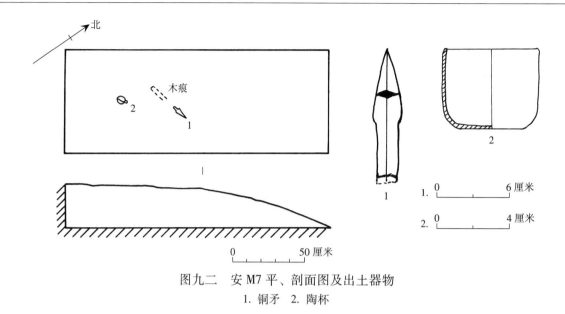

图九二 安 M7 平、剖面图及出土器物
1. 铜矛 2. 陶杯

器靠西端处（图九三；彩版五二，4）。

出土器物：陶钵 1、铜斧 1、石玦 1 件。

陶钵 1 件。

安 M8：3，Ⅳ式。夹粗砂灰褐陶。敞口，弧腹，圜底。

铜斧 1 件。

安 M8：2，Ⅱ式。铜色灰绿色，质地较软，呈松散颗粒状。器形较小、轻薄。弧刃，刃角外翘呈"风"字形，銎口呈椭圆形。两侧合范痕细小，不明显。残长 5.1、刃宽 4.2、銎口厚 0.7 厘米（彩版五二，5）。

石玦 1 件。

安 M8：1，灰白色，质地较坚硬，表面可见红褐色相间石条纹。圆形，制作不甚规整，两面打磨光滑，一面略平，另一面略弧状并逐收成薄边缘。外径 5.2、内径 1.8、厚 0.3 厘米（图九三，1；彩版五二，6）。

安 M12 位于墓区偏西侧，西北邻安 M37，东南邻安 M3，但相距较远。墓向 45°，墓室残长 0.77、宽 0.45、深 0 ~ 0.04 米。清理前地表可见明显的块状填土高出地表，但墓室西端已被冲刷破坏，东端仍保留部分填土，填土为灰黄色。随葬器物有石玦、铜斧，均置于墓室东端（图九四；彩版五三，1）。

出土器物：铜斧 1、石玦 1 组。

铜斧 1 件。

安 M12：2，Ⅱ式。铜色呈灰绿色，质地较软，呈松散颗粒状。器体较短小，较扁宽。微束腰，双面弧刃，刃角外翘呈弧形。长方形銎口呈圆角状，内孔边角亦呈圆角状，较模糊。长 6.6、刃宽 4.8、銎口厚 1.2 厘米（图九四，2；彩版五三，2）。

石玦 1 组 16 件。

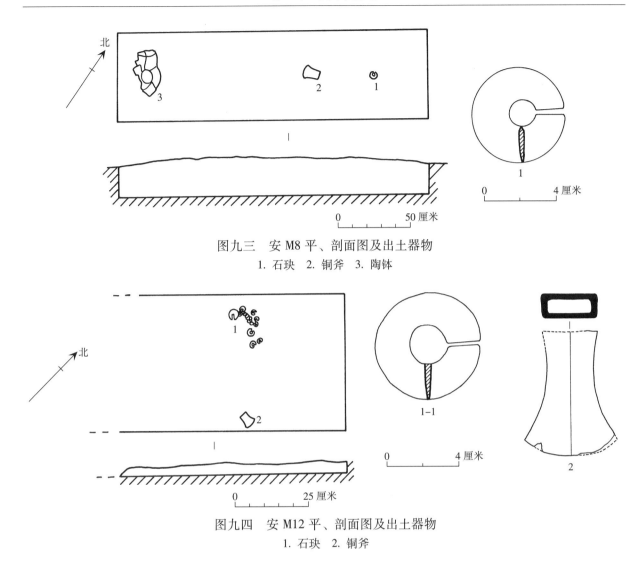

图九三　安 M8 平、剖面图及出土器物
1. 石玦　2. 铜斧　3. 陶钵

图九四　安 M12 平、剖面图及出土器物
1. 石玦　2. 铜斧

安 M12：1，均为黑色岩石制作而成，石质较坚硬细腻。其中有 1 件最大，其他 15 件则较小，形制相同，均为一面平，另一面圆弧逐收成薄边。两面打磨光滑，制作规整，两面钻孔，切割整齐而平行。最大的外径 5.6、内径 2、厚 0.3 厘米，最小的外径 1.8、内径 0.7、厚 0.2 厘米（图九四，1；彩版五三，3）。

安 M13　位于墓区南面近坡顶中部之中心区域，南邻安 M24，北邻安 M59，西北邻安 M25。墓向 80°，墓室长 2.2、宽 0.6、深 0.08 ~ 0.16 米。清理前地表显露出少量填土，呈灰黄色杂红土，刮平地表后露出长方形墓坑，东西两侧各有水土流失的水冲沟，但墓室保存尚完整。随葬陶罐、陶碟、铜斧置于墓室西端，石玦置墓室东端（图九五；彩版五三，4）。

出土器物：陶罐 1、陶碟 1、铜斧 1、石玦 1 件。

陶罐　1 件。

安 M13：2，Ⅳ式。灰褐色硬陶，质地坚硬，火候较高，敲之有清脆声。直口，圆唇，圆鼓腹，平底。素面。罐底有刻划符号。口径 7.6、腹径 11.6、底径 6、高 6.8 厘米（图九五，2；彩版五三，5）。

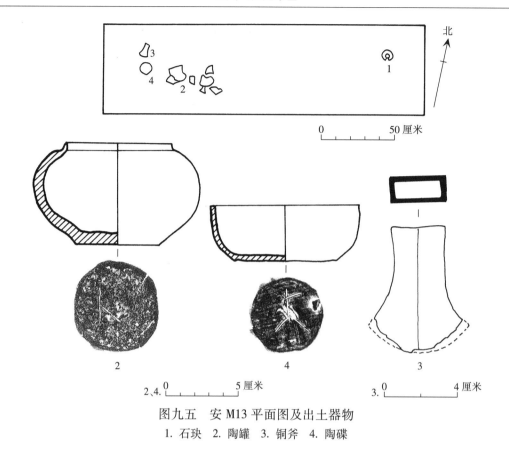

图九五　安 M13 平面图及出土器物
1. 石玦　2. 陶罐　3. 铜斧　4. 陶碟

陶碟　1 件。

安 M13：4，Ⅰ式。灰白色硬陶，火候较高。直口，平唇，浅腹折收成小平底。素面。底部有刻划符号。口径 10.2、底径 7、高 3.6 厘米（图九五，4；彩版五三，6）。

铜斧　1 件。

安 M13：3，Ⅱ式。铜色淡绿色，质地较软，呈松散颗粒状。器体较短小、宽扁。微束腰，双面弧刃，刃角外翘呈弧形。长方形銎口平整。器身合范痕不甚明显，只有较细的棱线，一侧面留有浇铸时留下的缺口。长 6.6、刃宽 4.8、銎口厚 1.5、壁厚 0.2 厘米（图九五，3；彩版五四，1）。

石玦　1 件。

安 M13：1，色泽灰白。器形扁圆，内圆孔。制作规整。外径 5.5、内径 2 厘米（彩版五四，2）。

安 M14　位于墓区中心区域偏西北的坡顶上，西北邻安 M81、安 M80，东南邻安 M74、安 M84，西南邻安 M15。墓向 65°，墓室长 1.9、宽 0.9、残深 0.16～0.2 米。清理前地表已露出明显的长方形墓坑，坑中上部填土呈块状胶结，质地坚硬，呈灰白色，填土夯痕不明显。近墓底的填土较疏松，清理深至 0.14 米时，在墓室的东南端发现一块长宽约 0.6、深 0.1 米见方灰白色的沙质土，与周围填土有明显区别。随葬器物基本集中置放在这一沙质土块小范围内，计有铜矛、铜斧、铜刮刀、铜铃、铜镯及少量漆痕，其中铜铃及铸"王"字形印记的铜矛仅出于此墓。随葬器物置放于墓室东偏中，以铜器为主，陶器只有陶杯，陶杯置于墓室南部脚端处（图九六；彩版五四，3、4、6）。

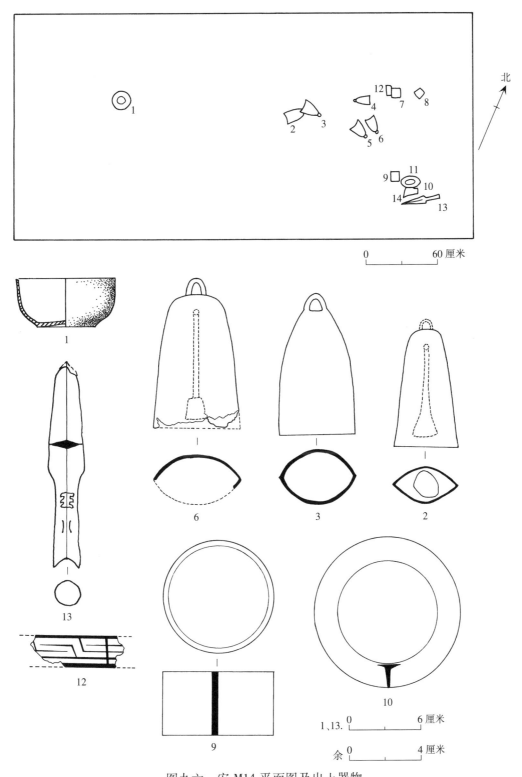

图九六 安 M14 平面图及出土器物

1. 陶杯 2~6. 铜铃 7~10、12. 铜镯 11. 铜斧 13. 铜矛 14. 铜刮刀

出土器物：计有陶杯 1、铜矛 1、铜斧 1、铜刮刀 1、铜铃 5、铜镯 5 件。

陶杯　1 件。

安 M14：1，Ⅱ式。灰白色硬陶，陶色纯正，陶质较硬，火候较高。直口，平唇，上腹直，近底部的腹部处略圆弧，平底微凹。素面。口径 8、底径 4.8、高 4 厘米（图九六，1；彩版五四，5）。

铜斧　1 件。

安 M14：11，Ⅱ式。铜色较纯，呈淡绿色，质地较软，呈松散颗粒状。器体较小，较宽扁。双面弧刃，刃角微翘，长方形銎口呈圆角状。内孔边角亦呈圆角状。器身两侧合范痕不甚明显，细棱线从銎口直至刃角处。残长 7.7、刃宽 5.2、壁厚 0.25 厘米（彩版五五，1）。

铜刮刀　1 件。

安 M14：14，铜色灰绿色，质地较坚硬。器形小巧，呈柳叶形。中脊较细，直身，两侧刃锋，制作较规整。残长 7.6、残宽 2.2 厘米（彩版五五，2）。

铜矛　1 件。

安 M14：13，Ⅰ式。铜色灰绿色，质地坚硬，通体较光滑无锈迹。柄部一侧附有小耳，柄部一面铸有"王"字形标记装饰。残长 16、宽 3、厚 0.4 厘米（图九六，13；彩版五五，3）。

铜镯　5 件。

安 M14：9，Ⅱ式。铜色淡绿色，质地较软，呈松散状。镯形呈圆筒状，缘面光滑。素面。外径 6、内径 5.4、厚 0.3、高 3.4 厘米（图九六，9；彩版五五，4）。

安 M14：8，Ⅱ式。铜色淡绿色，质地较软，呈松散状。镯形呈圆筒状，缘面光滑。素面。外径 6.1、内径 5.5、厚 0.15、高 3.4 厘米（彩版五五，5）。

安 M14：10，Ⅳ式。铜色墨绿色，质地较坚硬，通体光亮光滑。器形较大。扁平宽沿，内缘两面起凸棱，断面呈"T"形，内侧有高领凸出，薄缘，另一侧较厚。素面。外径 8.1、内径 5.6、领高 1.2、厚 0.2 厘米（图九六，10；彩版五五，6）。

安 M14：12，Ⅲ式。铜色绿色，质地较软。镯体型小巧，扁薄，呈宽带。外表饰四组凸弦纹，铸有纹饰似对称的曲尺纹。外径 6.1、内径 5.8、壁厚 0.25、高 1.8 厘米（图九六，12；彩版五五，7）。

铜铃　5 件。

安 M14：2～6，铜色偏灰绿，质地偏软。器体较小巧，铃纽较薄小，大小略有差别，通体光滑。底宽 3.5～5.2、通高 6.3～8.5 厘米（图九六，2、3、6；彩版五五，8）。

安 M15　位于墓区中心区域顶部偏南，东北邻安 M74，东南邻安 M17，西南邻安 M4，西北邻安 M3，但相距偏远。墓向 111°，墓室长 2.2、宽 0.7、深 0.3 米。清理前地表已露出少量的块状填土，填土胶结坚硬，墓室西南侧被雨水冲刷后破坏。刮平地表后即露出随葬品，在随葬品的周围有层较松散的灰黑色土，另一端保存较好。随葬品置于墓室中部偏西处，有陶钵、陶杯、铜斧各 1 件（图九七；彩版五六，1）。

出土器物：陶钵 1、陶杯 1、铜斧 1 件。

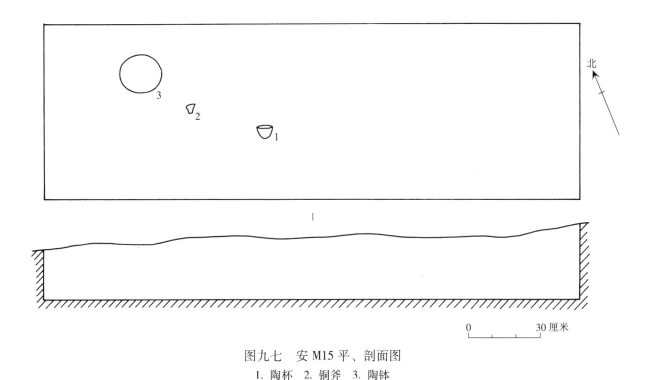

图九七　安 M15 平、剖面图
1. 陶杯　2. 铜斧　3. 陶钵

陶钵　1件。

安 M15：3，Ⅳ式。夹砂灰褐陶。残破，直口，弧腹，圜底。饰粗绳纹。

陶杯　1件。

安 M15：1，Ⅱ式。泥质灰白陶，色偏泥黄，火候较高。直口微敞，平唇，斜直腹，底内凹。素面。口径7.2、底径4、高6厘米（彩版五六，2）。

铜斧　1件。

安 M15：2，Ⅱ式。铜色淡绿色，中部呈墨绿色，质地较软，呈松散颗粒状。器形短小宽扁，呈"风"字形。单面刃锋利，刃角外翘呈圆弧状，微束腰。长方形銎，銎口内孔四角为圆角形。器身两侧合范痕明显，边棱线从銎部延伸至刃角处。刃部銎口稍残缺。长6.8、刃宽5、壁厚0.25厘米（彩版五六，3）。

安 M17　位于墓区中心区域坡顶偏南，南邻安 M18，东北邻安 M73，西北邻安 M4、安 M15，西南为空白地带。墓向280°，墓室长2.5、宽0.9、深0.25米。清理前填土高出地表约0.08～0.12米，填土呈坚硬块状。因水土流失严重，虽然墓室保存较完整，但墓室较浅。随葬器物置放于墓室中部及北壁处，计有陶罐、铜剑、铜斧、铜刮刀、铜块、玉玦2、夹砂陶钵残块；另有麻布残片，贴在铜块内壁之上（图九八；彩版五六，6）。

出土器物：陶罐1、陶钵1、铜斧1、铜刮刀1、铜剑1、玉玦2件及麻布残片、铜块。

陶罐　1件。

安 M17：1，Ⅲ式，灰色硬陶，质地坚硬，火候较高，敲之有清脆声。卷唇，束颈，圆鼓腹，平底。口沿至腹部饰小方格纹，方格不甚规整。靠口沿处的一侧有"H"形刻划符号。口径13.2、

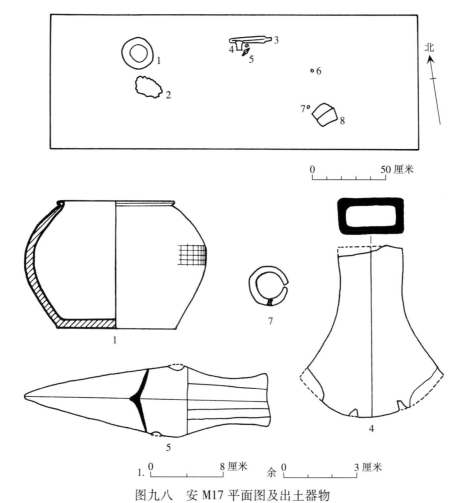

图九八　安 M17 平面图及出土器物

1. 陶罐　2. 陶钵　3. 铜剑　4. 铜斧　5. 铜刮刀　6、7. 玉玦　8. 铜块　9. 麻布（铜块内壁）

腹径 20.1、底径 12.6、高 13.7 厘米（图九八，1；彩版五七，3）。

铜斧　1件。

安 M17：4，Ⅰ式。铜色淡绿色，质地较软，呈松散颗粒状。器身较小。微束腰，近似扇形，双面弧刃，刃角外侈呈"风"字形。长方形銎口，内孔边角近似圆角。器身两侧合范痕不甚明显。刃部微残。长 6.7、刃宽 5.2、壁厚 0.3 厘米（图九八，4；彩版五七，1）。

铜刮刀　1件。

安 M17：5，铜质地坚硬，无锈蚀痕迹，通体光滑。器形小巧。直身，中部隆起，自前锋延伸至柄末，柄呈束腰形，锋刃前聚成尖锋，锋尖甚是尖锐。断截面呈"人"形。脊中有一道凸棱线，脊两侧有二、三道竖行装饰线，叶呈锐角三角形。长 10、叶宽 3、壁厚 0.3 厘米（图九八，5；彩版五七，4）。

铜剑　1件。

安 M17：3，Ⅵ式。铜色浅绿色，质地较软，呈松散颗粒状，无锈迹。器形扁小，简单无装饰。长叶短茎（茎短小），脊较粗矮，从茎部一直延伸至锋尖处，茎呈四棱形，中部有一小孔，刃锋均残缺。尖锋、茎末均残断，茎部断口处留有一小孔。残长 26、残宽 2.8 厘米（彩版五七，2）。

铜块　1 件。

安 M17：8，铜色淡绿色，质地较软。不规则长方形块，形状为某种大形器物腹部的一小部分。一面内凹弧，另一面外凸，外凸面有一道粗径约 0.5 厘米凸棱。长 13.2、宽 12.5、厚 0.35 厘米（彩版五七，5）。

玉玦　2 件。

安 M17：7，Ⅰ式。色灰白，质地细腻。通体光滑。外径 1.7、内径 1.2、厚 0.25 厘米（图九八，7）。

安 M17：6，Ⅲ式，玉质地偏软，质地细腻，通体打磨光滑，色泽呈白色略偏灰。圆形，一面较平滑，一面略弧圆，近边缘处极薄成为薄边状，孔壁偏斜，不甚规整。外径 5.2、内径 2.6、厚 0.2 厘米（彩版五七，6）。

麻布残片　1 块。

安 M17：9，黄褐色，织纹清晰，质地较粗。长 8、宽 7 厘米（彩版五七，7）。

安 M20　位于墓区中心区域偏南侧中部，东邻安 M59，北邻安 M28，西南邻安 M25。墓向 55°，墓室长 1.76、宽 0.7、残深 0～0.12 米。清埋前地表显露少量块状填土，墓坑东北侧被流水冲刷至墓底。随葬器物置放墓室中部偏西南壁处，有铜斧、陶钵（图九九）。

出土器物：陶钵 2、铜斧 1 件。

陶钵　2 件。

安 M20：2，Ⅱ式。灰白色硬陶，质地坚硬，火候较高，敲击有清脆声。敛口，圆唇，扁鼓腹，折收成小平底。素面。底部有刻划符号。口径 6.3、腹径 7.3、底径 3.6、高 3.5 厘米（图九九，2；彩版五六，4）。

安 M20：3，Ⅲ式。夹砂灰褐陶，质地较疏松，火候偏低。微敞口，圆唇，斜直腹，平底。素面。口径 14.2、底径 8.4、高 8.6 厘米（图九九，3）。

铜斧　1 件。

安 M20：1，Ⅱ式。铜色绿色，质地较软，呈松散颗粒状，锈蚀严重。器形较小、宽扁。呈"风"字形，双面圆弧刃外翘，长方形銎口。器身两侧合范痕不明显，边棱圆滑。长 6.6、刃宽 5.3、壁厚 0.25 厘米（彩版五六，5）。

安 M26　位于墓区南面中心区域，东邻安 M69，南邻安 M67，西邻安 M72。墓向 100°，墓室长 2.3、宽 0.8、深 0.3 米。清理前地表有少量填土高出，填土呈块状，胶结坚硬，刮平表土后即可见长方形墓坑。随葬器物置放墓室中部靠西南处（图一〇〇；彩版五八，1）。

出土器物：陶钵 1、铜斧 1 件。

陶钵　1 件。

安 M26：2，Ⅰ式。泥质红陶，质地较细，硬度偏软。敛口，圆唇，丰肩，斜直腹，后急收成小平底。素面。口径 13.4、肩径 14.6、底径 4、高 4.8 厘米（图一〇〇，2；彩版五八，2）。

铜斧　1 件。

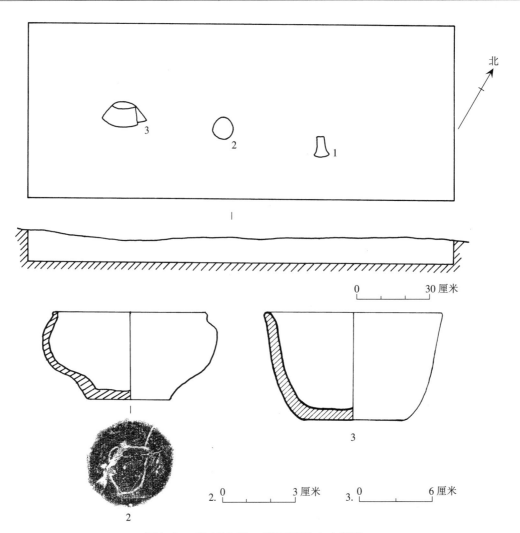

图九九　安 M20 平、剖面图及出土器物
1. 铜斧　2、3. 陶钵

　　安 M26：1，Ⅱ式。铜色绿色，质地较软，呈松散粉粒状，无锈蚀痕迹。器形小巧。双面弧刃，刃角外翘，呈"凤"字形。銎口呈圆角长方形。銎部两面饰有两组横式凸弦纹，一组单弦，一组双弦，相邻较近，中饰节形短线。两侧合范痕不明显。銎、刃部微残。残长 7、刃宽 5.5、壁厚 0.25 厘米（彩版五八，3）。

　　安 M27　位于墓区中心区域顶部东侧，东北邻安 M41，北邻安 M56，打破 K4。墓向 55°，墓室长 2.1、宽 0.7、深 0.15 米。清理前填土高出地表 0.1 米，土质较硬经夯打。墓室中部有石块。随葬器物置放墓室中部（图一〇一）。

　　出土器物：陶钵 1、铜剑 1、铜斧 1 件。

　　铜剑　1 件。

　　安 M27：1，Ⅱ式。铜色灰绿色，质地较软，呈松散颗粒状，通体光滑无锈。叶、茎、首一次铸成连为一体。身细长，中脊不甚明显；剑格为细长一字形，薄而窄；茎部中空，断面呈环形与首相连。长 39.3、刃宽 3.4 厘米（图一〇一，1；彩版五八，5）。

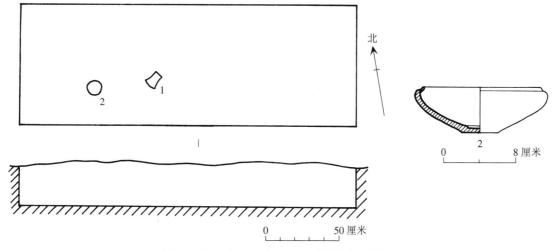

图一〇〇　安 M26 平、剖面图及出土器物
1. 铜斧　2. 陶钵

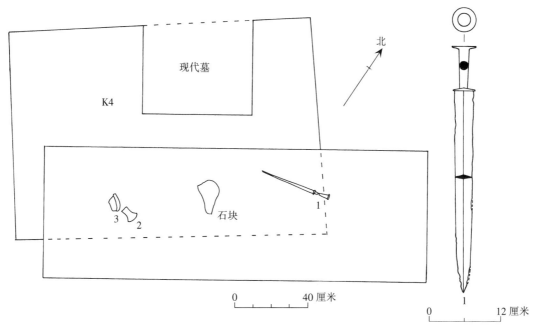

图一〇一　安 M27 平面图及出土器物
1. 铜剑　2. 铜斧　3. 陶钵

铜斧　1 件。

安 M27:2，Ⅱ式。铜色淡绿色，质地较软，呈松散粉粒状，锈蚀严重。器形小巧。呈"风"字形，双面弧刃。长方形銎口，銎口内孔呈圆角状。器体两侧合范痕与边棱近于重叠。残长 6.3、刃残宽 4.6、壁厚 0.15 厘米（彩版五八，4）。

陶钵　1 件。

安 M27:3，夹砂灰褐陶。敞口，斜直腹，圜底。已残破，无法提取。

安 M29　位于墓区中心区域偏东南，东南邻安 M36，西南邻安 M28，北邻安 M33。墓向 59°，墓室长 1.9、宽 0.65、深 0.16 米。清理前墓室东西两侧各有一水冲沟，地表雨水冲刷严重，露出的填土较硬呈块状，至墓底较松散，尤其在青铜器的周围土质多呈灰白或灰黑色。随葬器物置放墓室中部（图一〇二；彩版五九，1）。

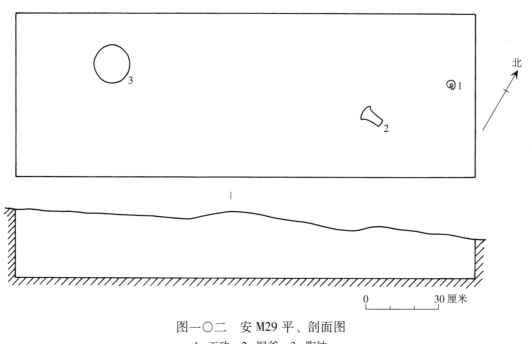

图一〇二　安 M29 平、剖面图
1. 玉玦　2. 铜斧　3. 陶钵

出土器物：陶钵 1、铜斧 1、玉玦 1 件。

陶钵　1 件。

安 M29：3，夹粗砂灰褐陶，质地较软，火候较低，极易破碎。直口，斜腹，平底。口径 15.3、底径 9、高 7 厘米。

铜斧　1 件。

安 M29：2，Ⅰ式。铜色灰绿色，质地较软，松散呈颗粒状。器形呈狭长束腰状，双面弧刃，刃角外翘，长方形銎口平整，器壁较厚。器身两侧合范痕不甚明显。长 9.6、刃宽 5.5、銎口厚 1.2 厘米（彩版五九，2）。

玉玦　1 件。

安 M29：1，Ⅱ式。色泽米黄，质地较软。制作较规整，通体光滑。外径 3.5、内径 1、厚 0.1 厘米。

安 M30　位于墓区中心区域偏东南，东南邻安 M31，北邻安 M61，西邻安 M36、安 M59。墓向 80°，墓室长 2.1、宽 0.7、深 0.21 米。清理前填土高出地表约 0.1～0.15 米，填土呈坚硬块状。因水土流失严重，致使墓室较浅，刮去表土后即见墓底。随葬品置放墓室中部（图一〇三；彩版五九，3、4）。

出土器物：陶钵 1、铜斧 1 件。

陶钵　1 件。

图一〇三　安 M30 平面图
1. 陶钵　2. 铜斧

安 M30∶1，夹砂灰褐陶，质地较软，极易破碎。敞口，圆腹，圜底。口径 6、腹径 11 厘米。

铜斧　1 件。

安 M30∶2，Ⅰ式。铜色灰绿色，质地较软，呈松散颗粒状，有锈蚀痕迹。器形较方正，中腰微束，双面弧刃，刃角外侈，近似长方形的銎口较平整。器身两侧合范痕明显，呈凸棱线状。长8.4、刃残宽 5.2、銎口厚 1.5 厘米（彩版五九，5）。

安 M33　位于墓区北侧的中心区域，东邻安 M35，北邻安 M41，西邻安 M27。墓向 25°，墓室长 2.25、宽 0.65、深 0.15 米。填土坚硬呈块状，墓底较松散。清理后墓底有红色漆痕，出土铜剑，在铜剑的上下方可见有灰黑色竹制剑鞘痕迹。随葬品置放墓室中部（图一〇四；彩版六〇，1、2）。

出土器物：铜刮刀 1、铜剑 1、铜块 1、石玦 1 件。

铜刮刀　1 件。

安 M33∶3，铜色灰绿色，质地偏软，通体有多处锈蚀痕迹。器形小巧呈柳叶形，束腰，中脊凸起延伸至柄部，柄与双侧面锋刃处有明显分界线，断截面呈"人"字形。中脊两侧各有纵向弦

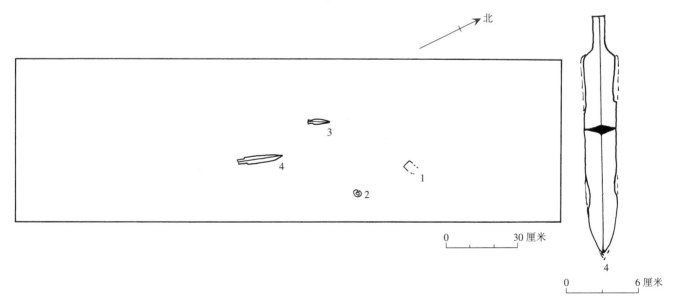

图一〇四　安 M33 平面图及出土器物
1. 铜块　2. 石玦　3. 铜刮刀　4. 铜剑

纹线装饰。前锋及柄部残缺。残长 7.5、宽 2.3、厚 0.18 厘米（彩版六〇，3）。

铜剑　1 件。

安 M33：4，Ⅵ式。铜色墨绿色，质地较软，呈松散状，通体布满锈蚀残迹。形制短小，为扁茎形短剑。剑叶中部有细凸脊。凸脊从茎部直接延伸至锋尖处。无格，短茎，茎部有小穿孔。叶截面呈菱形，茎截面近椭圆形，锋、刃部稍残缺。长 19、宽 2.6、厚 0.5~0.8 厘米（图一〇四，4；彩版六〇，4）。

铜块　1 件。

安 M33：1，残。呈三角形。

石玦　1 件。

安 M33：2，石质色泽灰白，较坚硬，质细光滑。制作较规整。圆形，单面有穿，边缘特薄。残长 1.9、肉宽 1.3、内缘厚 0.25 厘米。

安 M41　位于墓区顶部偏东北侧，南邻安 M33，西南邻安 M27，西北邻安 M56。墓向 134°，墓室长 2.28、宽 0.68、深 0.17~0.24 米。清理前填土已暴露地面，呈块状结构，为较坚硬的褐色填土并掺有细小砂粒，近墓底的填土较松散，呈灰褐色。随葬器物置放墓室两端，其中铜斧、铜镞、铜刮刀出土时叠排于一处，并有红色漆痕，铜剑处有黑色剑鞘痕迹（图一〇五；彩版六〇，5）。

出土器物：铜剑 1、铜镞 1、铜斧 1、铜刮刀 1、玉玦 2 件。

铜斧　1 件。

安 M41：6，Ⅱ式。铜色灰绿色，质地较软，呈松散颗粒状。器形小巧。双面弧刃，刃角外翘，呈"风"字形。器身两侧合范痕细凸明显，有边棱线近銎口，两面各有一道弧形凸线条状装饰。残长 6.6、刃残宽 5、銎口厚 1.6 厘米（彩版六一，1）。

铜刮刀　1 件。

安 M41：5，铜色纯正，淡绿色，质地坚硬，无锈蚀痕迹。器形小巧。叶呈锐角形，刃锋前聚成锋尖。器身中部脊棱凸显，从柄部延伸至锋尖处，柄部束腰状，直身。断截面呈人字形，刃部靠尖锋处微残，磨损面特别明显。一侧刃部靠锋尖处呈锯齿状，应是一刀两用。长 10、身宽 3.1、壁厚 0.2 厘米（图一〇五，5；彩版六一，2）。安 M41：5 是安等秧墓地中唯一的一次性浇铸而成的铜器。

铜剑　1 件。

安 M41：3，Ⅳ式。铜色淡绿色，质地较坚硬，通体光滑无锈迹。宽格形短剑，剑叶有细凸脊，椭圆形剑首较大，剑首中心部位有十字形小孔。茎部有两组以弦纹相间的回纹和网格纹。长 28、叶宽 3.2 厘米（图一〇五，3；彩版六一，3）。

铜镞　1 件。

安 M41：4，Ⅰ式，铜色淡绿色，质地较软，通体光滑无锈。双翼细长，铤呈六棱形，末端尖细。长 6、残宽 1.3 厘米（图一〇五，4；彩版六五，4）。

玉玦　2 件。

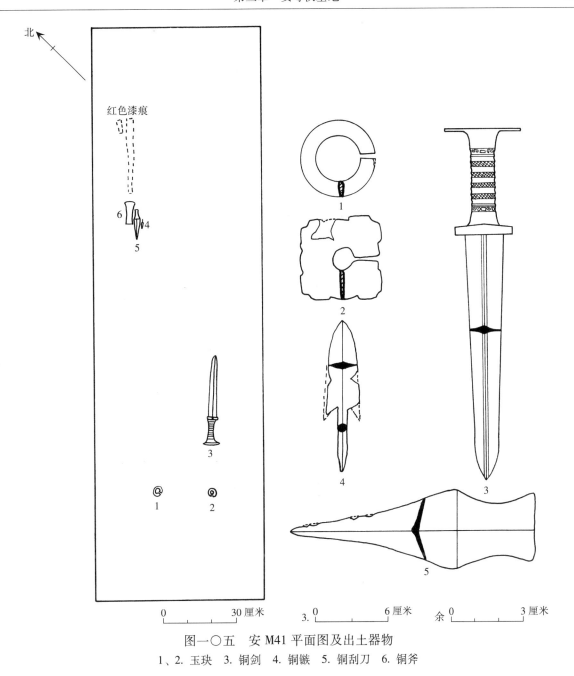

图一〇五　安 M41 平面图及出土器物

1、2. 玉玦　3. 铜剑　4. 铜镞　5. 铜刮刀　6. 铜斧

安 M41∶1，Ⅲ式。色泽米白，质地细腻。圆形。缘面光滑，制作规整。外径3.1、内径1.8、厚0.2厘米（图一〇五，1；彩版六一，4）。

安 M41∶2，Ⅳ式。方形。缘面光滑。外径（边长）3.3、孔径0.9、厚0.1厘米（图一〇五，2；彩版六一，5）。

安 M45　位于墓区东部，南邻安 M82、安 M58。墓向85°，墓室长2.5、宽0.8、深0.55米。清理前地表上露出一点长方形状的填土，清理后发现填土掺杂许多小石粒，填土呈坚硬块状。墓底有红色漆痕大片，随葬品主要置放于墓室中部略靠北侧（图一〇六；彩版六二，1、2）。

出土器物：陶罐2、陶钵1、铜斧2、铜刮刀1、铜剑1、铜矛1、玉玦1件。

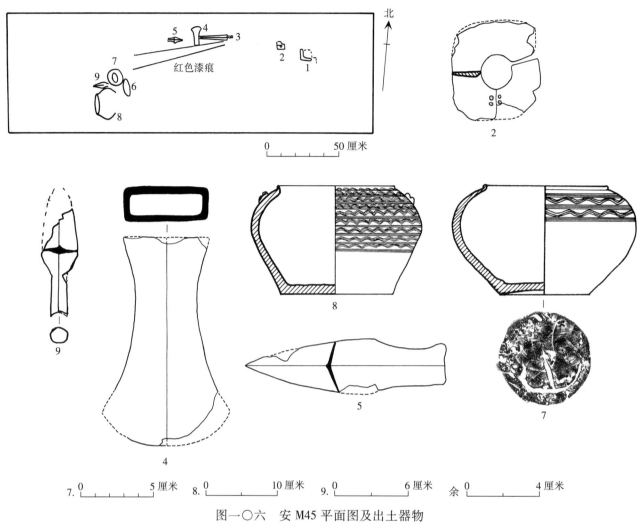

图一〇六　安 M45 平面图及出土器物

1、4. 铜斧　2. 玉玦　3. 铜剑　5. 铜刮刀　6. 陶钵　7、8. 陶罐　9. 铜矛

陶罐　2 件。

安 M45：8，I 式。灰色硬陶，敲之有清脆声。器形较大。圆直唇，腹上部略圆鼓，腹下部斜收折成平底，肩部捏塑穿孔双耳。口沿至腹中部刻划九组相间水波纹、细弦纹。口径 16、腹径 23.4、底径 15.3、高 14.5 厘米（图一〇六，8；彩版六二，3）。

安 M45：7，IV 式。灰色硬陶，陶色纯正，质地坚硬，火候较高，敲之有清脆声。敛口，薄圆唇，腹上部斜直状，腹中部圆鼓，下腹急收折成平底。腹上部刻划两至四道相间的细弦纹、水波纹。底部有刻划符号。口径 8.4、腹径 12.4、底径 6.2、高 7 厘米（图一〇六，7；彩版六二，4）。

陶钵　1 件。

安 M45：6，夹砂灰褐陶。敞口，斜弧腹，圈底。

铜斧　2 件。

安 M45：4，I 式。铜色淡绿色，质地较软，呈松散颗粒状。器形较大，体长较厚重，呈狭长束腰形。双面弧刃，刃角已残缺，长方形銎口，内孔圆角近似圆角形。器身两侧合范痕明显，凸棱线延伸至刃角处。长11、刃残宽5.5厘米（图一〇六，4；彩版六二，5）。

安M45：1，Ⅱ式。铜色灰绿色，质地较软，呈松散粉粒状。器形小巧。双面弧刃，扁圆銎。残长7、刃残宽4.6厘米。

铜刮刀　1件。

安M45：5，铜色淡绿色，质地坚硬，无锈蚀痕迹。通体光滑。器形小巧，呈柳叶形。器身中脊凸显，自茎末端直指锋尖处，双侧刃部前聚成尖锋，靠茎部处呈束腰状。长10.9、叶宽2.6、壁厚0.3厘米（图一〇六，5；彩版六二，7）。

铜剑　1件。

安M45：3，Ⅵ式。铜色灰绿色，质地较坚硬，通体锈蚀斑斑。器形扁小，简单无装饰。长叶短茎，脊棱凸显，从茎部一直延伸至锋尖处，茎呈四棱形，叶部断截面呈菱形。一侧刃部稍残，茎末残。残长18.6、叶宽3.1、茎厚0.7厘米（彩版六三，3）。

铜矛　1件。

安M45：9，Ⅲ式。铜色灰绿色，质地较软，呈松散颗粒状。器形较小，呈前小后宽的三角形叶，尖锋处残，骹呈扁圆形，脊部有粗凸线自锋尖至叶骹间，叶的断截面呈实芯菱形。两侧合范痕明显。残长8.2、叶宽2.8厘米（图一〇六，9；彩版六二，6）。

玉玦　1件。

安M45：2，Ⅳ式。方形牙边。制作精致。外径（边长）5.2、孔径2、厚0.3厘米（图一〇六，2；彩版六三，1）。

安M46　位于墓区东部靠下坡处，东北邻安M47，西北邻安M38。墓向72°，墓室长1.9、宽0.7、深0.23米。清理前表土有明显的块状填土，刮平地表后，长方形墓坑痕迹显露，因水土流失严重，墓室很浅。随葬品置放墓室中部偏南处（图一〇七）。

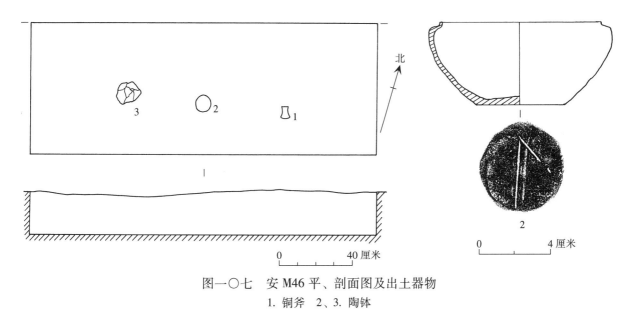

图一〇七　安M46平、剖面图及出土器物
1. 铜斧　2、3. 陶钵

出土器物：陶钵 2、铜斧 1 件。

陶钵　2 件。

安 M46：2，Ⅰ式。灰白色硬陶，质地较坚硬，火候较高。敛口，扁腹，小平底。底部有刻划符号。口径 9、肩径 10、底径 5、高 4.4 厘米（图一〇七，2；彩版六一，6）。

安 M46：3，Ⅲ式。夹粗砂灰褐陶。敞口，斜直腹，圜底。

铜斧　1 件。

安 M46：1，Ⅱ式。铜色淡绿色，质地特软，呈粉粒松散状。器形较小，呈"风"字形，器体较扁薄。残长 4.8、残宽 3.8 厘米。

安 M50　位于墓区东北，南邻安 M51，西邻安 M55，北邻安 M57，东邻安 M48。墓向 115°，墓室长 2～2.2、宽 0.7、深 0.23～0.28 米。清理前地表露出灰黄色填土，呈块状。因水土流失的原因，一侧被流水冲刷较低，一侧较高。出土器物置放墓室两端靠南处（图一〇八）。

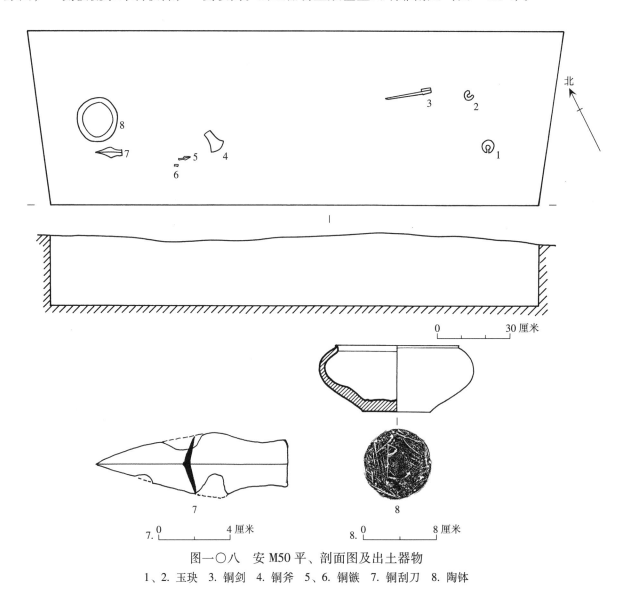

图一〇八　安 M50 平、剖面图及出土器物

1、2. 玉玦　3. 铜剑　4. 铜斧　5、6. 铜镞　7. 铜刮刀　8. 陶钵

出土器物：铜剑 1、铜斧 1、铜镞 2、铜刮刀 1、陶钵 1、玉玦 2 件。

陶钵　1 件。

安 M50∶8，Ⅱ式。灰白色硬陶，质地坚硬，火候较高，敲击有清脆声。敛口，扁鼓腹，小平底。底部有刻划符号。口径 13.6、腹径 16.8、底径 7.2、高 7 厘米（图一〇八，8；彩版六三，2）。

铜剑　1 件。

安 M50∶3，Ⅵ式。铜色淡绿色，质地较软，呈松散颗粒状，器表无锈蚀痕迹。器形扁小。长叶短茎，茎部中段有一小孔，叶脊棱凸显，一直延伸至茎部小孔边缘处消失。短茎微呈四棱形，叶截面呈菱形。长 17.6、叶宽 3.3、茎厚 0.7 厘米（彩版六三，4）。

铜斧　1 件。

安 M50∶4，Ⅱ式。铜色淡绿色，质地较软，呈松散颗粒状，銎、刃略残。器形小巧。双面弧刃。刃角外翘呈"风"字形，近长方形銎口圆角状，器身两侧合范痕明显凸出，边棱线明显。长 6.6、刃残宽 4.7、銎口厚 1.5 厘米（彩版六三，5）。

铜刮刀　1 件。

安 M50∶7，铜绿色纯正，质地较坚硬，无锈蚀痕迹。器形小巧。中脊棱线凸显，自茎部直至锋尖处，断截面呈"人"字形。近茎部呈束腰状。长 10.5、叶宽 3.2、脊厚 0.35 厘米（图一〇八，7；彩版六三，6）。

铜镞　2 件。

安 M50∶5、6，Ⅱ式。铜色淡绿色，质地较软。形体较小为长圆铤，柳叶形叶，残损较严重。安 M50∶5，仅存铤及叶后部，铤后有关。残长 3.7、叶宽 1.2 厘米。安 M50∶6，仅存铤部。

玉玦　2 件。

安 M50∶1、2，Ⅱ式。米黄色，质地偏软。制作较规整。圆形，一面较平，一面微弧。外径 3、内径 1、肉宽 1 厘米。

安 M58　位于墓区的东部偏南坡边缘处，北邻安 M82，南邻安 M47。墓向 240°，墓室长 2.2、宽 0.68、深 0.35 米。清理前地表已露出明显的长方形填土，填土为灰黄色，呈坚硬块状，高出地表约 0.15～0.2 米。出土器物置墓室中部略靠南壁处（图一〇九）。

出土器物：陶钵 1、铜刮刀 1、铜斧 1、铜剑 1 和玉玦 1 件。

铜斧　1 件。

安 M58∶3，Ⅰ式。铜色淡绿色，质地较软，呈松散颗粒状，有多处锈蚀痕迹，锈蚀处显露的铜色呈翠绿色。器身较厚重，呈狭长束腰形。双面弧刃，刃角外翘，呈"风"字形。长方形的銎口呈圆角状，内孔边角亦为圆角形。器身两侧合范痕较细圆不甚明显。长 8.5、刃残宽 5.4、銎口厚 1.8 厘米（彩版六三，7）。

铜刮刀　1 件。

安 M58∶5，铜色墨绿色，质地较坚硬，有少量锈斑痕迹。器形小巧，呈柳叶形，中脊棱线凸显，从茎部直至尖锋处，茎部断截面呈"人"字形，两侧刃前端较宽，而后渐收成锋尖，茎部略呈束腰状。长 9.1、宽 2.7 厘米（图一〇九，5；彩版六三，8）。

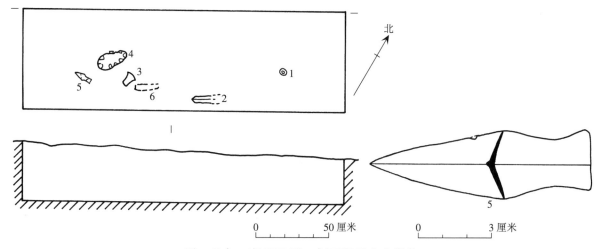

图一〇九　安 M58 平、剖面图及出土器物

1. 玉玦　2. 铜剑　3. 铜斧　4. 陶钵　5. 铜刮刀　6. 漆痕

铜剑　1件。

M58:2，Ⅳ式。铜色灰绿色，质地较软，呈松散颗粒状。残存叶部前端大部分，叶部中脊棱线明显凸出，锋尖呈钝三角形。残长 11.5、宽 3.4、脊厚 0.8 厘米。

安 M61　位于墓区东南侧，东北邻安 M34，南邻安 M30，西邻安 M36。墓向 90°，墓室长 2.2、宽 0.7、深 0.2~0.4 米。墓室东端有水冲沟，水土流失严重，其余的填土保存尚好，上部填土胶结较硬呈块状，下部填土略松软。随葬品置放墓室中部，有铜剑、铜钺、玉器。其中铜剑旁有一铜环（镯）（已残朽），剑、环下部可见有一长 30、宽 5 厘米红黑相间的云雷纹漆痕，应为佩剑腰带。铜剑有鞘，清理时有残存明显的朽木质痕迹，剑鞘外还有一铜质套，长方形，甚薄，已与泥土胶结，无法提取（图一一〇；彩版六四，1）。

出土器物：铜剑 1、铜钺 1、铜环（镯）1、玉玦 1 件。

铜剑　1件。

安 M61:2，Ⅲ式。铜色灰绿色，质地较软。形制短小。短剑有格、首，剑首玉质，剑身尚完整，鞘可见痕迹及首尾铜饰件。鞘首铜饰似剑格，菱形，较剑格长、大，鞘尾饰件为"山"字形，鞘身有残木质痕迹。"山"字形配件与套身分开铸造甚薄。总长约 42.5、宽约 8 厘米，剑通长 24、叶宽 2.8 厘米（图一一〇，2）。

铜钺　1件。

安 M61:4，铜质灰绿色，质地较软，呈松散颗粒状。铲形钺，双面弧刃，刃部呈弧形，腰微束，銎呈椭圆形。器身两侧合范痕明显。长 8.5、刃宽 6.4 厘米（图一一〇，4；彩版六四，2）。

玉玦　1件。

安 M61:1，Ⅱ式。米黄色，质地较软，呈粉粒状。圆形。制作较规整，一面较平滑，一面微弧状，逐收成薄缘状。通体打磨光滑。外径 5、内径 2.2、厚 0.1~0.2 厘米。

安 M64　位于墓区南面坡下方的边缘处，东南邻 K2。墓向 95°，墓室长 1.8、宽 0.7、深 0.2~0.36 米。墓室填土保存尚好，墓室边缘已明显露出地表，填土呈灰褐色，土质胶结坚硬，近

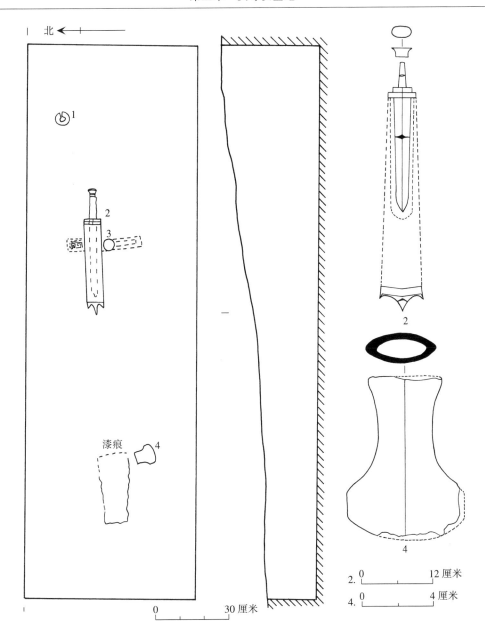

图一一〇　安 M61 平、剖面图及出土器物

1. 玉玦　2. 铜剑　3. 铜环（镯）　4. 铜钺

墓底处的填土略为松散。墓室北壁较南壁深约 0.2 米。出土器物置放墓室中部（图一一一；彩版六四，3）。

出土器物：陶钵 1、铜斧 1 件。

陶钵　1 件。

安 M64：2，夹砂粗灰褐陶。敞口，圆唇，圜底。

铜斧　1 件。

安 M64：1，Ⅱ式。铜色灰绿色，质地较软，呈松散状。器形小巧。长 6.5、刃宽 6 厘米。

安 M65　位于墓区东南侧下部边缘处，东北邻 K12，南邻 K5。墓向 65°，墓室长 2.3、宽 0.6、

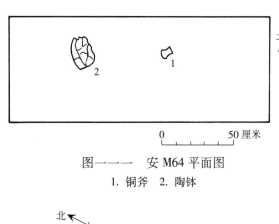

图一一一　安 M64 平面图
1. 铜斧　2. 陶钵

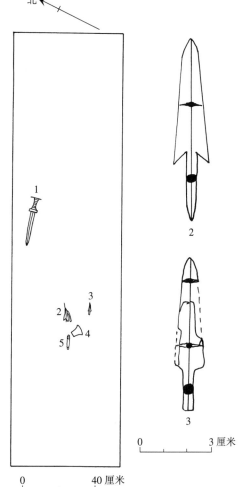

图一一二　安 M65 平面图及出土器物
1. 铜剑　2、3. 铜镞　4. 铜斧　5. 铜带钩

深 0.25～0.45 米。清理前地表显露出少量的硬块状填土，填土呈黄灰色并夹杂红土，刮平表土后露出长方形墓坑边缘，墓室保存尚好。随葬品均是铜器，置放于偏墓室中部，其中铜剑偏墓室中部北壁（图一一二；彩版六四，4、5）。

出土器物：铜剑 1、铜镞 2、铜斧 1、铜带钩 1 件。

铜剑　1 件。

安 M65：1，Ⅳ式。铜色灰绿色，质地较软，呈松散颗粒状，无锈迹。短剑有格及剑首，剑首为长六边形，并通过束腰形的茎部与剑格连为一体。叶直插茎中，中脊呈"人"字形隆起。茎上有间距十道凸弦纹，除第一道空格外，其余间隔均饰网格纹，但有深浅不同之差。弦纹外首尾各有一格，中间为长方形块，两端呈"⌣"形。长 25.4、叶宽 3.3 厘米（彩版六五，1）。

铜斧　1 件。

安 M65：4，Ⅰ式。铜色淡绿色，质地较软，呈松散颗粒状。器身狭长呈束腰状，双面弧刃，刃角已残缺。长方形銎口，内孔边角近似小圆角。器身两侧合范痕细小，不甚明显。刃部、銎口较为残缺。残长 7.2、刃残宽 4.5、厚 1.25 厘米（彩版六五，2）。

铜镞　2 件。

安 M65：2，Ⅰ式。铜色淡绿色，质地软。长叶，短扁圆铤实芯。叶脊棱粗凸至锋尖处，似圆柱状，铤部有六条纵棱线装饰，三角形尖锋。一侧残缺。长 7.4、叶宽 1.3 厘米（图一一二，2；彩版六五，3）。

安 M65：3，Ⅱ式。铜色淡绿色，质地较软。长叶，圆柱铤，实芯，叶脊棱粗凸至尖锋处呈圆柱状，圆角状刃锋，两侧刃多残缺。长 6、叶残宽 1 厘米（图一一二，3）。

铜带钩　1 件。

安 M65：5，铜质地较软。出土时已残碎，与泥土胶结成块而无法提取。

安 M66　位于墓区南侧靠下部的边缘处，东北邻安 M64，西南邻安 M78，但相距较远。墓向 95°，墓室长 1.95、宽 0.7、深 0.05～0.41 米。清理前地表有明显的灰黄色填土块，高出地表约 0.12 米，墓边已清晰可见，东南角被雨水冲刷，水冲沟明显。随葬器物置放墓室中部偏北处（图一一三）。

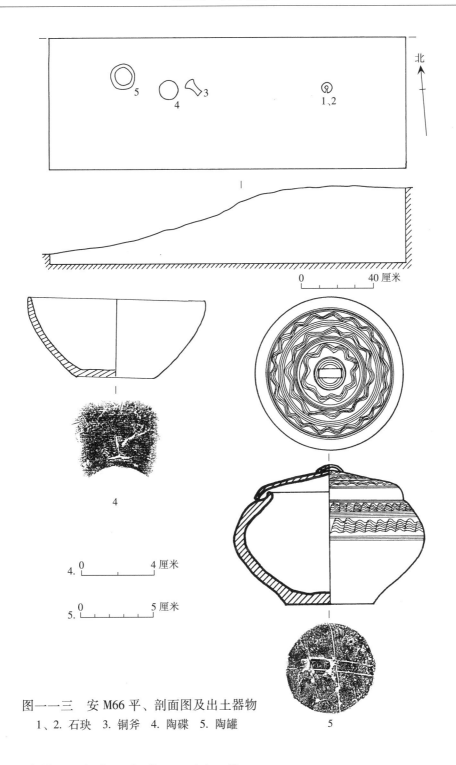

图一一三 安 M66 平、剖面图及出土器物
1、2. 石玦 3. 铜斧 4. 陶碟 5. 陶罐

出土器物：陶罐1、陶碟1、铜斧1、石玦2件。

陶罐 1件。

安 M66：5，Ⅳ式。灰色硬陶，质地坚硬，敲之有清脆声。器形偏小。小卷唇，扁鼓腹，小平底。盖有弦纹相间水波纹，器身纹饰从肩至上腹部各刻划两至四道细弦纹、水波纹。底部有刻划符号。口径8.4、腹径13、底径6、通高9厘米（图一一三，5；彩版六五，6）。

陶碟　1件。

安M66：4，Ⅱ式。泥质红陶，质地较软。直口，圆唇，弧腹，平底。素面。底部有刻划符号。口径9.6、底径4.3、高4.2厘米（图一一三，4；彩版六五，5）。

铜斧　1件。

安M66：3，Ⅱ式。铜色灰绿色，质地较软，锈蚀痕较多。器形稍大厚重。双面弧刃，刃角外翘，呈"风"字形，微束腰，长方形銎口呈圆角状。器身两侧合范痕为凸棱线。长7.5、刃残宽5.3、厚1.7厘米（彩版六六，1）。

石玦　2件。

安M66：1，灰白略泥黄色，天然石纹青白色相间。一面较平，一面弧圆状，边缘特薄，切口平行整齐。外径2.7、内径1.1、厚0.2厘米（彩版六六，2）。

安M66：2，残长4、肉宽1.8、内缘厚0.2厘米。

安M69　位于墓区南侧靠中部的中心区域处，东北邻安M62，西邻安M26，西南邻安M67。墓向70°，墓室长2.1、宽0.7、深0.5米。清理前地表露出约0.06~0.08米高的填土，填土坚硬呈胶结块状，灰黄色。刮平地表填土后即显现长方形墓坑，墓边清晰可见。靠近墓底的土质较为松软。随葬器物较多，墓室前端偏靠东南处对称放置玉玦2件、铜刮刀及铜带钩各1件，中部两侧置铜剑、铜斧各1件，2件陶罐和1件陶钵置于脚端，还有1件陶杯置于大陶罐内（图一一四；彩版六六，3、4）。

出土器物：陶罐2、陶杯1、陶钵1、铜块1、铜斧1、铜刮刀1、铜剑1、铜带钩1、玉玦2件。

陶罐　2件。

安M69：2，Ⅱ式。灰色硬陶，质地坚硬，火候较高，敲之有清脆声。唇沿微卷，束颈，圆鼓腹，下腹渐收直至平底。上腹饰米格纹。口径13.5、腹径20.4、底径11.1、高15.9厘米（图一一四，2；彩版六六，5）。

安M69：3，Ⅳ式。灰色硬陶，质地坚硬，火候较高，敲之有清脆声。器形偏小。小卷唇，扁鼓腹，小平底。纹饰从肩部至上腹部各刻划两至四道相间的细弦纹、水波纹。底部有刻划符号。口径8.6、腹径12、底径5.4、高6.2厘米（图一一四，3；彩版六七，1）。

陶杯　1件。

安M69：4，Ⅲ式。灰白色硬陶，质地较硬，火候较高。直口，平唇，上腹呈圆弧状，下腹斜直，小平底。素面。口径7.6、底径3.8、高4.6厘米（图一一四，4；彩版六七，2）。

陶钵　1件。

安M69：1，夹粗砂灰褐陶，质地疏松，火候偏低。残碎。直口，斜直腹，圜底。口径14、高9厘米。

铜斧　1件。

安M69：5，Ⅱ式。铜色浅绿色，质地较软，呈松散颗粒状。器体已严重残缺。残长4.8、残宽3厘米。

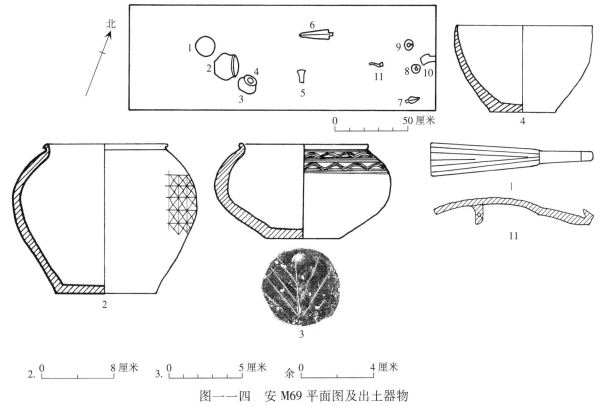

图一一四 安 M69 平面图及出土器物

1. 陶钵 2、3. 陶罐 4. 陶杯 5. 铜斧 6. 铜剑 7. 铜刮刀 8、9. 玉玦 10. 铜块 11. 铜带钩

铜刮刀 1 件。

安 M69：7，铜色不均，靠中间部分呈灰绿色，两侧刃部呈淡绿色，质地较软，呈松散颗粒状。器形小巧，仅存叶后部及茎部。叶、茎中间设置分界线，腰微束，中脊棱线凸显，从茎部的分界线中直延伸至锋尖处，断截面呈"人"字形。两侧刃部前端较宽，而后渐收锋尖。在靠茎处的中脊棱线两侧各饰两道纵向凸弦纹，靠中脊旁两道弦纹较长，靠刃部外侧两道较短。残长 6.6、残宽 2.6、厚 0.35 厘米（彩版六七，3）。

铜剑 1 件。

安 M69：6，Ⅵ式。铜色灰绿色，质地较软，呈松散状。器形扁小。扁茎，肥叶，中脊呈凸棱线隆起自叶尖至叶末，扁茎左侧有一条凸棱，叶尖稍残，无装饰，断截面呈菱形，茎部截面亦呈四菱状，扁茎左侧有一凸棱（两边均为左侧有）。残长 16.5、叶宽 3.4、厚 0.65（近叶）厘米（彩版六七，4）。

铜带钩 1 件。

安 M69：11，铜色灰绿色，质地较软。弧形，前端作鹅首状，后端平齐，正视呈梯形，背面小柱纽，纽中间穿孔。扁身，钩首细长，呈扁圆形，钩身靠首一端细小，另一端较扁大。正面饰七道凸弦纹。长 8.8、宽 1.8、厚 0.5 厘米（图一一四，11；彩版六七，5）。

玉玦 2 件。

安 M69：8、9，Ⅱ式。白色，质地偏软。方形圆角，宽肉，两面平，近边沿处弧收成薄边。安

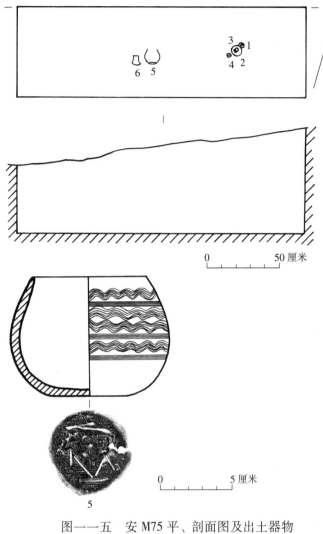

图一一五　安 M75 平、剖面图及出土器物

1~4. 玉玦　5. 陶罐　6. 铜斧

M69：8，残长 4.35、肉宽 1.7、厚 0.2 厘米。安 M69：9，残长 2.1、厚（内缘处）0.3 厘米。

安 M75　位于墓区中部偏北，东南邻安 M85，西南邻安 M80。墓向 75°，墓室长 2、宽 0.6、深 0.46~0.7 米。填土保存尚好，清理前填土高出地表约 0.15 米，填土胶结坚硬，呈红褐色块状。刮平地表填土后，长方形墓室清晰可见。随葬器物置放墓室中部（图一一五）。

出土器物：陶罐 1、铜斧 1、玉玦 4 件。

陶罐　1 件。

安 M75：5，V 式。灰色硬陶，质地坚硬，敲之有清脆声。器形偏小。敛口，薄圆唇，腹上部斜直状，腹中部呈圆形微鼓，下腹急收折成平底。腹上部刻划两至四道相间的细弦纹、水波纹。底部有刻划符号。口径 7.8、腹径 11、底径 5.4、高 8 厘米（图一一五，5；彩版六七，6）。

铜斧　1 件。

安 M75：6，Ⅱ 式。淡绿色，质地较软，呈松散颗粒状。器形小巧，呈“凤”字形。双面弧刃，刃角外翘，微束腰，长方形銎口圆角状。器身两侧合范痕明显成凸棱。残长 6、刃残宽 4.5、銎口厚 1.5、壁厚 0.2 厘米（彩版六八，1）。

玉玦　4 件。

安 M75：4，Ⅰ 式。米白色，质地坚硬。短管状，制作不甚规整，外缘较内缘厚，内缘较薄，管钻孔，一正面平整，另一面呈弧形。通体打磨光滑。外径 1.5、内径 0.8、厚 0.5 厘米（彩版六八，2）。

安 M75：1~3，其中安 M75：1、3 为 Ⅱ 式，安 M75：2 为 Ⅲ 式。大小相近。质地似大理石，青白色，有青白相间的大理石条纹。两面平，一面近边缘处斜收变为棱角边。外径 1.9、内径 0.8、厚 0.2 厘米。

安 M84　位于墓区中部偏西侧中心区域，东南邻安 M40，西南邻安 M74，西邻安 M14。墓向 90°，墓室残长 1.5、宽 0.58、深 0~0.12 米。清理前地表西侧露出少量的灰黄色填土，铲平东侧约 0.1 米的填土后长方形墓坑即显现，但西端已被破坏至墓底。随葬器物置放墓室东南（图一一六；彩版六八，3）。

出土器物：陶罐1、铜刮刀1、铜剑1件。

铜剑 1件。

安M84：2，Ⅰ式。铜色灰绿色，质地较坚硬，表面较光滑，无锈迹。保存基本完整，整剑一次性铸成。中脊为两面合聚的一条细线，格较宽，呈"山"字形，茎扁圆，中部有两道箍棱。圆首，中侧中心内凹，剑身长而且宽，尖锋渐收，刃部锋利，剑格较宽厚内凹，实心茎，断面呈椭圆形，喇叭形剑首。长46.5、刃宽3.9厘米（图一一六，2；彩版六八，4）。

铜刮刀 1件。

安M84：3，铜色灰绿色，质地较软，较为松散。器形小巧，呈柳叶形，器身中脊棱线凸显，自茎部直至锋尖处，断截面呈"人"字形，茎部双侧刃锋仅残缺，只存叶后部及茎部，身较长且直。残长10.6、叶宽2.6厘米。

陶罐 1件。

安M84：1，Ⅳ式，灰色硬陶。小卷唇，扁鼓腹，小平底。纹饰从肩部至腹部各刻划两至四道相间的细弦纹、水波纹。底部有一刻划符号。口径8.6、腹径13.8、底径6、高8厘米（图一一六，1；彩版六八，5）。

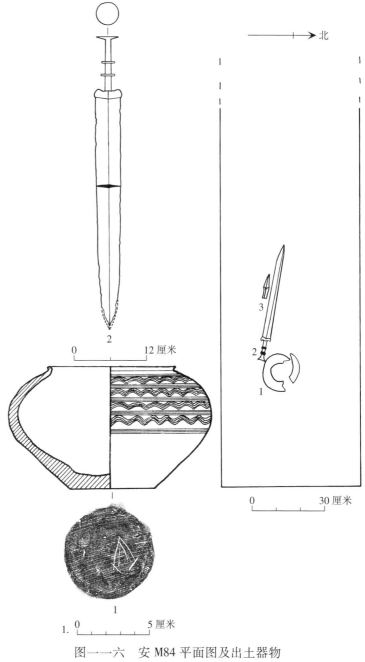

图一一六 安M84平面图及出土器物
1.陶罐 2.铜剑 3.铜刮刀

土坑

土坑分布在墓区东南侧边缘处，共清理了大小不一的土坑共12个，其中只有K4位于墓区中部与M27相互打破。清理前地表可见到与墓葬相同的块状填土，高出地表约0.1～0.2米，土质坚硬。清理后未发现遗物，只在K1～K3内发现石块，其中K1内有13块长条形页岩按同一方向（东西向）置于坑底偏北端（彩版六八，6）。K2内有2块一前一后（似铲型）置于坑中部偏北处列放，K3内有2块对称（呈"八"字形）置于坑中部两侧。最长为K5，长2、宽0.5、深0.25～0.45米；最宽为K2、K4；最小为K11，长0.8、宽0.6、深0.7米（图一一七）。

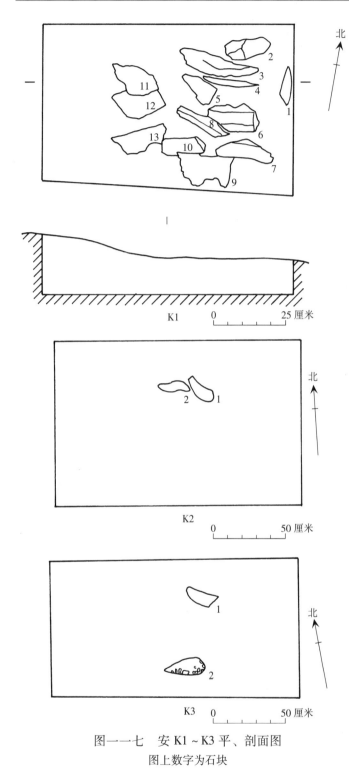

图一一七　安 K1～K3 平、剖面图
图上数字为石块

第三节　随葬品

安等秧墓群出土器物计 213 件，采集器物 11 件。填土（安 M85）出土 1 件玉玦。

随葬品数量不等，最多 14 件，少的一两件，另外有约占总墓数 30% 的墓葬完全没有随葬品（共计 24 座空墓）。随葬品一般为实用兵器、生产工具、生活用具和少量装饰品，没有明显的器物组合规律。或陶器 1 件，或铜器 1 件，或铜器、陶器同时出土，或玉器、陶器、铜器同时出土。更常见的组合是铜剑、铜矛、铜斧、铜刮刀或铜剑、铜斧、铜刮刀、铜镞同出一墓，有的则单独出土。器形以铜斧、剑为主，其次为铜矛、钺、镞、镯、带钩、刮刀、铃等。铁器仅铁臿 1 件。陶器均为生活实用器，器形有陶罐、钵、杯、碟，陶纺轮仅 1 件。陶质有泥质陶和夹砂陶，以泥质陶为主；陶色有灰、灰白、红色三种，以灰陶为主。陶质以灰陶火候最高，数量也最多。红陶及灰白陶火候较底，夹砂陶质地疏松，出土时绝大部分已破碎无法提取，且器形仅有陶钵一种类型，每墓仅出土一件；陶器纹饰有几何印纹、刻划纹、锥刺纹三种，印纹有方格纹、米字纹，刻划纹有细弦纹间水波纹，锥刺纹有篦点纹。在陶罐、杯、钵的底部或肩部有 1～2 个刻划符号。玉石器主要有玦、璜，种类较少，器形简单。

一　陶器

较完整的 55 件，均为生活实用器。陶质分泥质陶和夹砂陶。泥质陶又可分硬陶及软陶。其中泥质硬陶火候较高，敲击有清脆声，陶色大多为灰色，而且大多数有纹饰；泥质软陶质地偏软，火候较低，多为小件的陶碟、陶杯之类的器具，大多无纹饰，陶色有红、黄、灰白三种。夹砂陶均为陶钵，多呈灰褐色，质地极为松散，绝大部都无法提取。泥质陶以轮制为主，器壁内轮制痕迹清晰。夹砂陶全为手捏，胎壁厚，器形简单。

1. 生活用具

有陶罐、钵、碟、杯。纹饰有印纹、刻划纹、锥刺纹三种。印纹有方格纹、米格纹，刻划纹有细弦纹间水波纹（图一一八），锥刺纹有篦点纹。此外，在陶罐、陶杯、陶钵等器物的底部或肩部多刻划一至二个符号，每个符号二至六画不等（图一一九、一二〇）。

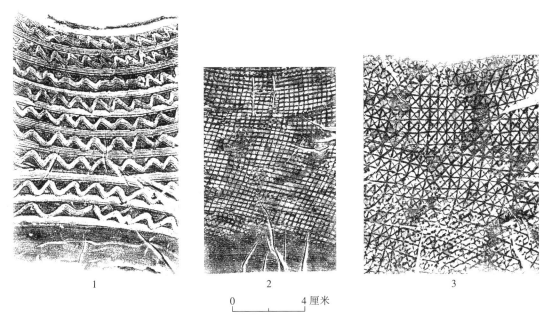

图一一八　安等秧墓葬出土陶器纹饰拓片

1. 水波纹（安 M45：8）　2. 方格纹（安 M17：1）　3. 米格纹（安 M69：2）

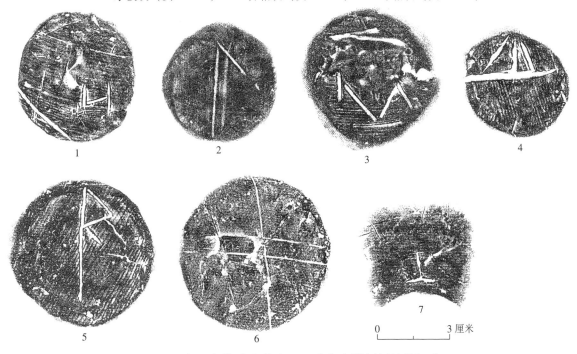

图一一九　安等秧墓葬出土、采集陶器刻划符号拓片

1. 安：采 01　2. 安 M46：2　3. 安 M75：5　4. 安 M5：2　5. 安 M37：1　6. 安 M66：5　7. 安 M66：4

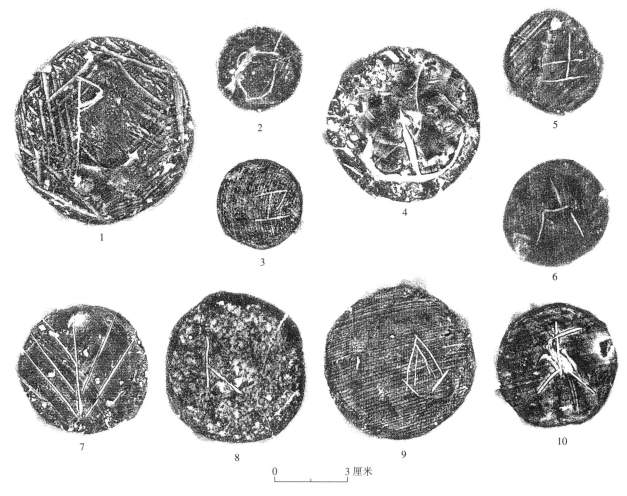

图一二〇　安等秧墓葬出土陶器刻划符号拓片
1. 安 M50∶8　2. 安 M20∶2　3. 安 M5∶3　4. 安 M45∶7　5. 安 M18∶2　6. 安 M56∶3
7. 安 M69∶3　8. 安 M13∶2　9. 安 M84∶1　10. 安 M13∶4

陶罐　13 件。均为灰色硬陶，质地坚硬，火候较高，敲之有清脆声。小卷唇，扁鼓腹，小平底。其中安 M66∶5 有盖，除 1 件素面、1 件饰两道锥刺篦纹外，其余 11 件均从肩至腹部饰两至四道相间的细弦纹、水波纹。分五式。

Ⅰ式　1 件。

安 M45∶8，器形较大。圆直唇，腹上部略圆鼓，腹下部斜收折成平底，肩部捏塑穿孔双耳。口沿至腹中部刻划九组相间水波纹、细弦纹。口径 16、腹径 23.4、底径 15.3、高 14.5 厘米（图一二一，1；见彩版六二，3）。

Ⅱ式　1 件。

安 M69∶2，唇沿微卷，束颈，圆鼓腹，下腹渐收直至平底。上腹饰米格纹。口径 13.5、腹径 20.4、底径 11.1、高 15.9 厘米（图一二一，2；见彩版六六，5）。

Ⅲ式　1 件。

安 M17∶1，卷唇，束颈，圆鼓腹，平底。口沿至腹部饰小方格纹，方格不甚规整。靠口沿处

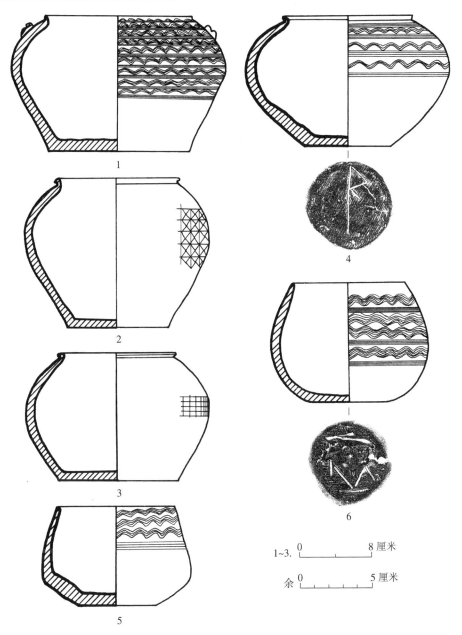

图一二一　安等秧墓葬出土陶罐
1. Ⅰ式（安 M45：8）　2. Ⅱ式（安 M69：2）　3. Ⅲ式（安 M17：1）
4. Ⅳ式（安 M37：1）　5、6. Ⅴ式（安 M62：2、安 M75：5）

的一侧有刻划符号。口径 13.2、腹径 20.1、底径 12.6、高 13.7 厘米（图一二一，3；见彩版五七，3）。

　　Ⅳ式　8 件。编号为安 M1：1、安 M5：2、安 M13：2、安 M37：1、安 M45：7、安 M66：5、安 M69：3、安 M84：1。器形偏小，形制基本相同。小卷唇，扁鼓腹，小平底。纹饰从肩部至上腹部刻划两至四道相间的细弦纹、水波纹。

　　安 M37：1，底部有"H"形刻划符号。口径 9、腹径 14、底径 6、高 8.6 厘米（图一二一，4；彩版六九，1）。

V式　2件。编号为安 M62∶2、安 M75∶5。器形偏小。敛口，上腹斜直，下腹微鼓后折收成小平底。腹上部刻划两至四道相间的细弦纹、水波纹。

安 M62∶2，腹部呈扁形微鼓，而近底部斜直急收折成平底。口径 8、腹径 10、底径 5、高 6.6厘米（图一二一，5；彩版六九，2）。

安 M75∶5，敛口，薄圆唇，腹上部斜直状，腹中部呈圆形微鼓，下腹急收折成平底。底部有刻划符号。口径 7.8、腹径 11、底径 5.4、高 8 厘米（图一二一，6；见彩版六七，6）。

陶钵　28 件。其中 1 件为泥质软陶，安 M26∶2；3 件为灰白硬陶，安 M50∶8、安 M46∶2、安M20∶2；另外还有 24 件为夹砂陶钵，如安 M5∶4、安 M8∶3、安 M15∶3、安 M57∶1、安 M63∶2 等，夹砂陶钵的完整器极少，仅为一墓一器。此外，硬陶钵中有的有刻划符号（安 M20∶2、安 M46∶2、安 M50∶8）。素面。有 19 件残碎或无法提取，可分式的仅 9 件，分四式。

I 式　2 件。编号为安 M26∶2、安 M46∶2。

安 M26∶2，泥质红陶，质地较细，硬度偏软。敛口，圆唇，丰肩，斜直腹，后急收成小平底。口径 13.4、肩径 14.6、底径 4、高 4.8 厘米（图一二二，1；见彩版五八，2）。

安 M46∶2，灰白硬陶。器形较小，形制与 M26∶2 相近。底部有刻划符号。口径 9、肩径 10、底径 5、高 4.4 厘米（图一二二，2；见彩版六一，6）。

II 式　2 件。编号为安 M20∶2、安 M50∶8。

安 M20∶2，灰白硬陶，质地坚硬，火候较高，敲击有清脆声。敛口，圆唇，扁鼓腹，折收成小平底。底部有刻划符号。口径 6.3、腹径 7.3、底径 3.6、高 3.5 厘米（图一二二，3；见彩版五六，4）。

安 M50∶8，器形较安 M20∶2 偏大，但形制、质地相同。底部有刻划符号。口径 13.6、腹径

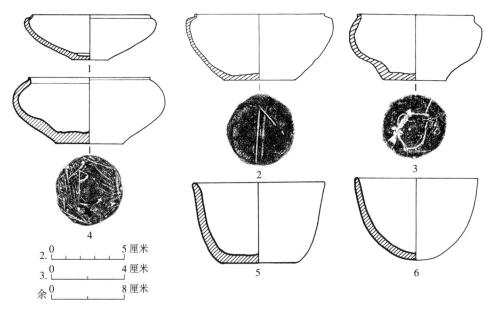

图一二二　安等秧墓葬出土陶钵

1、2. I 式（安 M26∶2、安 M46∶2）　　3、4. II 式（安 M20∶2、安 M50∶8）

5. III 式（安 M20∶3）　　6. IV 式（安 M56∶2）

16.8、底径 7.2、高 7 厘米（图一二二，4；见彩版六三，2）。

Ⅲ式　2件。编号为安 M20:3、安 M46:3。均为夹粗砂灰褐陶，陶质极为疏松，出土时绝大部分已残碎，甚至无法提取。微敞口，圆唇，斜直腹，小平底或圜底。素面。

安 M20:3，口沿微敞，圆唇，斜直腹，平底。素面。口径 14.6、底径 8.8、高 8.6 厘米（图一二二，5）。

Ⅳ式　3件。编号为安 M8:3、安 M15:3、安 M56:2。均为夹粗砂灰褐陶，此式陶钵与Ⅲ式陶质基本一致，只是底部不同，为圜底。素面。

安 M56:2，夹粗砂黄褐陶。敞口，圆唇，弧腹，圜底。口径 13.4、高 8.8 厘米（图一二二，6）。

陶碟　5件。有硬陶 2件，泥质陶 3件。分两式。

Ⅰ式　1件。

安 M13:4，灰白硬陶，火候较高。直口，平唇，浅腹折收成小平底。素面。底部有刻划符号。口径 10.2、底径 7、高 3.6 厘米（图一二三，1；见彩版五三，6）。

Ⅱ式　4件。编号为安 M18:2、安 M60:2、安 M66:4、安 M76:2。其中灰色硬陶 1件，泥质陶 3件。敞口，弧腹，小平底。

安 M18:2，泥质灰白陶，质地较软。口沿微内敛，圆唇，圆弧腹，平底。素面。底部有刻划符号。口径 8.6、底径 4、高 3.6 厘米（图一二三，2）。

安 M60:2，泥质淡黄陶，质地较细软。直口，圆唇，扁圆腹折收成平底。素面。口径 9.8、底径 4.6、高 4 厘米（图一二三，3；彩版六九，3）。

安 M76:2，泥质灰白陶，质地较软，火候偏低。直口，平唇，扁圆腹，平底。素面。口径 10.3、底径 5.2、高 4.5 厘米（彩版六九，4）。

陶杯　8件。分三式。

Ⅰ式　2件。编号为安 M7:2、安 M25:2。直口，直腹，腹下部折收成小平底。

安 M7:2，灰白色硬陶，质地较硬，火候较高。素面。口径 5.2、底径 3.7、高 4.3 厘米（图一二三，4；见彩版五二，2）。

安 M25:2，灰色硬陶，质地较硬，火候较高。素面。口径 6.8、底径 4.4、高 4.6 厘米（图一二三，5；彩版六九，5）。

Ⅱ式　5件。编号为安 M5:3、安 M14:1、安 M15:1、安 M37:2、安 M56:3。敞口，平唇，斜直腹，平底。

安 M5:3，灰色硬陶，质地较硬，火候较高。素面。底部有刻划符号。口径 6.9、底径 3.6、高 5.1 厘米（图一二三，6；见彩版五一，4）。

安 M37:2，出土时置于陶罐内。灰白色硬陶，质地较硬，火候较高。素面。口径 5.6、底径 3.4、高 4.3 厘米（图一二三，8；彩版六九，6）。

安 M56:3，泥质红陶，质地偏软，火候不高。直口，圆唇，斜直腹，近下部折收成平底。素面。底部有刻划符号。口径 9、底径 4.2、高 5.9 厘米（图一二三，7；彩版六九，7）。

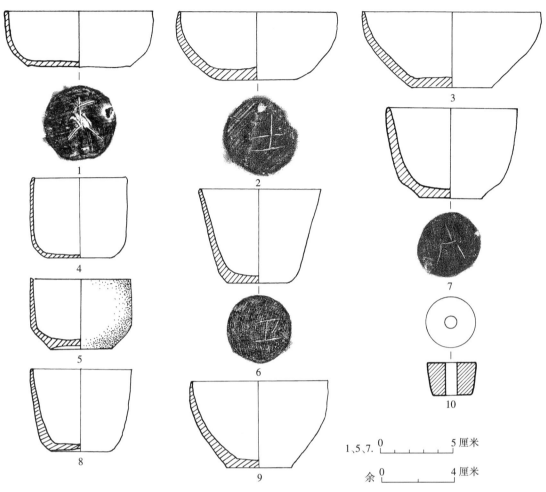

图一二三　安等秧墓葬出土陶器

1. Ⅰ式碟（安 M13∶4）　　2、3. Ⅱ式碟（安 M18∶2、安 M60∶2）　　4、5. Ⅰ式杯（安 M7∶2、安 M25∶2）
6～8. Ⅱ式杯（安 M5∶3、安 M56∶3、安 M37∶2）　　9. Ⅲ式杯（安 M69∶4）　　10. 陶纺轮（安 M57∶2）

Ⅲ式　1件。

安 M69∶4，灰白色硬陶，质地较硬，火候较高。直口，平唇，上腹呈圆弧状，下腹斜直，小平底。素面。口径 7.6、底径 3.8、高 4.6 厘米（图一二三，9；见彩版六七，2）。

2. 生产工具

陶纺轮　1件。

安 M57∶2，夹粗砂红色釉陶，色泽灰黑，陶质地偏软，火候不高。锥形柱状，断面呈梯形，中有一小孔，圆角边缘。素面。外径 2.2～2.7、孔径 0.6、高 1.8 厘米（图一二三，10；彩版六九，8）。

二　铜器

94 件，以兵器为主。出土时完整器较少，刃部基本残朽，少数严重残碎无法提取，部分器物的銎部留有残朽木柄。器形有铜剑、斧、刮刀、镞、钺、镯、带钩、铃。

1. 生产工具

有铜斧、刮刀。

铜斧 32 件。大部分保存基本完整，只是刃部多有残缺，其中安 M59：1、安 M46：1、安 M62：1、安 M63：1、安 M64：1、安 M69：5 残缺较严重，分两式。

Ⅰ式 11 件。编号为安 M3：1、安 M17：4、安 M29：2、安 M30：2、安 M40：1、安 M43：2、安 M45：4、安 M52：1、安 M58：3、安 M65：4、安 M71：1。器身较大，狭长，束腰，器身长多为刃宽的 1.5 倍，双面弧刃，刃角外侈，长方形銎口。大部分素面，少量饰凸弦纹。

安 M3：1，铜色灰色，质地较软，呈松散颗粒状。器身较大，体较厚重，呈狭长束腰形。双面弧刃，刃角外侈，呈"风"字形。长方形銎口显得较平整，内孔边角近似圆角。器身两侧合范痕成细棱线伸向刃部。长 9、刃宽 5.7、壁厚 0.3 厘米（图一二四，1；彩版七〇，1）。

安 M40：1，铜色淡绿色，质地较软，呈松散颗粒状。器形显得狭长偏细。腰微束，双面弧刃近圆弧状，刃角外翘，呈"风"字形。长方形銎口，器身两侧的合范痕明显，呈凸棱线状。残长 7.1、刃宽 4.5、壁厚 0.25 厘米（彩版七〇，2）。

安 M43：2，铜色绿色，质地较软，呈松散颗粒状。器形偏小。长方形銎，边线圆滑无棱，中腰微束，双面弧刃近圆弧状，刃角外翘。中腰靠銎口一边有两道凸弦纹，銎部近腰处饰两道凸弦纹。器身两侧合范痕细小。残长 6.1、刃宽 3.2、壁厚 0.15 厘米。

安 M52：1，铜色淡绿色，质地较软，呈松散颗粒状。器身较大，呈狭长束腰形，双面弧刃，刃角处翘，呈"风"字形。长方形銎口，内孔边角亦为长方形。腰部各有两道凸弦纹。器身两侧合范痕细小，不甚明显。长 8.6、刃残宽 5.5、壁厚 0.25 厘米（图一二四，2；彩版七〇，3）。

安 M71：1，銎、刃部淡绿色，中心部分墨绿色，质地较坚硬。通体光滑，器身较重。狭长束腰，呈"风"字形，双面弧刃，刃角外侈。长方形銎口圆角状，内孔边角亦为圆角状。器身两侧

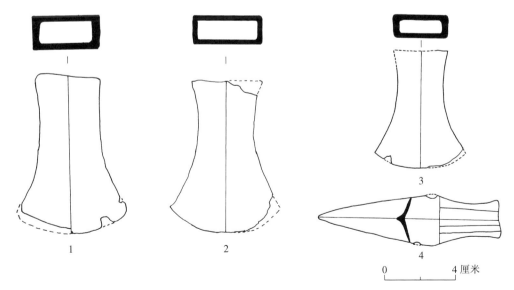

图一二四　安等秧墓葬出土铜器
1、2. Ⅰ式斧（安 M3：1、安 M52：1）　3. Ⅱ式斧（安 M12：2）　4. 刮刀（安 M17：5）

合范痕迹细小，不甚明显。长9.2、刃残宽6.3、壁厚0.13～0.15厘米（彩版七〇，4）。

Ⅱ式　21件。编号为安M8:2、安M12:2、安M13:3、安M14:11、安M15:2、安M20:1、安M26:1、安M27:2、安M41:6、安M45:1、安M46:1、安M48:1、安M49:1、安M50:4、安M59:1、安M62:1、安M63:1、安M64:1、安M66:3、安M69:5、安M75:6。器形较Ⅰ式略小，短宽，器身长与刃宽基本相等，呈"风"字形，扁体，长方形銎，刃部两角外翘呈弧形。

安M12:2，Ⅱ式。铜色灰绿色，质地较软，呈松散颗粒状。器体较短小，较扁宽。微束腰，双面弧刃，刃角外翘呈弧形。长方形銎口呈圆角状，内孔边角亦呈圆角状，较模糊。长6.6、刃宽4.8、銎口厚1.2厘米（图一二四，3；见彩版五三，2）。

安M49:1，铜色灰绿色，质地较软，呈松散颗粒状。器形稍大。双面弧刃，刃角外翘呈"风"字形，微束腰，扁椭圆状銎口。器身两侧合范痕明显呈凸棱线。长7、刃宽5.2、壁厚0.25厘米（彩版七〇，5）。

安M48:1，铜色绿色，质地较软，呈松散颗粒状。器形扁小。双面弧刃，扁圆銎。靠銎口处的两面各有一道弧形斜线装饰。残长6.5、刃残宽5.3、壁厚0.2厘米。

铜刮刀　9件。编号为安M14:14、安M17:5、安M33:3、安M41:5、安M45:5、安M50:7、安M58:5、安M69:7、安M84:3。形制基本相似。呈竹叶形，两侧有刃，背脊隆起，一面有细凸脊，一面内凹，断截面呈"人"字形，两侧刃前聚成尖锋，后端平齐。个别有竖行式凸线条装饰。制作较精良实用，富有地域风格和特色。

安M17:5，铜质地坚硬，无锈蚀痕迹，通体光滑。器形小巧。脊中有一道凸棱线，脊两侧有二、三道竖行装饰线，叶呈锐角三角形。长10、叶宽3、壁厚0.3厘米（图一二四，4；见彩版五七，4）。

2.兵器

铜剑　16件。分六式。

Ⅰ式　1件。

安M84:2，铜色灰绿色，质地较坚硬，表面较光滑，无锈迹。保存基本完整，整剑一次性铸成。中脊为两面合聚的一条细线，格较宽，呈"山"字形，茎扁圆，中部有两道箍棱。圆首，中侧中心内凹，剑身长而且宽，尖锋渐收，刃部锋利，剑格较宽厚内凹，实心茎，断面呈椭圆形，喇叭形剑首。长46.5、刃宽3.9厘米（图一二五，1；见彩版六八，4）。

Ⅱ式　1件。

安M27:1，铜色灰绿色，质地较软，呈松散颗粒状，通体光滑无锈。叶、茎、首一次铸成连为一体。身细长，中脊不甚明显；剑格为细长一字形，薄而窄；茎部中空，断面呈环形与首相连。长39.3、刃宽3.4厘米（图一二五，2；见彩版五八，5）。

Ⅲ式　1件。

安M61:2，铜色灰绿色，质地较软，呈松散颗粒状，剑身光滑无锈迹。形制短小。出土时剑鞘及其附件因残朽只能同泥巴一起提取，此剑原有竹质剑鞘，剑鞘外还有剑囊，因过于残朽，出土时仅见痕迹。短剑有格、首，剑首玉质，剑身尚完整，鞘可见痕迹及首尾铜饰件。鞘首铜饰似

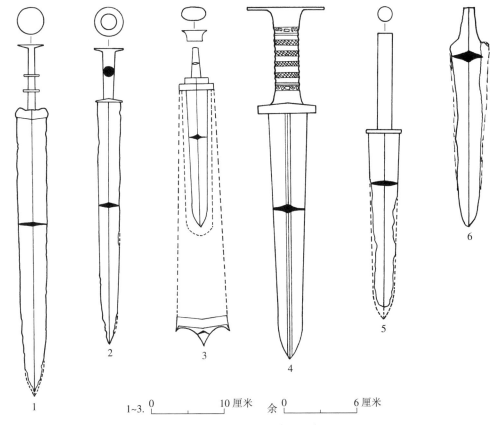

图一二五　安等秧墓葬出土铜剑

1. Ⅰ式（安 M84:2）　2. Ⅱ式（安 M27:1）　3. Ⅲ式（安 M61:2）
4. Ⅳ式（安 M41:3）　5. Ⅴ式（安 M31:1）　6. Ⅵ式（安 M43:1）

剑格，鞘尾饰件为"山"字形，鞘身有残木质痕迹。总长约 42.5、宽约 8 厘米，剑通长 24、叶宽 2.8 厘米（图一二五，3；见彩版六四，1）。

Ⅳ式　3 件。编号为安 M41:3、安 M58:2、安 M65:1。

安 M41:3，铜色淡绿色，质地较坚硬，通体光滑无锈迹。宽格形短剑，剑叶有细凸脊，椭圆形剑首较大，剑首中心部位有十字形小孔。茎部有两组以弦纹相间的回纹和网格纹。长 28、叶宽 3.2 厘米（图一二五，4；见彩版六一，3）。

安 M65:1，铜色灰绿色，质地较软，呈松散颗粒状，无锈迹。短剑有格及剑首，剑首为长六边形，并通过束腰形的茎部与剑格连为一体。叶直插茎中，中脊呈"人"字形，相同隆起。茎上有间距十道凸弦纹，除第一道空格外，其余间隔均饰网格纹，但有深浅不同之差。弦纹外首尾各有一格，中间为长方形块，两端呈"⌣"形。长 25.4、叶宽 3.3 厘米（见彩版六五，1）。

Ⅴ式　1 件。

安 M31:1，铜色淡绿色，质地较坚硬，通体光滑无锈迹。一字格扁茎短剑。剑叶较宽，格小而薄，剑身与茎一次性铸成，无剑首，出土时茎上有细密一圈圈缠绕的麻绳残痕，剑身中脊不明显，较为宽且平滑，剑格为狭长一字形，刃部碎残，锋尖残，出土时连泥巴提取。残长 22、叶宽 2.6 厘米（图一二五，5）。

Ⅵ式　9件。编号为安 M33∶4、安 M1∶2、安 M43∶1、安 M17∶3、安 M45∶3、安 M53∶1、安 M50∶3、安 M60∶1、安 M69∶6。皆为扁茎短剑。剑叶中有细凸脊，无格，茎部多数都有小穿孔。

安 M53∶1，铜色淡绿色，质地较软，呈松散颗粒状，无锈迹。器形扁小，简单无装饰。长叶短茎，脊凸较粗圆，一直延伸至茎部。叶脊两侧刃部均残缺。叶脊有凸棱线自锋尖至叶末。短茎断截面近菱形，大部分已残缺，两侧合范痕明显呈尖薄状。长 19.8、叶残宽 1.7 厘米（彩版七一，1）。

安 M60∶1，质地较软。器形偏小，叶脊棱细长至茎处消失，断截面呈棱形。茎扁圆微呈椭圆形，尖锋处至叶两侧刃大部分残缺。残长 12、叶残宽 0.7~1.2 厘米（彩版七一，2）。

安 M43∶1，一身锈斑。叶长茎短，中脊粗隆，直伸茎末，扁茎呈圆角菱形状。长 17.6、叶宽 2.6 厘米（图一二五，6；彩版七一，3）。

铜矛　5件。出土时锋刃多残。1件已甚残，分四式。

Ⅰ式　1件。

安 M14∶13，铜色灰绿色，质地较坚硬，无锈。骹部较粗长，呈圆筒形，前端较细，骹中部一侧有一扁形鼻纽，鼻纽前饰有近方形"王"字纹样，叶部起凸脊，叶截面呈菱形，骹口为新月形。残长 16、叶宽 3、厚 0.4 厘米（图一二六，1；见彩版五五，3）。

Ⅱ式　2件。编号为安 M16∶1、安 M35∶1。

安 M16∶1，铜色淡绿色，质地较软散。保存基本完整。叶长骹短，叶呈锐角三角形，骹呈六棱管状，骹后部有对称小鼻纽，叶截面呈扁菱形。叶两侧刃部、前锋、骹口微残。残长 15.8、叶宽 3 厘米（图一二六，2；彩版七一，4）。

安 M35∶1，铜色灰绿色，质地较软，呈松散颗粒状。有凸脊直指尖锋处。柳叶形叶，细长，叶截面呈菱形，两边刃均残缺。骹部残断无存。残长 15、叶残宽 3.1 厘米（彩版七一，5）。

Ⅲ式　1件。

安 M45∶9，铜色灰绿色，质地较软，呈松散颗粒状。器形较小，呈前小后宽的三角形叶，尖锋处残，骹呈扁圆形，脊部有粗凸线自锋尖至叶骹间，叶的断截面呈实芯菱形。两侧合范痕凸出明显。残长 8.2、叶宽 2.8 厘米（图一二六，3；见彩版六二，6）。

Ⅳ式　1件。

安 M7∶1，铜色淡绿色，质地较坚硬，斑状铜锈布满矛身。器形较小，短身，脊微凸，叶与骹等长，叶部与圆骹无明显分界线，脊为一细线，骹部前端稍细，与叶脊及刃相对有凸棱线。残长 10、叶宽 2.3 厘米（图一二六，4；见彩版五二，3）。

铜钺　2件。编号为安 M61∶4、安 M80∶1。

安 M61∶4，铜色灰绿色，质地较软，呈松散颗粒状。铲形钺，双面弧刃，刃部呈弧形，腰微束，銎呈椭圆形。器身两侧合范痕明显。长 8.5、刃宽 6.4 厘米（图一二六，8；见彩版六四，2）。

安 M80∶1，铜色淡绿色，质地较软，呈松散颗粒状。器身扁薄，靴形钺，銎呈椭圆形，双面弧刃，刃部左右不均衡。一侧前伸较长，一侧较短呈圆弧状，銎部呈椭圆形。銎口及刃部残缺。器身两侧合范痕凸出，两边棱脊为圆角状。残长 8、刃残宽 7.2 厘米（图一二六，9）。

铜镞　7件。除1件（安 M35∶2）残碎，余分两式。

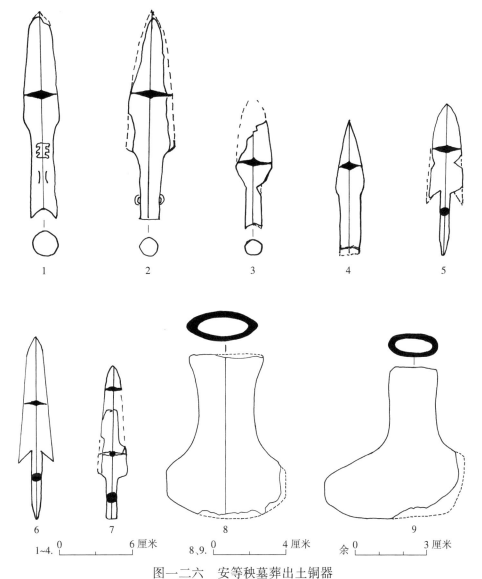

图一二六 安等秧墓葬出土铜器

1. Ⅰ式矛（安 M14：13） 2. Ⅱ式矛（安 M16：1） 3. Ⅲ式矛（安 M45：9） 4. Ⅳ式矛（安 M7：1）
5、6. Ⅰ式镞（安 M41：4、安 M65：2） 7. Ⅱ式镞（安 M65：3） 8、9. 钺（安 M61：4、安 M80：1）

Ⅰ式 3件。编号为安 M1：3、安 M41：4、安 M65：2。双翼，前锋较宽，有中脊，铤作六棱形，末端尖细。

安 M41：4，铜色淡绿色，质地较软，通体光滑无锈。双翼细长，铤呈六棱形，末端尖细。长 6、残宽 1.3 厘米（图一二六，5；见彩版六五，4）。

安 M65：2，长叶，短扁圆铤实芯。叶脊棱粗凸至锋尖处，似圆柱状，铤部有六条纵棱线装饰，三角形尖锋。一侧残缺。长 7.4、叶宽 1.3 厘米（图一二六，6；见彩版六五，3）。

Ⅱ式 3件。编号为安 M50：5、安 M50：6、安 M65：3。形状似矛，无翼，有脊。

安 M65：3，铜色绿色，质地较软。长叶，圆柱铤，实芯，叶脊棱粗凸至尖锋处呈圆柱状，圆角状刃锋，两侧刃多残缺。长 6、叶残宽 1 厘米（图一二六，7）。

3. 装饰品

铜镯   11 件。除安 M61∶3 残破无法分式外，余分四式。

Ⅰ式   4 件。编号为安 M10∶1～4，形状大小相近，出土时已残断，相互叠压无法分离提取。铜色灰绿色，质地较软，呈松散颗粒状。制作规整，极为精美。扁体环形状，全部面铸有近似勾连回纹带高凸，空间间隔小圆点纹，体扁薄，4 件互相叠压（彩版七一，6）。

安 M10∶1，饰近似曲尺纹间凸点纹。外径 5.9、内径 5.7、厚 0.1、高 1.5 厘米。

安 M10∶2，饰近似几字形间凸点纹。外径 6.4、内径 6.2、厚 0.1、高 1.5 厘米（图一二七，1）。

安 M10∶3，饰近似勾连状回纹，但纹饰显得较粗凸。外径 6.4、内径 6.2、厚 0.1、高 1.5 厘米（图一二七，2）。

安 M10∶4，饰较细长近似曲尺纹间凸点，纹饰显得细平。比安 M10∶3 更精细，是 4 件铜镯中最小的一件。外径 5.6、内径 5.4、厚 0.1、高 1.5 厘米。

Ⅱ式   4 件。编号为安 M14∶7～9、安 M18∶1（特残）。圆筒形。素面。

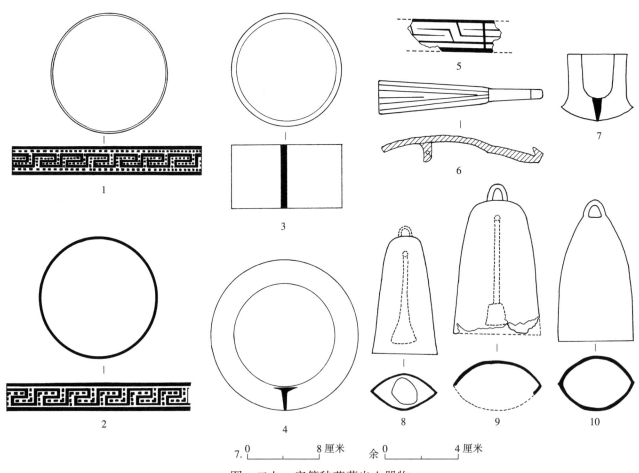

图一二七   安等秧墓葬出土器物

1、2. Ⅰ式铜镯（安 M10∶2、安 M10∶3）   3. Ⅱ式铜镯（安 M14∶9）   4. Ⅳ式铜镯（安 M14∶10）   5. Ⅲ式铜镯（安 M14∶12）   6. 铜带钩（安 M69∶11）   7. 铁舌（安 M22∶1）   8～10. 铜铃（安 M14∶2、安 M14∶6、安 M14∶3）

安 M14∶9，铜色淡绿色，质地较软，呈松散状。镯形呈圆筒状，缘面光滑。素面。外径 6、内径 5.4、厚 0.3、高 3.4 厘米（图一二七，3；见彩版五五，4）。

安 M14∶8，铜色淡绿色，质地较软，呈松散状。镯形呈圆筒状，缘面光滑。素面。外径 6.1、内径 5.5、厚 0.15、高 3.4 厘米（见彩版五五，5）。

Ⅲ式　1 件。

安 M14∶12，铜色呈绿色，质地较软。体型小巧，扁薄，呈宽带，扁体圆形状。外表饰四组凸弦纹，铸有纹饰似对称的曲尺状纹。外径 6.1、内径 5.8、壁厚 0.25、高 1.8 厘米（图一二七，5；见彩版五五，7）。

Ⅳ式　1 件。

安 M14∶10，铜色呈墨绿色，质地较坚硬，通体光亮光滑。器形较大，扁平宽沿，内缘两面起凸棱，断面呈“T”形，内侧有高领凸出，薄缘，另一侧较厚，素面无纹。外径 8.1、内径 5.6、领高 1.2、厚 0.2 厘米（图一二七，4）。

铜带钩　2 件。编号为安 M69∶11（完整）、安 M65∶5（残碎）。

安 M69∶11，铜色灰绿色，质地较软。呈弧形，前端作鹅首状，后端平齐，正视呈梯形，背面小柱纽，纽中间穿孔。扁身，钩首细长，呈扁圆形，钩身靠首一端细小，另一端较扁大。正面饰七道凸弦纹。长 8.8、宽 1.8、厚 0.5 厘米（图一二七，6；见彩版六七，5）。

铜铃　5 件。编号为安 M14∶2 ~ 6。除大小略有区别外，形制基本一致。器身断面呈橄榄形，顶端有半环耳，铃耳呈扁体实芯状，显得细小。圆肩或斜肩，平口，除安 M14∶3 外，铃内均有不规则球形舌及舌杆与铃体相连，内铃舌可活动，舌杆与上部铃身相连的横梁与环相接。铃舌各不相同，有球形状、不规则球形状、垂胆形状、六棱锥状。合瓦形铃口。

安 M14∶5，铜色灰绿色，质地较坚硬，通体光滑。半环耳特别短小，扁圆形的铃身，铃舌呈垂胆形。为此套铃中最大的一件。口宽 5.2、通高 8.5 厘米（见彩版五五，8）。

安 M14∶6，与安 M14∶5 基本相同，但纽较细小。铃舌呈不规则状。合范痕边棱明显。口宽 4.75、通高 8 厘米（图一二七，9；见彩版五五，8）。

安 M14∶3，上半部呈三角形。铃舌遗失。口宽 4、通高 7.5 厘米（图一二七，10；见彩版五五，8）。

安 M14∶2，形体最小。器身较长，上半身呈弧状，铃舌呈六棱锥状，可活动。口宽 3.5、通高 6.3 厘米（图一二七，8；见彩版五五，8）。

4. 其他

铜块　4 件。编号为安 M17∶8、安 M33∶1、安 M69∶10、安 M85∶1。

安 M17∶8，铜色淡绿色，质地较软。不规则长方形块，形状为某种大型器物腹部的一小部分，一面内凹弧，另一面外凸，外凸面有一道粗径约 0.5 厘米凸棱。长 13.2、宽 12.5、厚 0.35 厘米（见彩版五七，5）。铜块内壁有麻布残片（安 M17∶9），黄褐色，织纹清晰，质较粗。长 8、宽 7 厘米（见彩版五七，7）。

残铜片　1 件。

安 M57：3，铜色灰绿色。呈不规则长方形。长 3、宽 2.1 厘米。

三　铁　器

整个墓地仅安 M22 出土 1 件。

铁臿　1 件。

安 M22：1，锈蚀严重。平首内凹有中槽，两刃角外侈。刃宽 7.8、高 7 厘来（图一二七，7；彩版七一，8）。

四　玉石器

玉石器 62 件，主要为玉、石玦两大类，均为装饰品。

玉玦　24 件。大部分为质地较软的白色玉（鸡骨白玉），出土时多已残碎，采用实芯与管钻两种钻孔方法。分四式。

Ⅰ式　5 件。编号为安 M17：7、安 M37：4、安 M58：1、安 M75：4、安 M79：1。形状小巧，制作不甚规整。近似管状，有的上下孔径不对称或边缘厚薄不匀。

安 M79：1，碧绿色，质地较坚硬。管钻。外径 1.3、内径 0.8、厚 1 厘米（图一二八，1；彩版七一，7）。

安 M37：4，灰白色，质地较坚硬细腻。制作不甚规整管状，通体打磨光滑。两端厚薄不均。外径 1.3、内径 0.8、厚 0.9 厘米（彩版七二，1）。

Ⅱ式　13 件。编号为安 M2：1、安 M4：1、安 M5：1、安 M6：1、安 M29：1、安 M50：1、安 M50：2、安 M61：1、安 M69：8、安 M69：9、安 M75：1、安 M75：3、安 M80：2。宽缘，缘大于孔

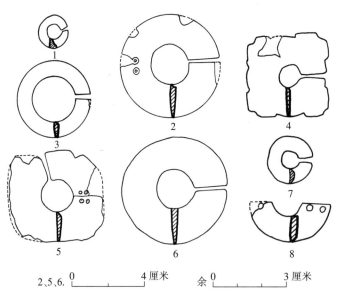

2、5、6．0 ——— 4 厘米　　余 0 ——— 3 厘米

图一二八　安等秧墓葬出土玉石器

1. Ⅰ式玉玦（安 M79：1）　2. Ⅱ式玉玦（安 M2：1）　3. Ⅲ式玉玦（安 M41：1）
4、5.Ⅳ式玉玦（安 M41：2、安 M45：2）　6、7. 石玦（安 M12：1-1、安 M12：1-2）　8. 石璜（安 M34：1-5）

或相等，器身扁薄，有的一面略平整，一面呈弧形，少数在缘面上钻二至三个小孔。

安 M2：1，宽缘，缘面一侧相对并排钻有两个小孔。制作较为规整。外径5.5、内径2、厚0.1~0.2厘米（图一二八，2；彩版七二，3）。

Ⅲ式　4件。编号为安 M17：6、安 M41：1、安 M56：4、安 M75：2。窄缘，与Ⅱ式相似，只是缘小于孔。

安 M56：4，青白色，质地较坚硬细腻。通体光滑，但制作不规整，两端孔口不均匀。外径1.6、内径1.6、厚0.3~0.4厘米（彩版七二，2）。

安 M41：1，灰白色，质地较硬。制作规整，通体打磨光滑。外径3、内径1.8、厚0.1~0.2厘米（图一二八，3；见彩版六一，4）。

安 M75：2，白色。宽孔小缘，一面弧形。外径2.5、内径1.7厘米（彩版七二，4）。

Ⅳ式　2件。编号为安 M41：2、安 M45：2。平面近方形，缘外侧有对称的牙边。制作精美。

安 M41：2，外径（边长）3.3、孔径0.9、厚0.1厘米（图一二八，4；见彩版六一，5）。

安 M45：2，近似方形。外径（边长）5.2、孔径2、厚0.3厘米（图一二八，5；见彩版六三，1）。

石玦　35件。编号为安 M8：1、安 M12：1（16件）、安 M13：1、安 M21：1、安 M21：2、安 M33：2、安 M34：1-1~1-4（4件）、安 M48：1、安 M56：1、安 M66：1、安 M66：2、安 M79：2、安 M79：3、安 M76：1（4件）。大多数都采用质地较硬、细腻的水成岩制作而成，表面多为黑色，少数相间白色石纹。制作较粗糙，大多数都不规整，表面多有磨痕，多采用实芯钻孔，多为大小不一或大小相等成套出土。采用实芯与管钻两种钻孔方法，实芯钻者孔缘多不规整。有宽缘、窄缘之别。

安 M21：1、2，灰黑色，质地较硬。一大一小，制作不甚规整，缘大小与孔相等。安 M21：1，外径2.6、内径1.2、厚0.1~0.15厘米（彩版七二，5）。

安 M34：1-1~1-4，灰黑色，质地坚硬，器表呈黑白相间颜色。大小不一，磨制欠规整。圆形，器身扁薄，一面较平，一面微弧。最大的外径4.8、内径1.5、厚0.3厘米，最小的外径2.1、内径0.9、厚0.2厘米（彩版七二，8）。

安 M12：1，大小一套共16件，黑色水成岩制成，并无其他杂色条纹。圆形。大的外径5.6、内径2、厚0.3厘米，小的外径2、内径0.7、厚0.2厘米（图一二八，6、7；见彩版五三，3）。

安 M56：1，灰黑色，石质坚硬细腻。磨制较规整，通体光滑。双面微弧逐收成极薄的薄边缘。外径5.8、内径2.6、厚0.3厘米（彩版七二，6）。

安 M48：2，黑白相间。缘孔相等，缘略残。外径2.8、内径1、厚0.25厘米（彩版七二，7）。

安 M76：1，4件，大小基本一致。偏黑色，质地较硬细腻，有黑白相间的天然石纹。窄缘，内孔及缘边磨制不规整。通体打磨光滑。外径1.6、内径0.7、厚0.15厘米。

石璜　2件。

安 M34：1-5、1-6，偏黑色泽，质地坚硬细腻。利用残断的石玦修整磨制而成。形体呈半圆形，一面较平，另一面微弧。两端穿孔，一端有两个小孔，另一端只有一个小孔。长3.4、宽1、厚0.2厘米（图一二八，8；彩版七二，8）。

石器　1件。

安 M25：3，形状近似小网坠，在一块自然小卵石的一端切割有三道内凹痕，有切割痕的一端较小，另一端稍大。长 5.1、宽 1～1.8 厘米。

五　麻布

整个墓地仅安 M17 出土 1 片。

麻布　1片。

安 M17：9，出土时紧贴在安 M17：8 铜块的内壁，呈不规则状。色泽黄褐色，经纬线条较粗，织纹清晰。质地较松散。长 8、宽 7 厘米（彩版五七，7）。

第四节　墓葬年代

综上所述，安等秧墓葬群主要有如下几点：（1）墓穴排列整齐、有序；（2）墓向绝大多数东西向，而且绝大多数头向东；（3）墓葬形制都是狭长小型竖穴土坑，墓圹显得特别狭窄；（4）随葬品数量少，器形简单。随葬品的组合一般是实用铜兵器、铜生产工具、生活日用的陶器以及玉石饰品，兵器类有铜剑、铜矛和铜镞，生产工具有铜斧和铜刮刀，生活日用品陶器有陶罐、陶钵、陶杯及玉石饰品中的玦。

墓葬形制与岭南地区战国时期流行的墓葬基本相似，出土的铜剑、铜矛、铜斧、铜钺、铜刮刀、铁臿等与广西平乐银山岭和广东四会、罗定、德庆等地战国墓出土的基本相似。陶器中的米格纹、方格纹、水波纹、篦点纹陶罐、陶杯等与广西平乐银山岭战国墓葬出土的一致①，未见岭南地区汉代初期所盛行的陶鼎、陶盒、陶壶、五联罐等陶器。安等秧墓葬群流行圜底器和平底器，没有三足器。Ⅵ式扁茎无格剑与广西平乐银山岭、宾阳韦坡、独山、岑溪花果岗以及广东罗定背夫山、清远马头岗罗定南门垌、广宁铜鼓岗发现的基本一致。此剑主要流行于湖南和岭南地区，属两广越族青铜文化遗存中的代表性器物。Ⅰ式双凸箍实心茎剑，属楚文化类型，在广西平乐银山岭、岑溪花果及广东罗定南门垌、四会鸟旦山、肇庆松山、罗定背夫山等均有出土，流行年代为春秋晚期到战国时期，应为楚地传入。Ⅴ式一字宽格铜剑，阔叶、椭圆形首，首径大于格径，呈喇叭状，与云南江川李家山出土的茎部装饰相似②，具有滇文化风格。"风"字形钺在广西田东锅盖岭战国墓葬出土外，还在广西百色、德保、大新也有出土；双肩铲形铜钺、单肩斜刃形铜钺、

---

① 广西壮族自治区文物工作队：《平乐银山岭战国墓》，《考古学报》1978 年第 2 期；广西壮族自治区文物工作队：《广西田东发现战国墓葬》，《考古》1976 年第 6 期；广东省博物馆：《广东四会鸟旦山战国墓》，《考古》1975 年第 2 期；广东省博物馆：《广东罗定出土一批战国青铜器》，《考古》1983 年第 1 期；广东省博物馆徐恒彬、杨少祥、德庆县文化局榻富崇：《广东德庆发现战国墓》，《文物》1978 年第 9 期。

② 广西壮族自治区文物工作队：《广西田东发现战国墓葬》，《考古》1979 年第 6 期；云南省博物馆：《云南晋宁石寨山古墓群发掘报告》，文物出版社，1959 年；云南省博物馆：《云南江川李家山古墓葬发掘报告》，《考古学报》1972 年第 2 期。

竹叶形铜刮刀与广东、广西战国时期墓葬出土的也都一致①。

在安等秧墓地东北侧的元龙坡发掘有西周晚期至春秋时期的墓葬群②，两处墓地不但在年代上相互衔接，而且在墓葬形制和出土器物方面也有一定的发展规律可循。如长方形竖穴土坑墓结构以及出土的部分铜矛、夹砂陶器、装饰品等，可在元龙坡墓地找到渊源。特别是近年来在马头墓葬群周边及广西其他地区亦先后发现了一批先秦时期的岩洞葬，不同时期的岩洞葬出土的器物特征与发展序列为安等秧墓葬群的年代提供了更为确切的依据③。此外，在此墓葬群中也未发现岭南地区西汉早期所流行方格戳印纹陶器等。因此，安等秧墓葬群的年代应为战国时期。

此外，墓葬中没有类似广西平乐银山岭以及广东地区战国墓中流行的墓底设置腰坑、铺放石块的现象。随葬品中未见人首柱形器，而有在柄部饰花纹的Ⅳ式短剑、各种铜镯以及玉石玦等器物，这些在广西平乐银山岭墓葬中极为少见，却与田东战国墓和云南晋宁石寨山、江川李家山滇族墓中出土的器物极为相类似④。这些现象，除了反映文化交往的影响外，可能与族属的区别有关。

而墓区中的土坑由于出土物仅为石块，没有其他更多的遗物可佐证，尤其缺少文化遗物，因此对其年代与性质难以说明，而位于中部的 K4 被安 M27 打破，说明其年代应早于本墓葬。但从位置及分布看，似与本墓葬群没有更多的关联，仅作为发掘中的工作之一而加以介绍表述。

① 蒋廷瑜：《从银山岭战国墓看西瓯》，《考古》1980 年第 2 期。
② 广西壮族自治区文物工作队、南宁市文物管理委员会、武鸣县文物管理所：《广西武鸣马头元龙坡墓葬发掘简报》《广西武鸣马头安等秧山战国墓群发掘简报》，《文物》1988 年第 12 期。
③ 广西文物考古研究所、南宁市博物馆：《广西先秦岩洞葬》，科学出版社，2007 年。
④ 云南省博物馆：《云南晋宁石寨山古墓群发掘报告》，文物出版社，1959 年；云南省博物馆：《云南江川李家山古墓群发掘报告》，《考古学报》1975 年第 2 期。

第四章　余论

一　马头墓葬与古骆越族的关系

根据墓葬出土文物及埋葬习俗分析，马头先秦墓葬的墓主应该是当地原住民族先民。广西地区的原住民族是以壮族为主的壮侗语民族，他们是古越族的后裔，至今仍保留和传承旧有的文化传统，如桂西及云南文山壮族每年的击铜鼓祈年活动，东兰、南丹县壮族的"蚂拐节"活动以及鸡卜习俗等。历史上，壮族先民的族称有多次变化。据《逸周书·王会解》载"伊尹受命，于是为四方令曰：正南瓯、邓、桂国、损子、产里、百濮、九菌，请以珠玑、玳瑁、象齿、文犀、翠羽、菌鹤、短狗为献"。另外同书中还提到商周时期南方贡品中还有"仓吾翡翠""路人大竹"。上述瓯、路人、桂国、损子、产里、仓吾等都是今湖南及岭南地区的族群。商周时期，见之文献的族群有近10个，实际上远不止这些，因为当时岭南的族群比较小，有些可能还未与商周王朝发生文化交往，故而在文献中没有表现出来。经过数百年的吞并战争，到了战国时期，广西地区出现了两大族群，即西瓯、骆越国，以往的瓯、邓、桂国、损子、产里、路人、仓吾等族称逐渐消失。东汉时它们又被称为乌浒，南朝以降称为俚、僚，宋时始称为壮族。根据族称变化情况看，马头墓葬的墓主应该是西瓯、骆越中的一支。

关于西瓯与骆越的问题，学术界一直存在激烈的争论，其焦点是，西瓯与骆越到底是越族的两个支系还是同一支系不同时期的名称。最早认为西瓯与骆越是越人同一支系不同时期名称的是梁朝顾野王，他在《舆地志》书中明确地说："交趾，周时为骆越，秦时为西瓯。"唐朝颜师古注《汉书·南粤王传》中也说："西瓯即骆越也，言西者以别东瓯也。"两位古人都将西瓯、骆越混为一体，后代学者也有赞同者。梁朝时期西瓯、骆越族称已消失，顾野王说西瓯、骆越是同一支系不同时期的称谓，不知典出何处，明显有随意之嫌。

司马迁认为西瓯与骆越是两个不同支系的越人，而且明确指出两个支系活动在广西地区。他在《史记·南越尉佗列传》中说："佗以兵力威边，财物赂遗闽越、西瓯、骆，役属焉。"赵佗上书文帝说："且南方卑湿，蛮夷中间，其东闽越千人众，号称王；其西瓯、骆、裸国，亦称王。"司马迁在这篇列传的最后总结说："瓯、骆相攻，南越动摇。"这里显然是将瓯、骆分开，认为是位于南越国西部的两个实体支系。罗香林先生认为，"西瓯与骆本非联结名词，既并非联结名词，则所谓'闽越西瓯骆'实指三地，而非二也。"① 唐宋以后的一些文献记载中，也多认为西瓯、骆

---

① 罗香林：《古代百越分布考》，《南方民族史论文选集》（一），1982年。

越是两个不同支系。如《旧唐书·地理志》说贵州郁平县"古西瓯骆越所居"，潘州茂名县也是"古西瓯骆越地"。郁平县在今广西玉林县西北，茂名县在今广东茂名县境。《太平寰宇记》也说，茂名"古西瓯骆越地"，贵州（今广西贵港市）"故西瓯骆越地"。《元和郡县图志》《舆地广记》也有同样的记载，都认为西瓯骆越是古越族中两个不同的支系。

关于西瓯、骆越的活动范围，《旧唐书·地理志》载：邕州宣化县（今南宁市）"骦水在县北，本牂牁河，俗呼郁林江，即骆越水也，亦名温水，古骆越地也"。唐代邕州治所在今南宁，领宣化、武缘、晋兴、朗宁、横山五县。

关于温水、牂牁河、郁林江的位置问题，罗香林先生在《古代百越分布考》就《旧唐书·地理志》所载明确指出："按此所云即骆越水或牂牁河之温水，依其地望考之，当即今日滇黔境上的南盘江，其下游称红水河，经迁江（今来宾市）、来宾等县，至象县石龙镇，与柳江相汇，合流至桂平，与浔江相汇。"[①] 这条长达1000多千米的红水河流域，从西向东贯通，将广西分成两半，就是《旧唐书·地理志》所说的"骆越水"。以红水河为界，在北者为西瓯，在南者（含越南中北部地区及中国海南省）是骆越地。

从考古学材料也可以看出西瓯人和骆越人是越人的两个支系。尽管迄今我们还没有找到商至春秋时期西瓯人的墓葬来同武鸣马头元龙坡商至春秋时期骆越的墓葬相比较，但从广西东北部的平乐银山岭战国墓葬与马头安等秧战国墓葬的比较中，可以发现它们之间虽有许多共同之处，但也存在明显差异。

在墓葬形制上，两地战国墓都是狭长形竖穴土坑墓，安等秧墓室显得更狭小，在清理的86座墓葬中没有一座墓穴的宽度超过1米，绝大多数在0.6~0.7米之间。平乐银山岭墓葬则有长方窄坑、长方宽坑、长方宽坑带墓道三类型。长方窄坑共74座，占总墓数的67.3%，一般长2~3.5、宽0.7~1.2米，其中8座有二层台；长方宽坑33座，一般长2~4、宽0.8~2米，有15座有二层台；带墓道墓3座，墓室长约4、宽2米，墓道长在5米以上。平乐银山岭战国墓底部普遍设有腰坑，坑内放置一陶盒或一陶罐之类的器物；而安等秧86座战国墓中没有发现一例腰坑，元龙坡350余座墓中也没有发现腰坑。

在随葬品方面，不论是陶器还是铜器，平乐银山岭战国墓均出土有鼎之类的三足器，而马头墓葬中找不到三足器的踪迹，圜底器却相当盛行。陶盒是银山岭战国墓主要的随葬品之一，在110座墓中有45座墓共随葬89件陶盒，而马头墓葬中一件也没有。夹砂粗陶在银山岭战国墓中很少见到，而在马头的元龙坡、安等秧战国墓中却占有相当大的比例。体形硕大的陶容器在银山岭战国墓中较常见，有的高达48厘米；而安等秧战国墓出土的硬陶数量较少，体形也较小，没有一件高度超过30厘米的。平乐银山岭战国墓出土了相当数量和种类的铁器，而马头安等秧战国墓只出土了一件铁臿。相比之下，安等秧战国墓与相邻的宾阳韦坡村、田东锅盖岭等地的战国墓有更多相同之处，这说明平乐银山岭战国墓与武鸣马头安等秧墓的族属支系是不同的。联系文献中关于古西瓯、古骆越人的地域记载，平乐银山岭战国墓葬应是西瓯人的墓葬，很可能是西瓯方国的政

---

① 罗香林：《古代百越分布考》，《南方民族史论文选集》（一），1982年。

治中心之一，武鸣马头墓则是骆越人的墓葬，是骆越方国的政治中心所在地。

综合上述分析，西瓯最早应发源于兴安、桂林、平乐的湘漓流域，商周时期与苍梧毗邻，苍梧被楚国灭后，西瓯崛起，战国时期成为红水河北部地区最大的族群。约从春秋开始有部分西瓯人顺桂江进入桂东地区，因而后代史书中说桂东地区是西瓯地。骆越发源地应在南宁邕江及左右江汇合地区，这里发现的贝丘遗址、石铲遗址及武鸣元龙坡商周墓群、安等秧战国墓群，都是骆越活动中心所在地。

二　马头墓葬反映的铸铜工艺

元龙坡墓地发现较完整的石范6套，残碎的有30余件，有些是人为打碎丢弃在填土中，可能具有某种宗教意识。石范均为红砂岩质制成，整体呈长方椭圆形，正面扁平，刻凿各种器物模型，计有双斜刃钺、扇形钺、斧、镞、圆形器等，几乎所有器物都在墓葬随葬品中找到相对应的实物。浇注口也呈椭圆形。有些范的内面有烧焦痕迹，说明已使用过而后作随葬品的，墓主应是专门的铸铜工匠。

除元龙坡发现铸铜石范外，在骆越故地的其他地方也发现有早期石范。1997~1998年发掘的那坡县感驮岩遗址，在商文化层中曾发现有铸铜石范，但未发现铜器实物①。20世纪60年代，广西文物工作队曾试掘过平南县石脚山遗址，出土有石范，但未见报道，其年代也未经科学测试。1996年中国社会科学院考古研究所曾经调查过该遗址，根据采集的文化遗物推测，其上限年代距今约6000~5000年，下限年代距今约4000年②。石脚山是一个岩洞遗址，由于历年群众采石爆破，地层关系遭到破坏。但是从出土石范和其他文物情况看，估计石脚山遗址的年代和那坡县感驮岩遗址差不多，是从新石器时代晚期延续至商代的遗址，出土的石范应是商代遗物。

关于古骆越人的铸铜工艺问题，《壮族麽经布洛陀》有详细介绍。布洛陀是珠江流域原住民族人文始祖，《壮族麽经布洛陀》是流行在左右江流域壮族民间的创世史诗。《壮族麽经布洛陀·造铜》篇中专门介绍古代壮族先民的冶炼铜矿和铸铜器的过程③。诗中说：是贩马的人在河流渡口处发现了闪闪发光的铜矿，这是前辈父王遗留的。人们将铜矿挖出来后，打成一片片碎块，然后用木炭炼成铜水。"铸第一瓢铜水，铸做印管天下。第二瓢铜水，铸做钟管国家。铸第三瓢铜水，铸做嘴喇叭。铸第四瓢铜水，铸做唢呐。铸第五瓢铜水，铸成盘古锣。铸第六瓢铜水，铸做钵洗脚。铸第七瓢铜水，铸成盆洗脸。铸第八瓢铜水，铸做巫师的铃。铸第九瓢铜水，铸做皇帝钱。铸第十瓢铜水，铸做四方印。铸第十一瓢铜水，铸做头人文钱。铸第十二瓢铜水，铸做开口的铜刀。"麽经《布洛陀·造铜》没明说壮族在什么时候学会铸造铜，然而开始铸造的铜器就是管天下的印，管国家的钟，这些都是文明社会的象征物。由于《壮族麽经布洛陀》流行的时间很

① 广西壮族自治区文物工作队、那坡县博物馆：《广西那坡县感驮岩遗址发掘简报》，《考古》2003年第10期。

② 中国社会科学院考古研究所广西工作队、广西壮族自治区文物工作队：《1996年广西石器时代考古调查简报》，《考古》1997年第10期。

③ 张声震主编：《壮族麽经布洛陀经影印译注》第三卷795~797页，广西民族出版社，2004年。

长，不同的历史时期注入了不同的文化元素，因而诗中也出现了唢呐、文钱、皇帝钱等。从上述记载可知，古骆越人很早就懂得范铸法了。

学会范铸法的前提条件，本地必须有铜矿资源。据 1934 年 9 月《广西矿产之分布与矿业之概况》说，广西铜矿以天保（今德保县）、武鸣两县所产者为有名。而武鸣的铜矿主要是在两江乡。新中国成立后，经过大量地质工作，已探明两江铜矿为广西规模较大，组分简单，品位中富，采选条件较好的中型矿床。1977～1978 年，广西冶勘公司 215 队对两江铜矿进行勘探，查明有工业价值矿带 10 条，分布面积约 10 平方千米，地质矿石量 2600 万吨，占广西已探铜矿蕴藏量 30%，居广西之首。铅矿也集中在两江乡和马头乡，县内铅矿开采点主要有两江乡的那汉、内朝及马头乡的渌林、渌达、渌昌、延荷等地，由当地群众开采①。骆越故地的两江铜矿是广西最大的铜矿，古骆越人借用北方汉族的智慧与技术，生产出自己所需的青铜器。

一般认为，骆越地区在商周时期发现的石范，只能铸造一些小型的青铜器，如斧、钺、镞之类，此时期在骆越地区出现的大件铜器均是从北方交流过来的。如果仅从石范铸器的情况看，这种看法是成立的，但从骆越地区发现一些大件器物分析，似乎在西周时期，骆越地区的越人工匠也能铸造大件器物了。如元龙坡 M147 东端二层台上出土的铜卣，纹饰简化，铸纹浅薄，与武鸣勉岭发现北方南传商代铜卣的风格完全不同，M147 铜卣应是本地铸造。杜迺松先生认为："1958 年横县镇龙那桑村出土的重 34 公斤的一件西周铜甬钟，高度达到 68.5 厘米，形体较大，这在西南地区的先秦铜钟中也是难得见到的。此钟与田东和同村出土的西周钟，均长身、长枚特征，极富地域色彩。所见以后东周时代百越的青铜钟仍承袭这一固定模式。"② 既是"极富地域色彩"，就应当是本地铸造，而不是外地舶来之物。黄展岳先生说得更肯定："广西出土的先秦青铜器，有些甬钟（斜挂的钟）的篆间，鼓部纹饰，看似脱胎于当地印纹陶的装饰。如横县那桑出土的云雷纹附以浮雕饰物钟、宾阳凉水坪出土的栉齿纹钟，应是本地铸造。"③ 黄展岳先生的观点与杜迺松先生的观点是一致的。在元龙坡 M264 中出土铜编钟残片 1 件、枚钉 3 件。编钟残件为征部一小块，面排列枚钉三颗，篆无纹。枚钉三颗，从大小看似乎与残片不是一体，应该是本地所铸造，说明在西周时期，当地的骆越民族已使用和铸造铜编钟了。

铸造大型铜器时，石范无法铸造，只有泥范才能铸造。目前在骆越地区先秦墓葬中只发现有石范，没有发现泥范，个中原因是因为泥范易破碎，难保存。但既有本地铸造的大型铜器出土，泥范工艺应当存在。

三　马头先秦墓葬葬俗与现代壮族习俗关系

不同的墓葬形式、不同的随葬品组合形式及对墓室的特殊处理，无不反映骆越人的宗教意识。

---

① 武鸣县志编纂委员会：《武鸣县志·矿产》，广西人民出版社，1998 年。
② 杜迺松：《论黔桂滇青铜器》，《铜鼓和青铜文化的再探索——中国南方及东南亚地区古代铜鼓和青铜文化第三次国际学术讨论会论文集》，《民族艺术》1997 年增刊。
③ 黄展岳：《论两广出土的先秦青铜器》，《考古学报》1986 年第 4 期。

值得提出的是马头先秦墓葬的一些葬俗，在骆越族裔壮族民间仍有不同形式遗存，这种文化的传承表明了族群血缘的遗传关系。

1. 墓室填压大石与镇邪

元龙坡众多墓葬中，有 8 座墓内填土、墓底中填压有数量不等的天然石块，多者近六十块，少者亦有十余块，一般都是将石块与泥土混杂填充墓室。每块石块重 5～10 千克，最大者可达 20 千克。如元 M316，墓长 3.51、宽 1.6、深 2.4 米，四周有二层台，台宽 0.4 米，其中在二层台上有大石块 49 块，填土中又有十余块。

广西其他地方的墓葬中也发现有用天然石块作随葬品的现象，论者多认为是原始人类希望死者去到阴间后，仍使用石头作劳动工具，继续从事劳动生产等活动。但在元龙坡的部分墓中，用如此多的大石块填压墓室，恐怕不能作此理解。很可能是这些墓主属非正常死亡，人们惧怕其恶鬼之魂出来作祟，故用大石块重压，使其永不得翻身。现在壮族对非正常死亡者的埋葬亦有此俗，凡难产死的妇女叫"湿死"。据言"湿死"的鬼魂是最凶恶的，为镇压"湿死"的鬼魂，麽公在死者面部盖一片瓦，在她的坟顶上种一棵桃树，压一块石头。对于夭折的小孩，埋葬时用一泥箕殓装尸体，老人提着泥箕绕村子三圈，然后送到一个荒坡上随意挖一个坑掩埋，不起坟堆，而后将泥箕倒扣在墓坑之上，其上镇有一、二块石片，也有些地方是用竹筛扣压墓坑。人们认为泥箕与竹筛都是天网，天网盖住墓坑，鬼魂就不能出来作祟于活人。元龙坡部分墓葬中用重石填压墓室，可能与现在壮族对非正常死亡者的掩埋相同，都是镇邪的意思。

2. 碎物随葬

武鸣先秦墓葬中，用碎物随葬的现象非常普遍，常见的有将完整的陶器打碎，然后用部分残片随葬，另外还有将铜器、玉器、石器打碎随葬。陶器残片多见钵类，将一个完整的钵砸碎成数块，或埋于填土中，或埋墓底，有部分残片可能丢弃于墓外。总之在墓中发现的碎陶片，都无法拼合为完整器物。如元龙坡 M306，在墓的西端底部发现有 4 块陶片系同一件陶钵的腹部，而钵的底部和口沿均未见到，有可能是埋葬时有意遗弃墓外；又在距墓端 1.3 米远的北壁下面发现残玉管半节，另外半节无法找到。有些墓即使随葬有完整的陶器，同时也随葬有另外的陶器碎片。像元龙坡 M270，在墓的西端发现完整的陶碗、陶罐各 1 件，还有完整的铜铃 2 件、玉管十余件。同时在墓的东端发现 2 厘米见方的夹砂陶片 3 块，经拼接系同一件器物，在墓的中部又发现陶罐底部残片一块，此件陶罐底部残片与东端发现的三块陶片不属一件器物，这显然是在埋葬尸体时人们有意将一些碎片随葬。有些墓仅在墓底发现一小块陶器残片而别无他物，像元 M322，在填土、墓底各发现一块陶片，都是陶釜的腹部。这样的墓主生前显然比较贫穷，但为了某种思想意识需要，人们还是按俗例将一件陶釜或陶罐打碎，随葬入墓内。

将铜器打碎随葬，在元龙坡墓地中发现两例，在安等秧墓地发现一例。

将石器（主要是石范）打碎随葬，在元 M299 内发现。在该墓底及填土中共发现 16 块石范碎片，这些碎片系 3 件以上石范击碎后随葬的，经粘接已能复原一件斜刃钺的母范，此件钺的母范碎件大部分散布在填土中，少部分散布于墓底部，显然是有意将整件母范打碎后随葬的。

将玉器打断随葬，在元龙坡墓葬中也非常普遍，有些是用半截玉镯或玉管随葬，有些是将玉环、玉玦截成节随葬，例子甚多，兹不详述。

古骆越人碎物随葬的习俗，在他们的后裔壮族中仍有保存。据武鸣县文管所黄民贤同志说，他的祖母是新中国成立前去世的。祖母生前有一对翠玉手镯，是结婚时之信物，生前常戴，一般不给人触摸。祖母盖棺之日，家人将这两件完好的手镯打断成几节，置入棺内随葬。五年以后，行拾骨葬，家人将随葬的手镯残件取出镶嵌在银质或铜质手镯上，分给家里女性亲属戴，他的母亲也获得一件。据言戴着这种手镯，可消灾长寿。为什么要打断手镯随葬？他解释说：人活着是完人，灵魂都集中在身上，人死后肉与骨分离，不是完人，各种魂也散开了，若不将器物打断随葬，几个魂就要同时抢一件器物来享用，打断器物随葬是给死者的散魂分用的。

来宾县的壮族也保留有用碎物随葬的习俗。老人逝世后，家人用剪刀在死者新穿的衣服袖口、边角处剪几个口子，在鞋面上也剪几个口子，每剪一个口子都滴上一滴鸡血；有些则不用剪刀剪，而是用香火在衣服、裤子、鞋子上灼眼，每灼一眼也要滴上一滴鸡血。其目的是希望死者之魂能升天，继续过着像人间一样的生活。

3. 船形墓与迎神送祖

元龙坡墓群的中心部位，发现两座土坑船形墓，其中元 M56 最明显。此墓长 4、宽 0.8、深 1.2 米，东西方向，两端有生土二层台且尖翘，形如船。随葬品有铜矛、陶釜、玉镯等。用船形棺作葬具，在广西的考古发现中不乏其例。贵县罗泊湾一号汉墓的 7 名殉葬者的棺木，全部是用圆木剖分为二，刳空以葬尸骨，其形如独木舟。桂西地区的平果、田东、田阳等地岩洞葬，也都是用圆木制成独木舟形棺木。用船形木作葬具，至少有三种宗教意义。其一是希望人死后仍过着生前的水上生活。骆越地区江河纵横，越人历来有善使舟的传统，很可能这两位墓主生前是专以舟为家，过着水上渔业生活。死后人们将木头挖成船形棺以葬之。这种用劳动工具作葬具的现象一直延续至宋代。宋人周辉《清波杂志》引《南海录》说："南人送死，无棺椁之具，稻熟时理米，凿大小木若小舟以为臼，土人名曰舂塘，死者多殡于舂塘中以葬。"又《太平寰宇记》钦州条说："钦州……送死皆打鼓、舂塘、吹笙。"用舂塘作葬具，无疑也是希望死者到阴间后，依然可以进行劳动生产活动。

其次是迎神之舟。在古骆越人的宗教意念中，人死后，灵魂要升到东方天国上去。灵魂欲升天，必须有天神下降导引，须举行迎神仪式，而迎神多用舟船。屈原《九歌·东君》的第一部分，学者多认为是迎神仪式的描述。台湾大学凌纯声教授认为："这一部分描写仪式中的扮演者，于天亮之前，奔向东方，迎接日神。这一节中的'马'系代表划船的桨。住在洞庭湖西岸的濮僚人，当他们向东方走去时，一定乘船渡大湖。按历史记载，他们确实把所划之船看作所乘之车，又把划船之桨，看作所骑之马。"[1] 现在盛行于南方的"龙舟竞渡"，最早也应是划船迎神的仪式，以后才演变成体育竞赛。迎神的目的是多方面的，在祭天求雨、禳灾消难、招魂升天等宗教活动中，都必须举行迎神仪式。元龙坡墓区中心地带，两座船形墓正对着东方，可能具有为整个墓地之死者导引亡魂升天的意义。

---

① 凌纯声：《东南亚铜鼓装饰纹样的新解释》，《中国铜鼓研究会第二次学术讨论会论文集》，文物出版社，1986 年。

第三种意义是送魂之舟。船既可迎神亦可送魂，古骆越人的意念中，魂欲升天，必须有运载工具，船就是最好的运载工具。这种现象在骆越人后裔壮族的习俗中屡见不鲜。广西的忻城、环江、天峨及云南的文山等县的壮族都过农历七月十四日"鬼节"，此节日实际上是迎祖先灵魂回家团聚，毕了又送祖先回去的节庆活动，迎祖送祖都是用象征性的"船"作运载工具。如忻城县下才村壮族，每年农历七月初七为迎祖日，人们先用鸡、鸭、猪肉在自家门口设祭坛，又到河边放纸船迎祖先归来。农历七月十四日，所有家人都回来与祖先聚餐，到傍晚时，送祖先之魂回去，他们将从七月初七以来所烧的纸钱、香灰用芋叶或芭蕉叶包好，整理成船形，在上面插一束香，送到河边或池塘边，先念咒，大意是：祖先乘船来，现在又造好一艘新船给祖先乘回去，希望祖先明年再乘船回来，与家人团聚，保佑家人安康。念毕，即将芋叶或芭蕉叶"船"轻放水中，任其漂流。元龙坡墓群中心的两座船形墓也可能具有"送魂"的意义。

4. 随葬石子与占卜

元 M237 及元龙坡南部的弄伦岩洞葬中均发现有用小石子随葬的现象。我们认为，用小石子随葬很可能与古代骆越族以石占卜和记数有关。元 M237 呈东西方向，墓室中间有小石子一堆，小石子经过锤击加工，有些还磨制光滑，总共有 125 颗。同墓出土的随葬物还有陶纺轮、玉凿、玉镯、陶釜、陶罐。墓中有陶纺轮，说明墓主是女性。无独有偶，在元龙坡南部约 5 千米的陆斡镇岜马山弄伦岩洞内也发现有用石子随葬的情况。弄伦岩洞第四龛内，发现有 4 件陶壶依龛壁排成半环形，正中间置放一堆小石子，共 58 颗，大小与元 M237 出土石子相似。此岩洞墓除随葬陶器和石子之外，别无他物，估计也是女性墓。

据考古发现，甘肃齐家文化、江苏邳县刘林遗址、河南安阳殷墟遗址内都发现有用小石子随葬的现象。江苏邳县刘林遗址的陪葬石子与占卜龟甲共存。据报告说：遗址内共发现龟甲六副，小石子都是盛装在龟甲内①。山东大汶口遗址是用砂粒置放于龟甲内随葬。甘肃永靖秦魏家齐家文化墓地，共发现 62 座墓，其中有 17 座墓中随葬有绿色或白色的小石子，小石子一般都和陶器堆放在一起，都经过人工打磨。M48 发现的石子最多，共 304 颗；M78 最少，仅有 11 颗，一般的墓都有 50 颗左右②。河南安阳殷墟也在多处墓葬内发现有用小石子随葬，一般在 30 颗左右，置放在尸骨旁边③。关于以上各地用石子随葬的意义，各家报告中均未言明。美国哈佛大学张光直教授认为："这些发现看来，当时龟背甲、腹甲凑成一副，上面涂朱，穿孔或以绳索为饰，并用绳索扎在一起，成一容器，中放小石子或骨、骨锥挂在腰间，它的用途不甚明白，是实用物还是仪式用物也不能确定。但这些发现清楚地说明了经过制作过的龟甲在花厅文化中有一定的地位：殷人用龟甲于占卜，一方面可以说是原始占卜文化的扩大，另一方面也可以说是原始龟甲文化的扩大使用。"④ 言下之意是在龟卜之前尚有更原始的占卜方法，其原始的占卜方法可能与那些石子关系

① 南京博物院：《江苏邳县四户镇大墩子遗址探掘报告》，《考古学报》1964 年第 2 期。
② 中国科学院考古研究所甘肃工作队：《甘肃永靖秦魏家齐家文化墓地》，《考古学报》1975 年第 2 期。
③ 中国社会科学院考古研究所安阳工作队：《1969～1977 年殷墟西区墓葬发掘报告》，《考古学报》1979 年第 1 期。
④ 张光直：《中国青铜时代》，生活·读书·新知三联书店，1983 年。

密切。这种推论是有理由的。据现代民族学资料推测，在殷以前，我国曾盛行一种石子占卜，石子是用作占卜时记数筹码。刘咸先生新中国成立前在海南进行民族调查时说："（黎族）富家以多牛为财产，其记牛方法，用石子贮于盒中，每石子一枚，记牛一头，生小牛一头，则添一石子，死去或被人借去一头，乃减一石子。富家之牛群可多至失数百或千余头，平日放之山野，不收不栏，亦不知牛所在，但视盒中石子盈亏，即占见家道之丰歉也。"① 云南普米族也有用石子作数码的习俗："普米族中有较丰富的数学知识，采用十位进制，日常生活中需要计算，则以石子和粮食等物为数码计算。如当地赶马商人结账时，取大、中、小石子若干，代表百、十、个位计算，每人报告自己支付的数字，就往地上堆放相应的石子。最后看石子的总数多少，就知道总支付的数目。"② 上述资料表明，在远古社会中，石子在简单的数学中占有十分重要的地位，而数学往往又与人们的占卜关系密切。如流传至今的具有神秘色彩的"八卦"，就是通过数的变化来组卦、变卦以占卜吉凶。现代海南黎族仍然有用小石子占卜的习俗。黎族的石子占卜主要用于生产、查鬼、查禁、做鬼和婚姻等。以选择狩猎"俄巴"（首领）为例，主持者拿一根小绳子，一端系住一块小石子，另一端绑在长约一市尺的小竹竿中间，然后两手捏住竹竿的两端。占卜开始时，主持者口中喃喃有词："哪个技术好，哪个当头人，请山鬼显灵指定。"说完逐一念出参猎者的名字，如果在道名说姓中，念到谁而系绳石子恰好摇晃了，那他就是神指定的狩猎领袖"俄巴"③。综合上述，我们认为马头先秦墓葬中出土的随葬石子与古代骆越人的占卜或记数有关。前文我们已做过分析，认为出土有随葬石子的两个墓葬，墓主人都是女性，说明先秦时期骆越人从事巫术活动的人员主要是女性，与现代壮族中行巫术活动者主要是女性的事实相吻合。

5. 用火烧烤墓坑与辟邪

元龙坡的墓室内多有用火烧烤的现象，有的烧烤墓底，有的烧烤墓壁或填土。用火烧烤墓室，无疑与辟邪观念有密切关系。我们在发掘期间，发现当地壮族群众普遍行二次葬，人死 3～5 年后，例行拾骨葬仪式，将死者骨殖装入陶瓮内重新葬。在入殓陶瓮之前，必须用火烘烤骨殖，据言可以防止野鬼附在骨殖上，使死者不得安宁。现代壮族民间，凡从市场上买回小猪、小鸡、小鸭饲养，进大门之前，必在门槛前烧一堆旺火，将猪、鸡等连笼从火堆上方抬进家门。据说从外面新买回来的畜禽，身上附有野鬼之魂，火烧之后，就可以把野鬼魂赶走，这样饲养的畜禽不但无病，而且容易长大。民间"过油锅"驱鬼辟邪仪式，也是用火为主。例如忻城县一带的壮族进新房时，要举行"过油锅"仪式。进新房前要在大厅内烧一堆旺火，昼夜不灭，意为暖屋。翌日清早安祖先灵位、灶神神位，然后请道公来"过油锅"。道公来时，提一个铁锅，锅内盛有桐油，先置新房大厅中间。鬼师（道公的助手）面向四壁高喊："过油锅哕！鬼怪出门！主人进门！"平安毕了，用纸点燃油锅起火，两人抬着油锅到大厅的四个角，道公口含酒喷向油锅内，火苗升起米余高，并扑向墙壁，在大厅内过完油锅，又到房间过。主人跟随在道公后面，将溅出的灰扫进

---

① 刘咸：《海南黎人刻木为信仰之研究》，《黎族研究参考资料》，1982 年。

② 严汝娴：《普米族的刻划符号——兼谈对仰韶文化符号的看法》，《考古》1982 年第 2 期。

③ 容观瓊：《黎族原始宗教浅析》，《岭南文史》1983 年第 1 期。

泥箕内，最后将灰和锅内的余油一起拿到屋外埋掉。据说"过油锅"的目的是将新屋内的鬼魂邪气驱逐出屋外，好让主人安居。壮族人在埋葬死者时，也是先用稻草或纸钱烧烤墓坑。人们事死如事生，视墓坑为死者新居，烧烤墓坑意为暖屋，并具有驱邪的作用。这说明烧烤墓室与暖屋驱邪之俗文化有传承的关系。

四　马头墓葬的社会性质

秦始皇统一岭南以后，岭南地区才纳入中央王朝的封建郡县制版图内。先秦时期，岭南地区骆越族群的社会结构如何，是否仍处于原始氏族社会或是已进入文明社会？多年来学术界对此问题观点不一，个中原因是因为骆越族群没有自己的文字，汉文古籍又少有记载。元龙坡墓地是岭南地区发现规模最大、发现遗物最丰富的先秦时期墓葬群之一，对于了解骆越族群的社会历史具有非常重要的意义。综合分析马头先秦墓葬情况，我们认为从商周时期开始，骆越族群已进入文明社会。

1. 人口增多，社会分工明显

元龙坡墓地共清理350座墓，实际墓的数量远不止这个数。据实地考察，元龙坡以最高的顶部为中心，向西、南、东延伸，形成"T"字形丘岗，墓葬以顶部为密集区，同时向东、西、南分布，形成三个密集区，密集区之间及各个密集区内都有一些空白地带。这些空白地带原来也应该有墓葬，由于雨水冲刷而失存。另外北部是较陡的坡，偶尔亦发现一些墓，原来应是墓葬区，由于长年水土流失严重，大部分墓葬已被毁掉。即使在三个墓葬密集区内，也没有完全清理干净，特别是南部支脉，仍有不少墓未曾清理。未曾清理的墓估计有50余座。另外，坡顶部墓葬被人为破坏也相当严重，早年有群众在坡顶爆破取石，被破坏的墓葬难以计数。综合上述，估计元龙坡墓地应该有500座墓以上。

元龙坡墓地应是一个居住点的公共墓葬区，因为现代的壮族村寨附近，都有一个公共的墓葬区，称"鬼圩"。元龙坡墓地也应是一个居住点的"鬼圩"。按现代壮族农村多为三世同堂，四世同堂很少，按年龄计算，一对夫妻生到第三个小孩时，父母已进入逝世的年龄段，即是说祖父母去世时，儿孙辈已成有5口人的家庭，按1∶5推算，估计当时的马头方国已有2500人左右。考虑到元龙坡是商周至春秋时期墓葬，时间跨度数百年之久，排除时间差距数据，其常住人口也在1500人以上。同时我们也要考虑到，当时部族之间经常发生战争，那些战死或被俘者死后无法进入方国的墓地。如果加上这些人，那么马头方国常住人口应在1500人以上。那么多人居住在一起，必然产生管理与被管理阶层，出土的青铜器、玉石器、漆器表明部族内设有专门作坊，工匠们已从农业生产领域中脱离出来，变成专门手工业者。这些都是文明社会的重要标志。

2. 贫富分化的社会结构

墓葬形制的大小及随葬品多寡的差异，是研究一个地区贫富分化的重要依据。已发掘清理的元龙坡墓葬共有350座，其中有随葬品的墓274座，无随葬品的墓76座。在有随葬品的墓葬中也有一定差别，大部分墓中仅随葬1件陶器或是玉器，极少数墓仅随葬1件铜器。而有些墓则有铜器、陶器、玉器等多达10余件。在墓穴形制方面，一般都是窄小狭长的墓穴，长约2、宽约0.6、深约 0.8 米。大型的墓，四周有生土二层台，墓穴深且随葬品多，如元 M147。该墓位于元龙坡顶部，是墓地的中心位置。墓穴长 4、宽 0.6、深 1.6 米，东西端有生土二层台，二层台及墓底经火烧处理，随葬器物 5 件，有铜卣、铜矛、铜钺、陶罐、陶钵，其中铜卣置放于东端二层台上。填土中出有许多陶片和 4 件铸铜石范。又如元 M316，位于元龙坡中坡顶部，墓长 3.51、宽 1.6、深 2.4 米，四周二层台，填土及墓底有意置放 64 块大石块，其中二层台上便有 49 块。随葬铜矛、铜刀、陶罐、陶碗、陶钵、玉雕饰件、玉环及砺石。另外还发现有少量的侧室墓，侧室皆开在墓室南壁。侧室平面形制不一，或长方形，或半圆形。元 M295 是长方形侧室墓，位于南坡顶部，墓室长 2.35、宽 0.5、深 0.75~0.95 米，侧室开于墓室南侧，长方形，长 1.15、宽 0.4 米，随葬玉镯 2 件。填土中出土玉镯 1 件。元 M63 号位于元龙坡北坡中部，墓室长 2.2、宽 0.6、深 0.7 米。侧室开于墓室南侧，呈半圆形，直径 1 米，侧室内置随葬陶釜 2 件。

综合上述情况，我们将元龙坡墓地成员分成三类，即贵族类、平民类、贫穷类。

贵族类：元龙坡墓地贵族墓穴大，随葬品多，如元 M147 出土铜卣、铜矛、铜钺及 4 件铸铜石范。墓主身份地位很高，已类似君王墓。铜卣是权力的象征，在祭典中具有神化之物。这里随葬的青铜武器，不但是神性权力的象征，同时还说明墓主有带兵打仗的经历，是部族中武装集团的最高统帅。墓中随葬铸铜石范 4 件，石范在普通工匠的手中是铸铜的模具，但在统治者手中则是权力、神物。在整个部族中，铸铜业是非常重要的行业，只有大批地铸造质量好的青铜兵器，才能达到保卫部族安全的目的，就此意义而言，铸铜业是垄断性的行业，石范和铜卣一样具有权力的象征。元 M311 出土一把镂空扁茎匕首，残长 33、宽 8.5 厘米，无格，宽肩，扁茎，叶宽扁呈锐角三角形锋，茎部镂空并饰纤细云雷纹和凿点纹，工艺非常精致，类似的匕首在元 M349 中也发现有 2 件，但形制比较小，长仅 18.5、17.8 厘米。这类器物在别处未发现，应是本地铸造。拥有这样精细的青铜兵器，应是军事高级指挥官，都是贵族一类的首领人物。

平民类：平民类的墓葬占多数。墓穴也有长至 2 米以上的。其与贵族墓明显的区别有两点；其一是墓穴形制中未见二层台；其二是随葬品很少，一般仅有一件陶器或玉器，甚至有青铜兵器。带有侧室的墓基本上归为平民墓，因为这些墓的随葬品很少，也没有贵重及垄断性的文化遗物，如元 M295 方形侧室墓，仅随葬有玉镯 2 件，填土中有玉镯 1 件；元 M63 半圆形侧室墓有 2 件陶釜。

贫民类：在清理的 350 座墓中，空无一物的墓有 76 座，这些墓不是因为被盗或是雨水冲刷而成空墓的。因在发掘清理的 350 座墓中，均未发现有盗墓现象；有相当部分的空墓，从填土到墓穴保存得很完整，雨水冲刷仅是表层浅土。在众多墓葬都有随葬品的公共墓地中，仅有少量的墓空无一物，说明这些空墓的墓主生前是部族中最贫困者。

3. 武装实体与王权政治

元龙坡墓葬共出土 130 余件青铜器，其中兵器较多，计有铜矛 20、钺 14、匕首 4、镞 15、镦 11 件。

上述青铜武器在中原地区并不算什么，但在骆越地区是非常先进的武器。出土的铜钺、镂空茎匕首，具有号令征战与仪仗作用，必定有专人保管使用，据此分析，当时的骆越族很可能已有少量常备武装。随葬矛、钺、镞的墓主，生前应是常备武装成员。马头部族从商到战国，连续存在数百年，如果没有一支战斗力强的武装实体，是很难生存下去的。武装力量与王权政治相辅相成，武装力量的强大正说明王权政治的稳定牢固，而王权政治的稳定则必然建立有强大的武装实体。否则王权政治就会无序发展，就没有凝聚力，这就是社会文明的重要特征。马头骆越部族无疑具备了这样的特征。

4. 远程文化交流

商周时期，马头骆越部族已与商王朝有文化交往，如全苏勉岭出土的铜卣、铜戈以及那堤猪敢岩出土的铜戈皆北方器物，元龙坡墓葬出土的铜盘等来源于中原地区。这些器物应当是骆越部族与商周王朝高层次交往所获的赠送品。在这些器物背后则是技术交流。黄河流域早在龙山文化（晚期）和齐家文化时期即出现红铜、黄铜和少量青铜制造的器物，进入夏商周以后，青铜冶铸业普遍发展并步入青铜文明时代。马头方国自己制造的铜器起步就是青铜器，未见有早期的红铜、黄铜器，说明青铜器制造技术应是从北方学习来的。

马头方国向商周王朝进贡什么东西？《逸周书·王会解》说有"珠玑、玳瑁、象齿、文犀、翠羽、菌鹤、短狗""路人大竹""仓吾翡翠"。在上述进贡的岭南物品中，"路人大竹"与马头骆越部族可能有直接关系。"路人"即是骆越，大竹即是大的竹笋。马头骆越既与远距离的商周王朝交往，其社会就有了质的变化，是文明社会出现的重要标志之一。其特点有两个方面：其一为骆越是以一个文明实体与另一个文明实体进行交往，他们有自己稳定的居住区域，有很强烈的"故国故土"的观念，居住在这个"故国故土"的区域内有生存安全感，不管是到远在数千里之外的中原地区还是到邻近的方国交往，最终目的还是回到"故国故土"区域内。其二，交流的物品在当时社会经济水平而言，大多是"奢侈品"，诸如铜卣、铜盘、珠玑、翡翠之类。野蛮社会不可能出现这种"奢侈品"为主的交流活动。

附表

附表一 元龙坡墓葬登记表

（长度单位：米）

墓号	方向	结构（型式）	长×宽-深	随葬器物					分期	备注
				铜器	陶器	玉器	石器	其他（填土）		
M1	11°	A I	1.3×0.6 - (0~0.12)					陶片	二	
M2	120°	A I	2.25×0.7 - (0.12~0.36)					陶片	二	
M3	130°	A I	2.4×0.7 - (0.33~1.15)		陶釜Ⅲ2，陶片多处		砺石1	陶片（方格纹）	二	
M4	115°	A I	2.3×0.8 - (0.14~0.46)		钵Ⅰ1，碗Ⅲ1		砺石1		二	
M5	125°	A I	2×0.55 - (0.25~0.35)						一	
M6	115°	A I	1.3×0.45 - 0.6						二	
M7	125°	A I	2.1×0.7 - (0.4~0.6)		陶片				二	
M8	120°	A I	2.6×0.6 - (0.34~0.6)						二	
M9	100°	A I	2.3×0.65 - (0.8~1)					陶片	二	
M10	285°	A I	2.7×0.85 - (1.2~1.8)		陶钵1（残）	玉玦3（部分残）		陶片	二	
M11	105°	A I	2.84×0.6 - (0.44~0.54)					陶片	一	
M12	120°	A I	2.5×0.58 - (1.2~1.38)			玉玦5（残缺）			二	漆痕
M13	115°	A I	2.1×0.6 - 1.1		陶片				二	
M14	110°	A I	2×0.7 - (0.34~0.53)		陶片				一	
M15	110°	A I	1.76×0.6 - 0.65						一	
M16	110°	A I	2×0.6 - 0.54					陶片	一	
M17	125°	A I	2.2×0.6 - (0.65~0.7)		釜口沿2，陶片3				二	
M18	120°	A I	2×0.7 - 0.3					釜口沿2	二	
M19	120°	A I	2.6×0.7 - 0.8		釜1（残），钵1（残）				一	河卵石1

续附表一

墓号	方向	结构（型式）	长×宽-深	随葬器物					分期	备注
				铜器	陶器	玉器	石器	其他（填土）		
M20	115°	A I	2×0.6-0.65	矛IV1				夹砂陶片	二	
M21	110°	A I	2.5×0.7-（0.7~1）		釜1（残）	玉玦2	砺石1		二	
M22	120°	A I	2.1×0.6-（0.6~1.25）						二	
M23	120°	A I	2.25×0.7-（0.4~1.25）					陶片	二	
M24	135°	A I	1×0.55-（0.14~0.5）						二	
M25	315°	A I	2.3×0.55-（0.65~1.15）		陶片2处散置	玦1（残），玦III1	砺石1		二	
M26	125°	A I	2.3×0.6-0.2		釜I1				二	
M27	100°	A I	2.5×0.7-0.74		陶片（釜的残片）			砺石1	二	
M28	140°	A I	2.8×0.7-0.5	镞II1	釜2（残），钵II1，陶片4		砺石2		二	河卵石1
M29	135°	A I	2.2×0.8-（0.8~1.15）		釜1（残），钵I1，陶片3（罐口沿）				二	河卵石1
M30	140°	A I	2×0.56-（0.06~0.5）						二	
M31	140	A I	2.1×0.7-（0.35~0.5）						二	
M32	115°	A I	2.5×0.7-0.95			玉管II2，玉管I2			二	
M33	114°	A I	2×0.6-（0.4~0.5）	盘1，钺1	散布有2处陶片				一	
M34	100°	A I	2.3×0.6-0.45		陶片				二	
M35	104°	A I	1.2×0.65-（0.37~0.48）（残）	铜匕首1，铜刀II1			石凿1		一	
M36	135°	A I	2.6×0.8-0.5	铜镞III1	钵I1，罐IV1			河卵石2	二	
M37	110°	A I	2.4×0.8-（0.28~0.44）						一	
M38	115°	A I	2.4×0.6-0.6					陶片	一	
M39	120°	A I	2.2×0.7-（1~1.1）		釜1（残破）（绳纹）	玉镯A I 1		陶片	一	

续附表一

墓号	方向	结构（型式）	长×宽-深	随葬器物					分期	备注
				铜器	陶器	玉器	石器	其他（填土）		
M40	100°	AⅠ	2×0.7-0.7						一	
M41	100°	AⅠ	2.85×0.9-(0.84~0.9)		釜1（残破），钵1（残破）				一	
M42	115°	AⅠ	2.4×0.7-(1~1.2)		罐1（残破）	玉玦Ⅱ1（残），玉镯残节 AⅡ1，小玉片20余片，管Ⅰ1、Ⅱ3	石凿1		一	漆痕2（云雷纹漆痕）
M43	116°	AⅠ	2.7×0.7-(0.04~0.4)							
M44	140°	AⅠ	2.25×0.65-(0.52~1)						二	
M45	135°	AⅠ	2.1×0.7-(0.9~1.1)		罐Ⅱ1				二	漆痕1
M46	120°	AⅠ	2.65×0.75-1.08		陶片1				二	
M47	120°	AⅠ	2.4×0.7-(0.6~1.24)		陶片2				二	
M48	110°	AⅠ	2.5×0.7-0.8		釜1（残），钵Ⅰ1				一	
M49	118°	AⅠ	2.4×0.4-(0.38~0.44)		陶片				一	
M50	112°	AⅠ	2.8×0.9-(0.7~1)				砺石1	陶片，砺石	一	
M51	112°	AⅠ	2.8×0.9-1.2					陶片	二	
M52	100°	AⅠ	2.7×0.7-1.4						一	
M53	105°	AⅠ	2.8×0.8-0.9					砺石1	一	
M54	164°	AⅠ	2.2×0.7-(0.06~0.8)		釜1（残），钵1（残破），陶片2处				一	石范残块，河卵石1
M55	105°	AⅠ BⅠ	2×0.7-0.25						一	木炭屑
M56	114°	船形 二层台	4×0.8-1.2	矛2（Ⅴ、Ⅵ）	釜1，钵Ⅰ2	镯AⅠ1（残节）			一	

续附表一

墓号	方向	结构（型式）	长×宽－深	随葬器物					分期	备注
				铜器	陶器	玉器	石器	其他（填土）		
M57	110°	A I	2.7×0.65－1		釜1（残破）				二	
M58	110°	A I	2.7×0.7－0.95						二	
M59	118°	A I	2.4×0.7－（0.38~0.44）	钺II1	釜I2、钵1（残）	环II3、管2			二	
M60	101°	A I	2.8×0.8－1.25		钵1（残）、陶片2	玉玦1（残）	砺石3	陶片2	一	河卵石
M61	105°	A I	2.6×0.65－0.6	斧1（II）					一	
M62	133°	A I	2.2×0.65－（0.62~0.75）					陶片	一	
M63	120°	C	2.2×0.6－0.7		釜I1、III1				二	
M64	110°	A I	2.3×0.65－0.5						一	
M65	115°	A I	2.4×0.6－（0.22~0.3）		陶片				二	
M66	116°	A I	2.4×0.8－（0.7~1.1）	钺I1	钵II1	玦1			二	
M67	158°	A I	1.8×0.84－（0.75~1.6）		陶片	环1			二	
M68	140°	A I	2.5×0.7－1		陶片				二	
M69	150°	A I	2.4×0.67－（0.7~1.2）		钵I2、罐3（III1、VI2）	玉镯A I1（残节）			二	
M70	140°	A I	2.4×0.6－0.8		陶片	镯A I1（残碎）			二	
M71	150°	A I	2.7×0.7－（0.8~1.2）						二	
M72	161°	A I	2.35×0.85－（0.55~1.15）	斧I1、镞I2					二	漆痕1
M73	165°	A I	2.6×0.6－（0.55~1.2）		陶片	玉管I3	砺石2		一	
M74	110°	A I	2.5×0.7－（0.75~1.1）	斧I1	罐V1			陶片	二	漆痕1

续附表一

墓号	方向	结构(型式)	长×宽-深	随葬器物					分期	备注
				铜器	陶器	玉器	石器	其他(填土)		
M75	156°	AⅠ	2×0.6-(0.3~0.8)		陶片				二	
M76	130°	AⅠ	2.5×0.7-(1.5~1.7)	矛Ⅳ1					二	红漆痕
M77	25°	AⅠ	(2.2~2.3)×0.6-0.7	斧Ⅱ1, 刀Ⅰ1, 钺Ⅲ1	钵1(残)	玉管5, 玉玦4(残碎)			二	
M78	140°	AⅠ	2.6×0.9-(1.1~1.6)						二	云雷纹漆痕 黑红色
M79	150°	AⅠ	2.5×0.75-(1.1~1.6)					玉玦Ⅲ1, 玉管 Ⅰ1, 玉玦 AⅠ1	二	
M80	165°	AⅠ	2.6×0.7-(0.8~1.2)	镞Ⅰ1	罐Ⅵ1				二	河卵石1
M81	177°	AⅠ	2.4×0.75-(0.65~1)	镞Ⅰ1	罐2(残破)	玉玦AⅠ1(残破)			二	河卵石1
M82	139°	BⅠ	2.5×0.7-(2.2~2.35)			玉玦BⅡ2			二	
M83	155°	AⅠ	2.3×0.6-(0.38~0.9)		钵1(Ⅱ)				二	漆痕1红色
M84	155°	AⅠ	2.4×0.65-(0.9~1.45)						二	零星木炭屑
M85	140°	AⅠ	(残) 0.9×0.3-(0~0.25)						二	
M86	135°	C	2.55×0.65-(0.6~1.2)		罐Ⅱ1, 钵Ⅱ1			夹砂陶片	二	
M87	170°	AⅠ	2.6×0.8-(1.25~2)					大石块7	二	
M88	176°	AⅠ	1.35×0.5-(0.15~0.6)						二	
M89	10°	AⅠ	2.4×0.6-(0.9~1.4)		钵Ⅱ1	管2			二	
M90	180°	AⅠ	2.3×0.7-(0.86~1.06)		钵1(残缺变形)				二	夹砂陶片

续附表一

墓号	方向	结构（型式）	长×宽-深	铜器	陶器	玉器	石器	其他（填土）	分期	备注
					随葬器物					
M91	156°	A I	1.5×0.5-（0.35~0.7）	圆形器 I 1		玦 I 1，管 I 25			二	
M92	5°	A I	2.3×0.65-（0.15~0.55）						二	
M93	160°	A I	2.35×0.55-（0.35~0.7）	圆形器 I 1					二	
M94	145°	A I	1.6×0.5-（0.3~0.4）						二	
M95	120°	A I	2.4×0.6-（1.3~1.6）	钺Ⅲ1	罐Ⅱ1，纺轮Ⅳ1			陶片	二	漆痕2处
M96	125°	A I	2.3×0.8-（0.7~1.1）						二	
M97	105°	A I	2.7×0.7-（1.4~1.7）	斧 I 1，钺Ⅱ1，矛Ⅳ1，刀Ⅱ1	钵 I 1				二	
M98	106°	A I	2.8×0.6-1.3					陶片	二	
M99	0°	A I	2×0.7-0.4					陶片	二	
M100	100°	A I	2.7×0.6-（1.2~1.3）						二	
M101	160°	A I	2.1×0.6-0.7	针2	陶片（8块散置）				二	漆痕1
M102	115°	A I	2.6×0.6-（0.7~0.9）	斧Ⅱ1	罐Ⅱ1				二	
M103	130°	A I	2.5×0.7-（0.65~0.9）		釜口沿，罐口沿，钵口沿残片			陶片	二	
M104	103°	A I	2.4×0.8-（1~1.25）					陶片	二	
M105	107°	A I	1.9×0.65-（0~0.55）		罐Ⅱ1			陶片	二	
M106	110°	A I	2×0.7-（0.3~0.47）		钵 I 1			陶片	二	
M107	110°	A I	2.4×0.7-（0.6~1）					陶片	二	
M108	135°	A I	2.6×0.7-0.8	镞Ⅲ2	釜1（残），钵1（残）				二	
M109	125°	A I	2.4×0.7-0.9		罐Ⅱ1，陶片2处			陶片	二	

续附表一

墓号	方向	结构(型式)	长×宽-深	随葬器物					分期	备注
				铜器	陶器	玉器	石器	其他(填土)		
M110	130°	AⅠ	2.5×0.53-(1.1~1.32)					陶片	二	
M111	130°	AⅠ	2.65×0.7-(1.1~1.3)		罐Ⅳ1，陶片2处			陶片	二	漆痕
M112	110°	AⅠ	2.7×0.6-1.3		陶片				二	
M113	124°	AⅠ	2.9×0.7-(1~1.4)			玦Ⅰ1(残)		陶片	二	
M114	120°	AⅠ	2.8×0.8-(0.96~1.05)		陶片			陶片	二	
M115	120°	AⅠ	2.7×0.7-(0.12~0.36)	镞Ⅰ1，镞Ⅲ2，铜泡1	罐Ⅰ1，钵1		砺石1		二	
M116	105°	C	2.8×0.6-1.2		陶片	玉璜AⅠ1		陶片	二	
M117	130°	AⅠ	2.2×0.6-0.65		罐Ⅳ1				二	
M118	125°	AⅠ	2.6×0.65-(1.1~1.2)		罐Ⅱ2，钵1(残破)			陶片	二	
M119	100°	AⅠ	2.55×0.7-1.5	矛Ⅵ1，镞Ⅰ1，镞Ⅰ1，铜条1	釜Ⅰ1，罐Ⅱ1，钵Ⅰ1	玦4，环4，坠1		陶钵残件1，石范残件1	二	漆痕1，河卵石1，大石块3
M120	115°	AⅠ	2.5×0.8-1.2		陶片			陶片	二	
M121	115°	AⅠ	2.2×0.7-0.55		陶片			陶片	二	
M122	126°	AⅠ	2×0.6-0.55						二	
M123	110°	AⅠ	2.1×0.6-1.1						二	
M124	100°	AⅠ	2.6×0.8-1.3	刀Ⅲ1	钵Ⅰ1(残)	管Ⅰ7	砺石2		二	
M125	118°	AⅠ	1.6×0.55-0.9		釜Ⅰ1				二	
M126	105°	AⅠ	2.2×0.52-(1.4~1.55)					砺石1，陶片	二	木炭屑
M127	119°	AⅠ	2.6×0.55-1.5		釜1(残)，罐2(残)				二	

续附表一

墓号	方向	结构（型式）	长×宽-深	随葬器物					分期	备注
				铜器	陶器	玉器	石器	其他（填土）		
M128	123°	A I	2.22×0.7-（0.95~1.15）	斧II、III				釜、钵残片	二	漆痕
M129	115°	A I	2.8×0.7-1.3							
M130	100°	A I	2.5×0.6-1.25	钺I1	罐I1、II2、钵II1	管I2、镯AII2	砺石1	陶片、石范1	二	木炭、石块2
M131	140°	A I	2.2×0.7-1.1			管I2、镯AI1、镯2（残节）		钵残片	二	
M132	115°	A I	2.7×0.6-1.3	镦I1	罐V1				二	
M133	111°	A I	2.2×0.75-1.2	铜圆形器残片1		镯AI1、环II2		玉镯残节	二	
M134	110°	A I	2.2-（0.6~1.2）					玉镯残节、陶片	二	
M135	102°	A I	2.7×0.75-2	矛VI2	钵II1（残）				二	
M136	110°	A I	2.25×0.7-（1.05~1.15）		釜II1（残）	环1（残节）			一	
M137	110°	A I	2.9×0.7-1.2						一	
M138	110°	A I	2.6×0.7-1.15	镦II1			石范1（残）	陶片	一	卵石
M139	106°	A I	2.4×0.7-（1.1~1.3）	矛VI	罐IV1（残）			陶片	一	炭屑
M140	102°	A I	2.3×0.6-（1~1.1）	斧II1	钵II1、纺轮II、III1	玉块1		陶片	一	
M141	115°	A I	2.9×0.6-1.2		釜III1			陶片	一	
M142	120°	A I	2.7×0.6-（0.8~0.85）	斧I1				陶片	一	
M143	100°	A I	2.2×0.6-0.4					陶片	一	
M144	110°	A I	2.7×0.7-（2.26~2.32）		罐II2、钵1（残）、陶片5			砺石2、陶碗II1	二	
M145	112°	A I	2.4×0.7-（1.3~1.5）					陶片、砺石1	二	漆痕

续附表一

墓号	方向	结构（型式）	长×宽－深	随葬器物					分期	备注
				铜器	陶器	玉器	石器	其他（填土）		
M146	125°	A I	2.5×0.7－0.2						一	
M147	114°	B I	4×0.6－1.6	盉1，矛IV1，钺II1	罐V1（残），钵I1			斧范1套，镞范1套，器范1（残），镞范1（残），陶釜	一	
M148	115°	B I	3.9×(0.6~0.7)－1.15	钺III1		镯AI2，玦I1，管I3，小玉片20多片		陶片	一	
M149	125°	B I	3.6×0.7－1.2	钺III1	釜III1			石范1	一	
M150	115°	B I	2.1×0.6－0.6						一	
M151	120°	B I	3.8×0.55－(1.7~2)						二	罐II1（二层台）
M152	123°	A I	2.5×0.6－(0.9~1.25)		钵2（残）			陶片	二	
M153	119°	A I	3.5×0.5－(1~1.5)					陶片	二	木炭屑
M154	165°	A I	2.6×0.7－(0.32~1.2)		陶片		石凿1	陶片	二	
M155	145°	A I	2.86×0.7－(0.7~0.9)		釜III1（残）	镯AI1（残）			二	
M156	100°	A I	2.5×0.7－?						一	
M157	110°	A I	2.9×0.6－0.9						一	
M158	135°	B I	2.4×0.65－(1.8~2.4)		釜1残			小玉环	二	
M159	130°	A I	2.7×(0.7~0.9)－(0.7~1)	刀1（残片）				陶片	二	漆痕
M160	140°	A I	2.8×0.7－(0.8~1.1)		钵I1				二	木炭屑
M161	143°	A I	1.7×0.5－0.3（残）		钵1（残片）				二	墓室残
M162	125°	A I	2.1×0.3－0.1残		陶片1				二	

续附表一

墓号	方向	结构（型式）	长×宽－深	随葬器物					分期	备注
				铜器	陶器	玉器	石器	其他（填土）		
M163	140°	AⅠ	2.5×0.6－(0.3~0.6)	矛Ⅵ1				陶片	二	
M164	135°	AⅠ	2.5×0.7－(0.3~0.6)						二	
M165	135°	AⅠ	3.7×0.8-1.05		釜Ⅰ1			石范1	二	漆痕
M166	120°	AⅠ	1.7×0.55-0.45（残）						二	
M167	140°	AⅠ	2.7×0.7-0.74			镯AⅠ2（残）			二	
M168	110°	AⅠ	2.5×0.6－(0.68~1)					陶片	二	
M169	154°	AⅠ	2.4×0.8－(0.68~1)		罐Ⅲ1,钵Ⅰ1	管Ⅰ1			一	
M170	130°	AⅠ	2.6×0.6－(0.4~0.7)		陶片				一	
M171	125°	AⅠ	2.5×(0.76~1.26)	镞Ⅰ1,镰Ⅰ1	釜1（残）	镯AⅠ1（残节）	砺石2	小铜片1	二	漆痕
M172	125°	AⅠ	1.9×0.7－(0~0.3)						二	
M173	125°	AⅠ	2×0.7-0.9		釜1（残）	管2		玉管3,环1	二	
M174	150°	AⅠ	2.5×(0.75~0.8)－(1.1~1.9)	刀1,饰片1	钵1（残）		钺范1套,镰范1套,砺石8		一	漆痕、木炭屑
M175	135°	AⅠ	2.8×0.85－(0.75~0.85)						一	
M176	170°	AⅠ	2.8×0.6－(0.6~1.1)		陶片				一	
M177	150°	AⅠ	2.4×0.6－(0.25~0.6)						一	
M178	175°	AⅠ	2.1×0.6－(0.05~0.6)						一	
M179	146°	AⅠ	2.4×0.65－(0.25~0.75)						一	
M180	125°	AⅠ	1.8×0.6－(0.8~1.35)			管4		玉管6,陶罐（口沿）1,陶片	一	
M181	158°	AⅠ	1.5×0.5－(0.14~0.24)						一	
M182	155°	AⅠ	3×0.6-1.1		陶片				一	

续附表一

墓号	方向	结构(型式)	长×宽-深	随葬器物					分期	备注
				铜器	陶器	玉器	石器	其他(填土)		
M183	170°	AⅠ	1.9×0.7-(0.2~0.6)						二	
M184	95°	AⅠ	2.5×0.8-0.9		罐1残				一	漆痕
M185	165°	AⅠ	1.85×0.55-(0.85~0.95)					陶片	一	
M186	125°	AⅠ	2.35×0.55-(0.8~1.2)			镯1(残)		陶片	一	
M187	158°	AⅠ	2.4×0.8-1.8	斧Ⅱ1,镞Ⅲ1,刀Ⅲ1	钵Ⅰ1	环Ⅰ1			一	填土漆痕
M188	100°	AⅠ	2.55×0.6-(0.6~0.78)	镞Ⅰ1	陶片				一	漆痕
M189	125°	AⅠ	2.4×0.6-(0.6~1)	矛Ⅳ1		小圆玉片35		陶钵、玉环(残片)	一	
M190	120°	AⅠ	2.5×0.62-(1.02~1.3)					陶片	一	
M191	180°	AⅠ	2.6×0.7-(1.5~1.6)	斧Ⅱ1	罐Ⅰ1,钵1(残)	玉饰件1套(玉管Ⅰ2、玉块Ⅰ8、玉镯BⅡ2、玉环Ⅱ2)		石块	二	
M192	180°	AⅠ	2.37×0.8-(0.65~1.2)	铃1		管Ⅰ7,坠1			二	
M193	165°	AⅠ	2.5×0.7-(0.8~1.1)						二	
M194	150°	AⅠ	2.4×0.65-1.3		陶片				一	
M195	160°	AⅠ	2.4×0.8-(0.9~1.2)		陶片		斧范1套，铜圆形器范1套		一	
M196	165°	AⅠ	2.3×0.7-(1.2~1.5)	矛Ⅱ1,钺Ⅱ1		管Ⅱ1			二	漆痕
M197	180°	AⅠ	2×0.7-(0.4~0.73)		钵1(残)	扣Ⅱ1,坠Ⅱ1,圆玉片1,管1套(Ⅰ43)			二	

续附表一

墓号	方向	结构(型式)	长×宽-深	随葬器物					分期	备注
				铜器	陶器	玉器	石器	其他(填土)		
M198	170°	A I	2.7×0.7-(0.7~0.95)	斧II(残)	罐II1				二	
M199	220°	A I	2.55×0.64-(0.7~1.15)			镯A II 2，环 I 1			二	
M200	155°	A I	2.4×0.67-(0.98~1.4)					玉镯残件，陶片	二	漆痕
M201	130°	A I	2.45×0.6-1.35						一	
M202	100°	A I	2.4×0.7-(0.9~1.1)		陶片	镯A II 1(残)			一	
M203	150°	A I	2.7×0.62-(1.8~2.1)			玦1，环I4，镯1(残)，管5			一	红漆痕
M204	125°	A I	1.2×0.5-(0.3~0.35)		钵 I 1(残)				一	
M205	120°	A I	2.5×0.6-(0.3~0.35)		釜1(残)、钵1(残)，陶片				一	
M206	116°	A I	2.4×0.6-(0.5~0.65)		钵1(残)				一	
M207	113°	A I	2.5×0.75-(0.5~0.65)		陶片				一	墓底有大石块4
M208	110°	A I	2.3×0.6-(0.6~0.85)					玉镯及玉管残件	一	
M209	125°	A I	2.4×0.53-(0.35~0.45)						一	
M210	120°	A I	2.6×0.76-(0.65~0.75)	铜针1		玦 I 3、II 5、III 2，环 I 2，管 I 1，镯 B I 1		玉环1(残节)	一	
M211	110°	A I	2.3×0.7-0.7		陶片				一	
M212	110°	A I	2.5×0.7-(0.66~0.9)		陶片、钵 I 1				一	
M213	94°	A I	1.6×0.55-(0.55~0.65)			玉管 I 1			一	
M214	100°	A I	2.9×0.7-(0.55~0.8)	矛VI1					一	

续附表一

墓号	方向	结构(型式)	长×宽－深	随葬器物					分期	备注
				铜器	陶器	玉器	石器	其他(填土)		
M215	100°	A I	2.4×0.7－(0.7~1.15)	斧I1	罐VI1				一	漆痕(红黑相间)
M216	125°	B II	3.5×1.1－2.2					镞范1，陶罐口沿1	一	二层台，填土放置石块12
M217	69°	A I	2.1×0.56－(0.08~0.24)		陶片				一	
M218	120°	A I	2.3×0.56－0.45	斧II1		管I1		玉管1	一	
M219	75°	A I	2.4×0.56－(0.43~0.67)						一	
M220	110°	A I	2.5×0.6－(0.7~1)		罐VI1				一	漆痕
M221	108°	A I	2.3×0.65－1.16		陶钵I1(彩绘)				一	
M222	100°	A I	2.4×0.7－(0.85~1.15)	斧II1，镞I1，刀III1，钺II1	釜III1，钵I2		砺石5，石范2，残范1		一	河卵石7
M223	92°	A I	2.6×0.6－(0.4~0.6)					残玉镯	一	
M224	105°	A I	2.52×0.65－(0.65~1.05)	斧II1，镞II1，矛IV1	钵II1，盒1	玦3	砺石1		一	河卵石1
M225	100°	A I	2.65×0.8－(0.7~1.15)	斧II1	陶片				一	
M226	105°	A I	2.5×0.7－1.2		釜I1，钵I1	玦1			一	
M227	89°	A I	2.45×0.55－(0.9~1.05)		釜1残	玦1(残)		陶片	一	
M228	95°	A I	2.25×0.65－(0.25~0.5)					陶片	一	
M229	97°	A I	2.2×0.55－(0.08~0.3)						一	
M230	80°	A I	(残)1.8×0.7－?						一	
M231	75°	A I	2.5×0.6－(0.09~0.22)						一	

续附表一

墓号	方向	结构（型式）	长×宽-深	随葬器物					分期	备注
				铜器	陶器	玉器	石器	其他（填土）		
M232	85°	A I	2.4×0.65－（0.45~0.8）		罐 II 1，陶片				一	
M233	83°	A I	1.8×0.6－（0.1~0.9）	斧 II 1					一	
M234	80°	A I	2.1×0.65－（0.5~0.95）						一	
M235	80°	A I	2.4×0.55－0.4	斧 I 1	壶 1				一	
M236	85°	A I	2.5×0.6－0.5						一	
M237	85°	A II	2.4×1.2－（0.15~0.25）		釜 I 1，纺轮 I 2，陶罐 4（残）	镯 A I 2，凿 1	石子 125 粒		一	
M238	130°	A I	2.2×0.6－（0.4~0.68）		陶片				一	
M239	130°	A I	1.2×0.55－（0.3~0.6）						一	
M240	86°	A II	1.85×1.05－（0.25~0.4）		釜 I 2，壶 1，陶碗 1，纺轮 I 2，陶钵 1（残）				一	
M241	95°	A I	2.45×0.6－（0.76~0.97）			镯 A I 1		陶片	一	
M242	75°	A I	2.6×0.65－（0.6~0.9）		釜 1（残）				一	
M243	60°	A I	2.7×0.75－1.36						一	
M244	110°	A I	2.2×0.6－0.5	圆形器 I 1，斧 I 1	钵 II 2	环 I 4，玦 II 4，III 3，镯 A I 1（残）			一	漆痕
M245	102°	A I	2.3×0.5－0.45		陶片				一	
M246	91°	A I	2×（0.7~0.84）－（1.3~1.6）	矛 IV 1，刀 I 1	釜 II 1，钵 II 1	玦 I 1，II 8，III 1			一	漆痕
M247	181°	A I	2.45×0.75－0.31						一	

续附表一

墓号	方向	结构(型式)	长×宽－深	铜器	陶器	玉器	石器	其他（填土）	分期	备注
						随葬器物				
M248	110°	AⅠ	2.2×0.6－(0.35~0.4)			镯1残，管状玦1，小环片5			一	
M249	60°	AⅠ	2.3×0.55－(0.58~0.66)					陶片	一	
M250	54°	AⅠ	(残)×0.5－0.1－0.05		纺轮Ⅰ1，陶片				一	
M251	60°	AⅠ	2.25×0.65－(0.7~1.14)						一	
M252	62	AⅠ	2.3×0.7－(0.7~1)	刀Ⅲ1	钵Ⅱ1		砺石1		一	
M253	67°	AⅠ	2.3×0.5－(0.25~0.8)		钵Ⅱ1				一	
M254	100°	AⅠ	(残)0.9×0.6－(0~0.25)						一	
M255	35°	AⅠ	2.50×0.76－(0.26~1.18)		陶片	管5，小环片20	砺石2		一	漆痕
M256	0°	AⅠ	2.35×(0.65－0.75)×(2.1~2.2)		罐Ⅱ1			陶片	一	红漆痕，河卵石1
M257	50°	AⅠ	2.5×0.7－(0.8~1.2)						一	
M258	45°	AⅡ	2.5×0.95－1.22	刀Ⅱ1（残），镞Ⅲ1，铜块1（残），薄铜片	釜1，罐Ⅱ1，钵Ⅱ2	玦Ⅰ5，管Ⅰ2	石范1套，砺石6		一	大石块5，多处云纹漆痕
M259	50°	AⅠ	2.3×0.6－(0.2~0.3)		罐2（残）				一	
M260	40°	AⅠ	2.4×0.6－(0.7~0.9)		罐1（残），钵Ⅱ1	玦Ⅱ3，镯BⅡ1，管Ⅰ20			一	
M261	29°	AⅠ	2.25×0.6－0.7		陶片				一	
M262	82°	AⅠ	3.9×0.85－1.55		陶片，钵1残			陶釜、钵残片	一	
M263	60°	AⅠ	2.5×0.65－(1~1.3)					砺石4	一	
M264	40°	AⅠ	2.5×0.75×(0.55－0.9)	编钟残4，铜片1	釜3（Ⅰ1、Ⅲ1、残1），钵1（残），罐1	玦1		陶片	一	

续附表一

墓号	方向	结构（型式）	长×宽－深	随葬器物					分期	备注
				铜器	陶器	玉器	石器	其他（填土）		
M265	30°	AI	2.4×0.62－(0.8~1.36)		钵1，陶片	玉坠1（残）			一	漆痕
M266	70°	AI	2.3×0.6－0.4		陶片				一	
M267	50°	AI	2.2×0.55－(0.08~0.6)		陶片	镯AI1（残）		玉镯残片，陶片	一	
M268	45°	AI	（残）1.2×0.6－(0~0.25)						一	
M269	75°	AI	2.4×0.6－(0.64~1)					石凿1，陶片	一	
M270	87°	AI	2.3×0.8－(1~1.1)	铃2	瓮1，钵3，罐II1，III1，IV1，碗II1（残）	环1，镯AI2，小环片约400片，玉扣IV1，玉坠1			一	漆痕，大石块4
M271	65°	AI	2.55×0.7－0.65					陶片	一	
M272	32°	AI	2.5×0.7－0.96	斧III（残）				陶片	一	墓底大石块6，漆痕
M273	110°	AI	2.6×0.9－(0.9~1.36)		罐II1，III2，釜I1	管1			一	大石块27
M274	120°	AI	2.6×0.7－?		釜1残				一	
M275	115°	AI	2.5×0.5－(0.38~0.56)		钵1残			陶片	一	漆痕
M276	133°	AI	2.4×0.7－(0.3~0.5)						一	木炭
M277	170°	AI	1.92×0.7－0.4						一	
M278	165°	BII	3.2×2－0.65			玉镯AI1（残）			一	二层台大石块8，墓底大石块2
M279	155°	AI	2.6×0.8－0.75	钺III1	罐1，釜III1				一	
M280	140°	AI	2.8×0.75－(0.85~1.25)		陶片	小玉环22		陶片	一	
M281	75°	AI	2.5×0.7－(0.5~0.7)		釜1，夹砂陶片块			陶片	一	

续附表一

墓号	方向	结构（型式）	长×宽-深	随葬器物					分期	备注
				铜器	陶器	玉器	石器	其他（填土）		
M282	85°	A I	2.6×0.76-（0.15~0.25）						一	
M283	100°	A I	2.5×0.8-（0.35~0.55）		陶片			残玉镯，夹砂陶片	一	
M284	115°	A I	2.96×0.9-（0.8~1.3）	铜块1	罐I1，纺轮III1	管I2，扣I1			一	
M285	85°	A I	2.3×0.5-0.7						一	
M286	170°	A I	2.5×0.7-（1.26~1.38）		罐I1			陶片	一	
M287	10°	A I	2.7×0.85-0.35		陶片				一	
M288	100°	A I	2.2×0.7-0.55	斧II1					二	
M289	100°	A I	2.3×0.5-0.44						一	漆痕2
M290	95°	A I	2.4×0.6-1						一	
M291	60°	A I	2.4×0.6-0.75		陶片			陶片	一	
M292	35°	A I	2.3×0.6-1.7	刀1（残）		镯A I 2（残），玦II1，环I10			一	大石块3
M293	75°	C	2.4×0.6-（0.8~1）			镯A I 1			一	大石块3块（重几十斤）
M294	60°	A II	2×0.65-1		钵I1（残）			玉镯1（残节）	一	
M295	50°	C	2.35×0.5-（0.75~0.95）		釜I1（残）	镯A I 2（残）		玉镯1（残节）	一	
M296	90°	B I	二层台长4，深0.8 墓室2.66×0.8-2.5						一	
M297	88°	A I	2.4×0.75-（0.5~0.7）		陶片				一	
M298	113°	A I	2.2×0.6-（0.12~0.36）					砺石1，陶片	一	

续附表一

墓号	方向	结构（型式）	长×宽-深	随葬器物					分期	备注
				铜器	陶器	玉器	石器（若干残块）	其他（填土）		
M299	140°	BⅠ	（残）二层台长3.2，深0.5，墓室长2.6×0.7-1.9		钵1（残片）	玉镯AⅡ1（残）	石范（若干残块）		一	漆痕
M300	175°	AⅠ	2.6×0.6-（0.8~1）		陶片	玉镯AⅡ1（残）			一	
M301	301°	BⅡ	2.7×1-（2~2.6）	镞11	钵Ⅰ1（残）		砺石2	陶片	一	大石头3
M302	0°	AⅠ	2.6×0.7-（0.6~0.8）			玉镯2（残）			一	
M303	175°	AⅠ	2×0.65-（0.5~0.8）		钵1（残）				一	
M304	96°	AⅠ	1.65×0.6-（0.29~0.43）			管1			一	
M305	50°	AⅠ	2.5×0.6-0.66			管1			一	
M306	90°	AⅠ	2.8×0.7-0.6		陶片				一	
M307	75°	AⅠ	1.1×0.5-0.65	斧Ⅰ1，镞Ⅰ1				残玉镯2节，玉管1，陶片	一	漆痕
M308	21°	AⅠ	2.6×0.6-1.34		陶片				一	
M309	45°	AⅠ	2.8×0.6-（0.5~0.8）						一	漆痕
M310	90°	AⅠ	2.8×0.6-1		陶片				一	
M311	20°	AⅠ	2.86×0.96-0.45	圆形器Ⅱ1，匕首1，铜匕首鞘1	钵Ⅰ1				一	漆痕
M312		AⅠ	缺资料						一	
M313	80°	AⅠ	1.9×1-0.15		釜1（残），钵1（残），纺轮Ⅰ1				一	
M314	100°	AⅡ	2.4×0.66-（1.19~1.26）						一	

续附表一

墓号	方向	结构(型式)	长×宽-深	随葬器物					分期	备注
				铜器	陶器	玉器	石器	其他(填土)		
M315	85°	AⅠ	2.5×0.7-(0.12~0.36)	矛Ⅵ1	钵1(残),罐1(残),纺轮Ⅲ1	镯AⅠ1		纺轮Ⅲ1,陶片	一	填土大石块62,墓底大石块2,有漆痕
M316	85°	BⅡ	二层台3.51×1.6-0.8 墓室2.7×0.8-2.4	矛Ⅰ1、Ⅲ1,刀1(残)	双耳罐1,碗Ⅰ1,钵Ⅱ1(残)	环Ⅰ2,雕饰1		砺石1	一	
M317	175°	BⅢ	2.5×(0.6~1)-(1.2~1.8)					陶釜1(残破)	二	
M318	86°	BⅠ	2.68×0.82-1.7(二层台0.3)	钺Ⅲ1	釜2(残),罐Ⅰ2,VⅠ	玉饰47件(1套,其中玉管Ⅰ40、Ⅱ4,玉扣Ⅲ1、ⅣV2,玉镯AⅠ1),镯AⅠ7			一	
M319	86°	AⅠ	2.6×0.7-0.86		钵Ⅱ1			砺石1	一	
M320	102°	AⅠ	2.3×0.5-(0.22~0.55)						一	
M321	106°	AⅠ	2.5×0.7-(0.9~1.25)						一	
M322	125°	AⅠ	2.3×0.6-(0.7~0.9)		陶片				一	漆痕
M323	115°	AⅠ	2.5×0.6-(0.75~1)		罐Ⅱ1				一	
M324	150°	AⅠ	2.35×0.55-(0.65~0.82)			玦Ⅰ2		玉镯1(残节)	一	漆痕
M325	60°	AⅠ	2.7×0.75-(1.3~1.5)	铃1套(其中铃3,链5)	钵Ⅰ2,纺轮Ⅱ1,釜Ⅰ1	玦Ⅰ1,管Ⅰ18粒,小圆玉片约200片			一	漆痕
M326	115°	AⅠ	2.7×0.65-(0.94~1.1)				砺石1		一	
M327	125°	AⅠ	2.6×0.8-(0.3~0.54)			管1			一	红漆痕
M328	120°	AⅠ	2.7×0.55-0.85						一	
M329	70°	AⅠ	2.3×0.7-0.9		陶片				一	
M330	100°	AⅠ	2.6×0.68-(0.45~0.4)						一	
M331	110°	AⅠ	2.5×0.57-(0.24~0.3)						一	

续附表一

墓号	方向	结构(型式)	长×宽－深	随葬器物 铜器	陶器	玉器	石器	其他(填土)	分期	备注
M332	90°	BⅡ	二层台 3.7×1.5－(2~2.25)，墓室 3×0.7			管1		大石块4	一	
M333	100°	AⅠ	(残)0.7×0.55－?		钵1(残)				一	
M334	73°	AⅠ	1.9×0.5－(0.05~0.15)		钵2(残)				一	
M335	75°	AⅠ	(残)1.2×0.8－(0~0.6)	刀1(残)	陶片1				二	
M336	145°	AⅠ	2.5×0.6－(0.8~1.8)	铃1，镞Ⅱ2	罐Ⅲ1	玦1，管1，玉镯AⅠ1，小玉片环若干			一	漆痕
M337	140°	AⅠ	2.3×0.75－(1.25~1.5)		陶片				一	
M338	30°	AⅠ	2.42×0.7－(1.03~1.36)			环Ⅰ4		陶片	一	漆痕
M339	65°	AⅠ	2.4×0.7－(0.56~1)						一	
M340	140°	AⅠ	2.4×0.9－东(0.5~0.8)西(0.05~0.15)		罐Ⅰ1，钵1(残)				一	
M341	138°	AⅠ	2.5×0.7－?		陶片	管Ⅰ1(残)	砺石2		一	
M342	119°	AⅠ	2.5×0.45－(0.35~0.5)		陶片	环1(残)		陶片	一	
M343	115°	AⅠ	2.5×0.5－(0.04~0.12)						一	木炭屑
M344	110°	AⅠ	2.7×0.6－1.05		罐Ⅰ1，钵Ⅰ1，陶片	管1(残)，镯AⅠ1		残玉镯1，陶片	一	
M345	160°	BⅠ	3.8(2.5)×0.95－(1.3~2.3)	刀Ⅰ1，凿1	罐Ⅰ1，钵Ⅰ1，陶片	玦Ⅰ4，小玉片1串(约60)	砺石3	陶片	一	填土有夹砂陶片，小玉片1串，无法计数，玉管1件，玉玦1件，另有河卵石8

续附表一

墓号	方向	结构(型式)	长×宽-深	随葬器物					分期	备注
				铜器	陶器	玉器	石器	其他(填土)		
M346	105°	A I	2.8×0.6-(1~1.15)						二	
M347	111°	A I	2.2×0.55-(0.8~1.1)		陶片3			陶片	二	
M348	135°	A I	2.5×0.6-(1.05~1.35)						二	
M349	145°	A I	2.4×0.6-(1.1~1.4)	斧Ⅱ1，矛Ⅳ1，匕首2	釜Ⅱ1，钵Ⅱ1(残)	镯AⅠ1，BⅠ1			二	
M350	115	A I	残1.5×0.55-1.15						一	

说明："随葬器物"栏中，器物名称后的阿拉伯数字为出土器物件数，未注明型、式者均为严重破碎已无法分型、式。玉器饰件中数量较大的仅注明数量，无法标注型、式，部分玉器由于质地极差，无法进行清理统计，因此数据仅供参考。下同。

附表二　安等秧墓葬登记表

(长度单位：米)

墓号	方向	长×宽-深	随葬器物				合计	备注
			铜器	陶器(硬、软)	玉石器	其他		
M1	55°	2.1×0.7-(0.15~0.2)	剑Ⅵ1，镞Ⅰ1	罐Ⅳ1			3	
M2	100°	残×0.7			玉玦Ⅲ1		1	
M3	50°	1.8×0.7	斧Ⅰ1				1	
M4	90°	2×0.7-0.15			玉玦Ⅲ1		1	
M5	90°	2.1×0.6-0.15		罐Ⅳ1，杯Ⅲ1，陶钵1(残)	玉玦Ⅲ1		4	
M6	50°	残0.9×0.6-(0~0.16)			玉玦Ⅲ1		1	
M7	34°	1.8×0.7-(0.15~0.38)	矛Ⅳ1	杯Ⅰ1			2	
M8	55°	2.12×0.6-(0.28~0.3)	斧Ⅱ1	钵Ⅳ1(残)	石玦1(残)		3	
M9		严重冲刷破坏，仅从填土可辨为墓葬						

续附表二

墓号	方向	长×宽-深	随葬器物				合计	备注
			铜器	陶器（硬、软）	玉石器	其他		
M10	57°	残1.3×0.6-0.15	镯I 4（残）				4	
M11	40°	1.8×0.6-（0.15~0.36）						空
M12	45°	残0.77×0.45-（0~0.04）	斧II 1		石块16		17	
M13	80°	2.2×0.6-（0.08~0.16）	斧II 1	罐IV1、碟II	石块1		4	
M14	65°	1.9×0.9-（0.16~0.2）	矛I 1、斧II 1、刮刀1、铃5、镯II3、III1、IV1	杯II1			14	
M15	111°	2.2×0.7-0.3	斧II 1	杯II1、钵IV1（残）			3	
M16	310°	残1.2×0.6-0.18	矛II 1				1	
M17	280°	2.5×0.9-0.25	剑VI1、斧I 1、刮刀1、铜块1	罐III1、钵1（残）	玉块I1、III1	麻布1	9	
M18	290°	1.6×0.6-0.12	镯II 1	碟II1			2	
M19	278°	2×0.7-0.15						空
M20	55°	1.76×0.7-（0~0.12）	斧II 1	钵II1、III1			3	
M21	105°	1.6×0.45-0.17		钵I1	石块2		2	
M22	102°	1.75×0.5-0.18	剑III1、斧II 1			铁雨1	1	
M23								空
M24	90°	2×0.54						空
M25	80°	2×0.5-0.2		杯I1、钵1	石器1（加工痕）		3	
M26	100°	2.3×0.8-0.3	斧II 1	钵I1			2	
M27	55°	2.1×0.7-0.15	剑II1、斧II1	钵1			3	
M28	86°	1.7×0.45-0.12						空
M29	59°	1.9×0.65-0.16	斧I 1	钵1	玉块II1		3	

续附表二

墓号	方向	长×宽-深	随葬器物				合计	备注
			铜器	陶器（硬、软）	玉石器	其他		
M30	80°	2.1×0.7－0.21	斧Ⅰ1	钵1			2	
M31	70°	1.6×0.65－0.1	剑Ⅴ1				1	
M32	100°	2.05×0.7－0.42		钵1			1	
M33	25°	2.25×0.65－0.15	剑Ⅵ1，刮刀1，铜块1		石玦1（残）		4	
M34	25°	2.18×0.64		钵1	石玦4，石璜2		7	
M35	93°	残1×0.6－0.24	矛Ⅲ1（残），镞1（残）				2	
M36	107°	1.7×0.65－0.24		钵1			1	
M37	55°	2.2×0.7－0.2		罐Ⅳ1，杯Ⅱ1，钵1	玉玦Ⅰ1		4	
M38	65°	1.6×0.6－0.2		钵1				空
M39	149°	2.1×0.7－0.32		钵1			1	
M40	103°	1.66×0.66－（0.3～0.5）	斧Ⅰ1				1	
M41	134°	2.28×0.68－（0.17～0.24）	剑Ⅳ1，刮刀1，斧Ⅱ1，镞Ⅰ1		玉玦Ⅲ1，Ⅳ1		6	漆痕1
M42	30°	2.1×0.7－（0.15～0.2）						空
M43	116°	残1.3×0.5－0.18	剑Ⅵ1，斧Ⅰ1				2	
M44	140°	2.25×0.65－0.52						
M45	85°	2.5×0.8－0.55	剑Ⅵ1，矛Ⅲ1，斧Ⅰ1，Ⅱ1，刮刀1	罐Ⅰ1，Ⅳ1，钵1	玉玦Ⅳ1		9	漆痕1
M46	72°	1.9×0.7－0.23	斧Ⅱ1	钵Ⅰ1，Ⅲ1			3	
M47	51°	1.6×0.7－0.28						空
M48	270°	2.28×0.8－0.4	斧Ⅱ1		石玦		2	
M49	280°	1.95×0.75－（0.1～0.25）	斧Ⅱ1				1	

续附表二

墓号	方向	长×宽-深	随葬器物				合计	备注
			铜器	陶器（硬、软）	玉石器	其他		
M50	115°	（2~2.2）×0.7-（0.23~0.28）	剑Ⅵ1，斧Ⅱ1，刮刀1，镞Ⅱ2	钵Ⅱ1	玉玦Ⅱ2		8	
M51	102°	1.8×0.6-（0.11~0.22）						空
M52	108°	2.2×0.7-0.35	斧Ⅰ1				1	
M53	330°	2.2×0.62-（0~0.2）	剑Ⅵ1			漆痕1	1	
M54	138°	2×0.6-0.22						空
M55	135°	残0.9×0.6-（0~0.1）		钵1			1	
M56	100°	2.1×0.6-0.22	铜块1	杯Ⅱ1，钵Ⅳ1	玉玦Ⅲ1，石玦1		4	
M57	100°	2×0.6-0.26		纺轮1，钵1			3	
M58	240°	2.2×0.68-0.35	剑Ⅳ1，斧Ⅰ1，刮刀1	钵1	玉玦Ⅰ1		5	
M59	85°	2.2×0.7-0.39	斧Ⅱ1				1	
M60	68°	1.8×0.75-0.34	剑Ⅵ1	碟Ⅱ1			2	
M61	90°	2.2×0.7-（0.2~0.4）	剑Ⅲ1，钺1，环（镯）1（残碎）		玉玦Ⅱ1	漆痕1	4	
M62	85°	1.6×0.6-0.3	斧Ⅱ1（残碎）	罐Ⅴ1，钵1			3	
M63	40°	2.45×0.8-（0.32~0.89）	斧Ⅱ1	钵1			2	木痕
M64	95°	1.8×0.7-（0.2~0.36）	斧Ⅱ1	钵1			2	
M65	65°	2.3×0.6-（0.25~0.45）	剑Ⅳ1，斧Ⅰ1，带钩1，镞Ⅰ1、Ⅱ1				5	
M66	95°	1.95×0.7-（0.05~0.41）	斧Ⅱ1	罐Ⅳ1，碟Ⅱ1	石玦2		5	

续附表二

墓号	方向	长×宽-深	随葬器物				合计	备注
			铜器	陶器（硬、软）	玉石器	其他		
M67	100°	残 0.63 × 0.55 -（0～0.15）						空
M68	335°	2.45×0.72-0.46						空
M69	70°	2.1×0.7-0.5	剑Ⅵ1，斧Ⅱ1，刮刀1，带钩1，铜块1	罐Ⅱ1，Ⅳ1，杯Ⅲ1，钵1	玉玦Ⅱ2		11	
M70	90°	1.8×0.75-（0.08～0.2）						空
M71	93°	2.1×0.74-0.28	斧Ⅰ1				1	
M72	110°	2.13 × 0.85 -（0.28～0.48）						空
M73	90°	残1.35×0.45-（0～0.2）						空
M74	90°	残1.7×0.55-（0～0.12）						空
M75	75°	2×0.6-（0.46～0.7）	斧Ⅱ1	罐Ⅴ1	玉玦Ⅰ1，Ⅱ2，Ⅲ1		6	
M76	65°	残1.5×0.55-（0～0.45）		碟Ⅱ1	石玦4		5	
M77	90°	残0.98×0.45-（0～0.08）						空
M78	95°	2.4×0.5-（0.24～0.4）						空
M79	70°	残1.2×0.45-（0～0.08）			玉玦Ⅰ1，石玦2		3	
M80	60°	2.4×残（0.2～0.58）-（0～0.24）	铍1		玉玦Ⅱ1		2	

续附表二

墓号	方向	长×宽-深	随葬器物				合计	备注
			铜器	陶器（硬、软）	玉石器	其他		
M81	65°	1.8×0.64-（0.02~0.12）						空
M82	53°	1.9×0.6-（0~0.25）						空
M83	45°	2.5×0.58-0.43						空
M84	90°	残1.5×0.58-（0~0.12）	剑I1，刮刀1	罐IV1			3	
M85	112°	残1.3×0.55-（0.15~0.2）	圆铜块1				1	玉玦II1（填土）
M86	74°	1.6×0.6-0.1					空	

附表三　安等秧土坑登记表　　　　　　　　（长度单位：米）

序号	方向	长×宽−深	备注
K1	80°	$0.85 \times 0.57 - 0.2$	填土高出地表0.15~0.2米，坑底置页岩条形石块13块，东西排列
K2	95°	$1.7 \times 1.1 - 1.27$	置条形砾石2块，前后排列
K3	100°	$1.72 \times 0.93 - 0.32$	置条形砾石2块，呈"八"字形排列
K4	40°	$1.6 \times 1.1 - 1.2$	东侧被M27打破
K5	60°	$2 \times 0.5 - (0.25 \sim 0.45)$	填土高出地表0.1米
K6	68°	$1.2 \times 0.4 - 0.2$	填土高出地表0.15米
K7	120°	$1.2 \times 0.9 - 0.15$	填土高出地表0.15米
K8	110°	$0.76 \times 0.56 - 0.25$	填土高出地表0.1米
K9	110°	$1.4 \times 0.6 - 0.12$	填土高出地表0.15米
K10	140°	$0.9 \times 0.5 - 0.1$	填土高出地表0.15米
K11	55°	$0.8 \times 0.6 - 0.7$	填土高出地表0.1米
K12	140°	$1.1 \times 0.5 - 0.08$	填土高出地表0.1米

附录一　元龙坡先秦墓葬碳–14 测定年代表[*]

北京大学考古系碳十四实验室

S201001

BK86048	武鸣	元龙坡	108°12′E, 23°6′N	M151
木炭	Wuming	Yuanlongpo		骆越
2850 ± 70	2770 ± 70	BC1003 ~ 838	广西博物馆	
BC900	BC820		86	（BK 八）

S201001

BK86049	武鸣	元龙坡	108°12′E, 23°6′N	M46
木炭	Wuming	Yuanlongpo		骆越
2625 ± 70	2550 ± 70	BC802 ~ 454	广西博物馆	
BC675	BC600		86	（BK 八）

S201001

BK86050	武鸣	元龙坡	108°12′E, 23°6′N	M224
木炭	Wuming	Yuanlongpo		骆越
2870 ± 80	2790 ± 80	BC1036 ~ 842	广西博物馆	
BC920	BC840		86	（BK 八）

S201001

BK86051	武鸣	元龙坡	108°12′E, 23°6′N	M147
木炭	Wuming	Yuanlongpo		骆越
2770 ± 90	2690 ± 90	BC970 ~ 796	广西博物馆	
BC820	BC740		86	（BK 八）

---

[*] 摘自《中国考古学中碳十四年代数据集（1965 ~ 1991）》，文物出版社，1992 年。

S201001

BK86052	武鸣	元龙坡	108°12′E，23°6′N	M19
木炭	Wuming	Yuanlongpo		骆越
2960±85	2880±85	BC1254~928	广西博物馆	
BC1010	BC930		86	（BK 八）

S201001

BK86053	武鸣	元龙坡	108°12′E，23°6′N	M115
木炭	Wuming	Yuanlongpo		骆越
2530±100	2460±100	BC790~400	广西博物馆	
BC580	BC510		86	（BK 八）

S201001

BK86054	武鸣	元龙坡	108°12′E，23°6′N	M151
木炭	Wuming	Yuanlongpo		骆越
2830±90	2750±90	BC1003~818	广西博物馆	
BC880	BC800		86	（BK 八）

S201001

BK86055	武鸣	元龙坡	108°12′E，23°6′N	M151
木炭	Wuming	Yuanlongpo		骆越
3230±100	3140±100	BC1520~1310	广西博物馆	
BC1280	BC1190		86	（BK 八）

附录二　元龙坡、安等秧墓地出土青铜器铅同位素比值表

广西冶金研究所

原编号	出土地点	器物名称	$^{207}Pb/$ ^{206}Pb	$^{208}Pb/$ ^{206}Pb	$^{206}Pb/$ ^{204}Pb	$^{207}Pb/$ ^{204}Pb	$^{208}Pb/$ ^{204}Pb
安 M14：9	武鸣马头安等秧	铜镯	0.8507	2.1052	18.457	15.702	38.855
安 M17：3	武鸣马头安等秧	铜剑	0.8534	2.1065	18.385	15.690	38.728
安 M17：8	武鸣马头安等秧	铜鼓残片（？）	0.8649	2.1257	18.150	15.698	38.580
安 M33：4	武鸣马头安等秧	铜剑	0.8655	2.1351	18.044	15.618	38.526
安 M65：1	武鸣马头安等秧	一字格铜剑	0.8540	2.1098	18.408	15.721	38.837
元 M97：5	武鸣马头元龙坡	铜刀	0.8606	2.1217	18.101	15.578	38.404
元 M119：15	武鸣马头元龙坡	铜条	0.8286	2.0695	18.951	15.702	39.221
元 M130：6	武鸣马头元龙坡	铜钺（本地风格）	0.8501	2.1019	18.463	15.696	38.807
元 M222：8	武鸣马头元龙坡	铜刀	0.8437	2.0951	18.609	15.702	38.989
元 M233：1	武鸣马头元龙坡	铜斧	0.8432	2.0973	18.668	15.741	39.153
元 M264：2	武鸣马头元龙坡	编钟	0.8449	2.0966	18.181	15.361	38.118
元 M284：2	武鸣马头元龙坡	铜块	0.8643	2.1287	17.979	15.539	38.273
元 M349：6	武鸣马头元龙坡	铜匕首	0.8617	2.1236	18.127	15.621	38.496
元 M59：4	武鸣马头元龙坡	铜钺	0.8434	2.0977	18.672	15.748	39.169
元 M61：1	武鸣马头元龙坡	铜斧	0.8562	2.1148	18.040	15.446	38.152
元 M74：1	武鸣马头元龙坡	铜斧	0.8498	2.1041	18.015	15.309	37.907
元 M80：2	武鸣马头元龙坡	铜镞	0.8587	2.1101	18.353	15.759	38.725
元 M94：1	武鸣马头元龙坡	圆形铜器	0.8754	2.1560	17.927	15.694	38.650

附录三　元龙坡墓地出土青铜器电子探针分析报告

广西冶金研究所

　　1987 年广西冶金研究所受广西博物馆委托，对武鸣元龙坡遗址出土器物进行电子探针微区分析。经检测的 4 件器物包括 1 件青铜编钟（#1）、1 件青铜刀（#2）、1 件青铜匕首（#3）和 1 件青铜护手（#4）（表 1）。此次分析只针对各器物的微观物相进行检测，未做面扫描，因此难以定量地估计几件器物的平均成分。原分析报告未提供金相组织描述以及显微照片，故而只能通过报告中所附各相颜色及化学成分对 4 件器物的金相组织进行推测。

表 1　武鸣元龙坡遗址出土 4 件铜器的电子探针分析结果（%）

编号	名称	分析号	物相	S	Fe	Pb	Cu	Sn	As	Sb
1	青铜编钟	1	黄亮相	—	0.05	0.06	80.20	12.05	6.92	0.15
1	青铜编钟	2	黄亮相	—	0.02	1.18	78.10	11.36	9.10	0.21
1	青铜编钟	3	黄亮相	—	0.07	0.38	80.89	11.75	6.76	0.13
1	青铜编钟	4	灰基体	—	0.05	1.17	88.17	7.55	2.93	0.10
1	青铜编钟	5	灰基体	—	0.05	0.90	88.33	7.45	3.18	0.06
1	青铜编钟	6	灰基体	—	0.05	0.67	88.56	7.70	2.90	0.09
1	青铜编钟	7	深黄相	0.05	0.07	0.53	70.36	24.95	3.71	0.29
1	青铜编钟	8	深黄相	0.11	0.06	0.75	68.77	27.05	3.01	0.21
1	青铜编钟	9	深黄相	0.03	0.09	0.90	68.78	26.62	3.28	0.27
1	青铜编钟	10	蓝白相	21.18	0.06	0.80	76.53	0.57	0.77	0.05
1	青铜编钟	11	蓝白相	19.67	0.32	5.97	69.62	0.72	3.62	0.06
2	青铜刀	1	双相基体	0.05	0.08	0.23	72.44	26.62	0.43	0.10
2	青铜刀	2	双相基体	0.06	0.07	0.10	71.25	28.29	0.18	—
2	青铜刀	3	双相基体	1.53	0.22	0.30	70.77	26.59	0.46	0.11
2	青铜刀	4	双相基体	0.03	0.07	0.25	70.73	28.53	0.29	0.07
3	青铜匕首	1	黄基体	0.05	0.14	0.24	85.78	13.34	0.34	0.07
3	青铜匕首	2	黄基体	0.06	0.12	0.09	84.32	14.93	0.40	0.05
3	青铜匕首	3	黄基体	0.09	0.15	0.07	84.17	15.01	0.46	0.02

编号	名称	分析号	物相	S	Fe	Pb	Cu	Sn	As	Sb
3	青铜匕首	4	黄基体	0.07	0.13	0.05	84.24	14.93	0.48	0.06
3	青铜匕首	5	白相	0.09	0.06	0.20	72.40	26.80	0.87	0.05
3	青铜匕首	6	白相	0.09	0.10	0.30	71.38	27.80	0.20	0.04
3	青铜匕首	7	白相	0.09	0.09	0.19	71.92	27.44	0.22	—
4	青铜护手	1	黄基体	0.04	0.08	0.09	82.27	10.97	6.41	0.11
4	青铜护手	2	黄基体	0.04	0.06	0.15	80.96	10.90	7.36	0.14
4	青铜护手	3	黄基体	0.10	0.05	0.18	82.25	11.04	6.23	0.11
4	青铜护手	4	白相	0.16	0.09	0.16	58.07	22.67	18.55	0.27
4	青铜护手	5	白相	0.16	0.11	0.11	63.32	10.31	25.69	0.27
4	青铜护手	6	白相	0.23	0.08	0.07	58.12	21.60	19.54	0.32
4	青铜护手	7	白相	0.16	0.25	0.26	55.15	20.74	23.09	0.30
4	青铜护手	8	深黄相	0.03	0.04	0.05	89.79	6.81	3.17	0.06
4	青铜护手	9	深黄相	0.13	0.03	—	71.93	24.22	3.42	0.24
4	青铜护手	10	深黄相	0.16	0.08	0.10	71.23	24.65	3.53	0.21

　　分析结果显示#1青铜编钟为铜锡砷合金。所分析的四个物相分别为黄亮相、灰色基体、深黄相以及蓝白相。蓝白相因其S含量较高，可断定为硫化亚铜夹杂，两个检测点的Pb、As含量有波动，可能为电子束激发夹杂物周围的铜基体所致。铜含量最高的灰色基体应为α固溶体，其余的黄亮色与深黄色两相可能为析出的高砷与高锡物相。此样品还含有少量的锑和铅。样品的铁含量相对较低。

　　#2青铜刀为铜锡合金，锡含量较高。样品的铅、砷含量在0.1%~0.5%之间，样品的硫、铁和锑含量较低。

　　#3青铜匕首为铜锡合金，黄基体推测为α固溶体，含铜量较高，平均成分为Cu 84.63%，Sn 14.55%；白相为析出的δ相，平均成分为Cu 71.90%，Sn 27.35%。此外，此样品还含有少量砷、铁和铅。

　　#4青铜护手样品为铜锡砷合金。黄基体推测为α固溶体，含铜量较高，平均成分为Cu 81.83%，Sn 10.97%，As 6.67%。白相为析出的高砷锡物相，平均成分为Cu 58.67%，Sn 18.83%，As 21.72%。深黄相为析出的高锡物相，平均成分为Cu 77.65%，Sn 18.56%，As 3.37%。

　　综上，所分析的四件样品中两件（#2青铜刀和#3青铜匕首）为典型的锡青铜，这与西周至春秋时期中原地区对于工具、兵器类器物的合金选择较为相似。但由于分析中未做面扫描，两件器物的含锡量以及是否含铅尚无法推测。另两件样品（#1青铜编钟和#2青铜护手）合金成分较为复杂，依据现有数据均推测为铜锡砷三元合金。此类型合金在先秦青铜器中较为罕见。广西境内曾发现多面铜锡砷铅四元合金的铜鼓，年代为唐、宋时期①。孙淑云先生分析其可能使用了含有毒砂矿（FeAsS）的铅矿炼铅及配置合金，从而将砷引入铜锡铅三元合金②。另外，地质调查结果显示，广西境内有多处锡矿伴生有砷，因而砷也可能随锡进入合金③。最后，根据对内蒙古林西大井古铜矿冶遗址的研究，在冶炼技术发展的初期先民可能利用天然的铜锡砷伴生矿石直接冶炼得到铜锡砷三元合金④。无论以上哪种情况，这种特殊合金的产生都与广西本地的地质条件以及古人对于矿源的选择密切相关。

　　武鸣元龙坡遗址是广西境内最为重要的先秦遗址之一，其出土器物所反映的青铜器制作工艺为探讨中国与东南亚各地区青铜时代的技术交流提供重要资料。现有检测结果显示，该遗址可能使用了铜锡、铜锡砷两种不同类型的合金生产青铜器。至于这种现象反映的是工匠根据器物功能有意识地选择合金配比或是该遗址具有两个不同的矿料来源，依据现有数据尚无法做出判断。下一步工作中需要结合平均成分分析、铅同位素分析以及微量元素分析进行讨论。另外，下一步工作还可考虑对此遗址样品开展金相显微研究，了解青铜器的成型和加工工艺。

送样单位：广西博物馆

分析者：蒋序光

报告日期：1987 年 5 月 26 日

---

① 北京钢铁学院冶金史研究室、广西壮族自治区博物馆、云南省博物馆：《广西、云南铜鼓合金成分及金属材质的研究》，《中国铜鼓研究会第二次研讨会论文集》，文物出版社，1986；黄渭馨、徐恒彬、王秀兰：《砷铜文物一例》，《文物》1983 年第 11 期。

② 北京钢铁学院冶金史研究室、广西壮族自治区博物馆、云南省博物馆：《广西、云南铜鼓合金成分及金属材质的研究》，《中国铜鼓研究会第二次研讨会论文集》，文物出版社，1986。

③ 邹桂森：《古代麻江型铜鼓铸造工艺研究》，北京科技大学硕士论文，2015 年，第 81 页。

④ 李延祥、王兆文、王连伟、韩汝玢：《大井古铜矿冶炼技术及产品特征初探》，《有色金属》2001 年第 3 期。

附录四　元龙坡、安等秧墓地出土
玉器岩矿鉴定分析报告

广西地质矿产测试研究中心　地质矿产部广西中心实验室

收样批号：06 外 1839

委托单位：广西文物考古研究所　　　　　　　　样品名称：风化石、岩石

接收日期：2006 年 11 月 9 日　　　　　　　　完成日期：2006 年 11 月 16 日

ICP 半定量分析结果　$\omega_B/10^{-2}$										
分析编号	委托编号	三氧化二铝 （Al_2O_3）	砷 （As）	钡 （Ba）	铍 （Be）	氧化钙 （CaO）	钴 （Co）	铬 （Cr）	铜 （Cu）	三氧化二铁 （Fe_2O_3）	锂 （Li）
T06 合 5938	元 M192:2	0.6	0.01	<0.01	<0.01	11	<0.01	<0.01	<0.01	0.4	<0.01
T06 合 5939	元 M41:3	1.2	1.01	<0.01	<0.01	10	<0.01	<0.01	0.01	3.0	<0.01
T06 合 5940	元 M338:1	0.8	<0.01	<0.01	<0.01	11	<0.01	<0.01	<0.01	0.9	<0.01
T06 合 5941	元 M133-3	0.9	0.3	<0.01	<0.01	11	<0.01	<0.01	0.02	0.6	<0.01
T06 合 5942	安 M5:1	1.9	<0.01	<0.01	<0.01	9.7	<0.01	<0.01	<0.01	9.7	<0.01

分析编号	委托编号	氧化镁 （MgO）	锰 （Mn）	钼 （Mo）	镍 （Ni）	磷 （P）	铅 （Pb）	硫 （S）	锑 （Sb）	二氧化硅 （SiO_2）	锡 （Sn）
T06 合 5938	元 M192:2	12	<0.01	<0.01	<0.01	0.01	<0.01	0.01	<0.01	46	<0.01
T06 合 5939	元 M41:3	12	0.1	<0.01	<0.01	<0.01	0.01	0.02	<0.01	43	<0.01
T06 合 5940	元 M338:1	12	0.02	<0.01	<0.01	<0.01	<0.01	<0.01	<0.01	46	<0.01
T06 合 5941	元 M133-3	12	0.05	<0.01	<0.01	0.01	0.01	0.3	<0.01	44	<0.01
T06 合 5942	安 M5:1	11	0.1	<0.01	<0.01	0.04	0.02	0.02	<0.01	41	<0.01

分析编号	委托编号	锶 （Sr）	二氧化钛 （TiO_2）	五氧化二钒 （V_2O_5）	三氧化钨 （WO_3）	锌 （Zn）	二氧化锆 （ZrO_2）	—	—	—	—
T06 合 5938	元 M192:2	<0.01	0.02	<0.01	<0.01	0.01	<0.01	—	—	—	—
T06 合 5939	元 M41:3	<0.01	0.06	0.01	<0.01	0.01	<0.01	—	—	—	—
T06 合 5940	元 M338:1	<0.01	0.03	<0.01	<0.01	0.01	<0.01	—	—	—	—
T06 合 5941	元 M133-3	0.01	0.04	<0.01	<0.01	0.01	<0.01	—	—	—	—
T06 合 5942	安 M5:1	<0.01	0.07	0.01	<0.01	0.02	<0.01	—	—	—	—

后　记

　　武鸣马头先秦墓葬群的田野发掘工作至今已三十年，如今发掘报告得以面世，使每一位当年参与工作的同仁和广大研究者都为之高兴。

　　发掘工作由 韦仁义 领队主持，主要成员有郑超雄、周继勇、黄云忠、叶浓新、郭顺利、黄民贤同志。此外彭书琳、罗坤馨、谢光茂、陈耿娇等同志先后参加过一段时间发掘工作。

　　报告编写工作具体分工是：第一章由 韦仁义 负责，第二章由 韦仁义 、叶浓新负责第一至四节；第三章由黄云忠、叶浓新负责；第二章的第五、六节、第四章及报告的合成工作由郑超雄负责。所有图表和图版的制作和校对由黄云忠、叶浓新负责，由 韦仁义 总纂。线图的绘制先后由叶浓新、周继勇、蒋发娇完成。 党春宁 、王梦祥帮助摄影。英文提要由南开大学历史学院考古学与博物馆学系王音博士翻译。

　　当年的工地发掘工作曾得到广西各级领导和专家的关心和支持，在后期的室内整理和报告编写过程中，广西文物保护与考古研究所领导和同仁给予了大力支持，并全方位提供后勤保障，使报告编写得以顺利完成，在此深表致谢。

　　然而，由于田野发掘工作距今时间较长，当年参加发掘工作主要人员变动较大，出土器物的修复及资料整理未能得到及时进行，尤其是当年仅有两万元的田野发掘工作经费，严重不足，有限且落后的设备以及所采用的拍摄电影胶片，严重地影响了资料收集质量和完整性，因此，给后期的整理和报告的编写带来了诸多的困难，以至报告难免有不足之处，为此敬请谅解和指正。

编者

Abstract

This book is an excavation report of Yuanlongpo and Andengyang pre-Qin cemeteries in Matou Village, Wuming County, Guangxi Zhuang Autonomous Region. A total of 350 tombs were excavated in Yuanlongpo cemetery with more than 1000 pieces of pottery, bronze, jade and stone artifacts unearthed, dating from the Western Zhou Dynasty to the Spring and Autumn Period. Andengyang cemetery is located about 1000 meters southwest of Yuanlongpo. 86 tombs were excavated there, with 213 pieces of pottery, bronze and jade artifacts unearthed, dating back to the Warring States Period. There were many stone moulds for bronze casting unearthed in the tombs of Yuanlongpo, which at least indicated that there was bronze casting industry in Lingnan area during the Western Zhou Dynasty. Bronze plates of the Western Zhou Dynasty unearthed from the tombs were cast in the Central Plains, which should be objects of cultural exchange and evidence of cultural communication between the Central Plains and Lingnan area during the Western Zhou Dynasty.

Not until the First Emperor of Qin unified Lingnan area was it officially incorporated into the territory of China. As a result, there were few documents about the society and history of Lingnan area in the pre-Qin period. Therefore, the excavation of pre-Qin tombs in Matou Village of Wuming County was of great significance to the understanding of the society and history of Lingnan area in the pre-Qin period.

1.元龙坡、安等秧墓地远景

2.元龙坡墓葬清理前高出的填土

元龙坡、安等秧墓地外景

彩版二

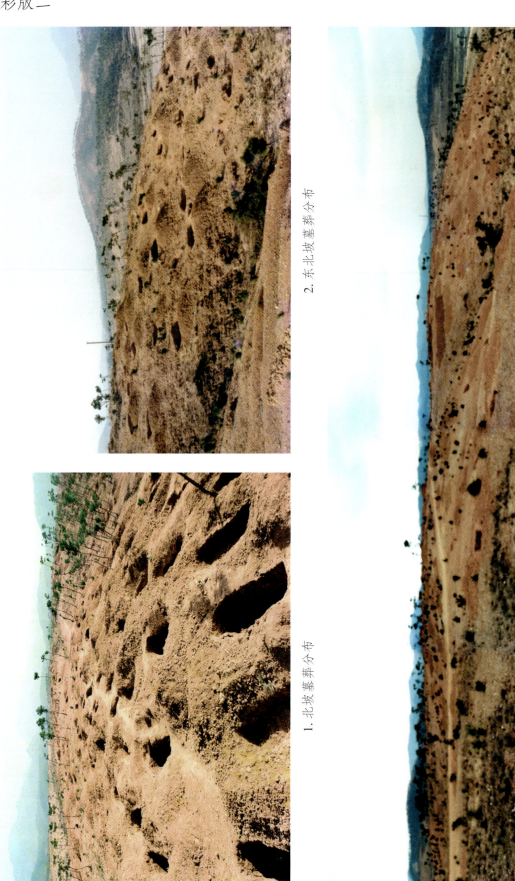

1. 北坡墓葬分布

2. 东北坡墓葬分布

3. 东坡墓葬分布

元龙坡墓葬分布

1. 元M295

2. 元M272

3. 元M61烧痕

元龙坡墓葬

1. 元M21

4. 元M56

2. Ⅳ式铜矛（元M21：3）

3. 砺石（元M21：2）

5. Ⅴ式铜矛（元M56：6）

元龙坡M21、M56及出土器物

1. 元M63

2. 元M69

3. Ⅲ式陶釜（元M63：2）

4. A型Ⅰ式玉镯（元M69：1）

5. Ⅰ式陶钵（元M69：5）

元龙坡M63、M69及出土器物

1. 元M74

2. 元M74铜斧、漆痕出土情况

4. 砺石（元M74：3、4）（左—右）

3. I 式铜斧（元M74：1）

5. IV式铜矛（元M76：1）

元龙坡M74、M76及出土器物

1. 元M91

2. 元M91器物出土情况

3. Ⅰ式玉管（元M91：3）

4. 元M95

5. Ⅲ式铜钺（元M95：3）

元龙坡M91、M95及出土器物

1. 元M97

2. Ⅰ式陶钵（元M97：2）

4. Ⅱ式铜刀（元M97：5）

3. Ⅳ式铜矛（元M97：1）

5. Ⅱ式铜钺（元M97：4）

元龙坡M97及出土器物

1. 元M102

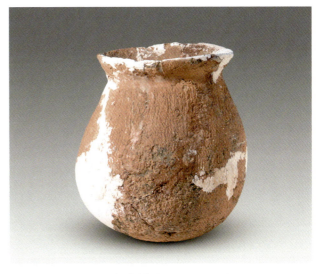

2. Ⅱ式陶罐（元M102：1）

3. Ⅰ式陶钵（元M124：1）

4. Ⅱ式铜刀（元M124：4）

5. 砺石（元M124：3）

6. Ⅰ式玉管（元M124：2）

元龙坡M102、M124及出土器物

1. 元M119

3. Ⅰ式陶釜（元M119：10）

4. 铜条（元M119：15）

5. 石范（元M119：t1）

2. Ⅱ式陶罐（元M119：6）

6. 石范（元M119：t2）

元龙坡M119及出土器物

1. 元M128

2. 元M135

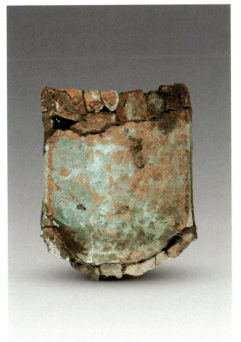

3. I式铜斧（元M128：1）

4. Ⅵ式铜矛（元M135：1）

5. Ⅵ式铜矛（元M135：2）

元龙坡M128、M135及出土器物

1. 元 M130

2. Ⅱ式陶罐（元 M130：3）

3. Ⅰ式铜钺（元 M130：6）

4. A型Ⅱ式玉镯（元 M130：7）

5. 石范（元 M130：t1）

6. 砺石（元 M130：11）

元龙坡 M130 及出土器物

1. 元M139

3. Ⅴ式铜矛（元M139：1）

5. Ⅱ式陶纺轮（元M140：2）

4. Ⅱ式陶钵（元M140：5）

2. 元M140

6. Ⅱ式铜斧（元M140：4）

元龙坡M139、M140及出土器物

1. 元M147

2. 铜卣出土情况

3. Ⅴ式陶罐（元M147：5）

4. 铜卣（元M147：1）

元龙坡M147及出土器物

1. 铜镦石范（元M147：t2）

3. 元M151

2. 铜叉形器石范（元M147：t3）

4. 元M151二层台炭屑

5. Ⅱ式陶罐（元M151：t1）

元龙坡M147、M151及出土器物

1. 元M148

3. Ⅲ式铜钺（元M148：1）

4. A型Ⅰ式玉镯（元M148：2）

2. 元M148器物出土情况

5. A型Ⅰ式玉镯（元M148：3）、Ⅰ式玉玦（元M148：7）

6. Ⅰ式玉管（元M148：4~6）

元龙坡M148及出土器物

1. 元 M169

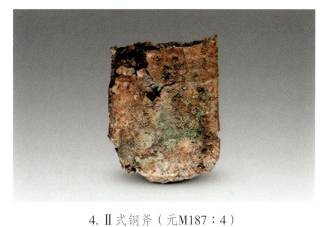

2. Ⅰ式陶钵（元 M169：2）

4. Ⅱ式铜斧（元 M187：4）

5. Ⅱ式铜刀（元 M187：3）

3. 元 M187 器物出土情况

6. Ⅰ式玉环（元 M187：5）

元龙坡 M169、M187 及出土器物

1. 墓室

2. 石范出土情况

3. 漆痕

4. 漆痕

5. 漆痕

元龙坡M174及器物出土情况

1. 漆痕

2. 铜钺石范（元M174：1）

3. 铜镞石范（元M174：2+3）

4. 砺石（元M174：4）

5. 砺石（元M174：6）

元龙坡M174出土器物

1. 元M189

3. 元M192器物出土情况

4. 铜铃（元M192：1）

5. Ⅳ式铜矛（元M189：1）

2. 元M192

6. Ⅰ式玉管、玉坠（元M192：2）

元龙坡M189、M192及出土器物

2. 元M196器物出土情况

1. 元M196　　　　　3. Ⅱ式铜钺（元M196：3）　　4. Ⅱ式铜矛（元M196：2）

5. 元M197器物出土情况　　　　6. Ⅱ式玉扣、Ⅰ式玉管、玉坠（元M197：2）（部分）

元龙坡M196、M197及出土器物

1. 元M215

2. 元M216

3. Ⅵ式陶罐（元M215：1）　　4. Ⅰ式铜斧（元M215：2）　　5. 铜镦石范（元M216：t1）

元龙坡M215、M216及出土器物

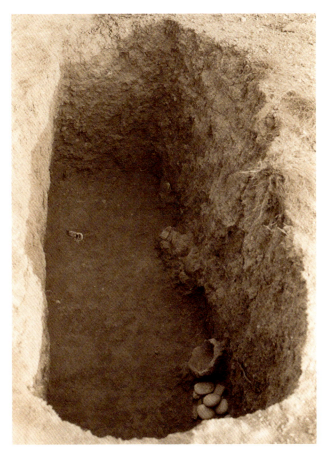

1. 元M222

3. Ⅱ式铜钺（元M222：3）

2. Ⅲ式铜刀（元M222：8）

4. Ⅰ式铜镦（元M222：2）

5. 铜钺石范（元M222：6、7）（左—右）

6. 砺石（元M222：16）、河卵石（元M222：10~15、18）

元龙坡M222及出土器物

2. 元M224器物出土情况

1. 元M224

3. II式陶钵（元M224：2）

4. 陶瓮（元M224：3）　　　　　5. I式铜斧（元M224：4）　　　6. IV式铜矛（元M224：1）

元龙坡M224及出土器物

1. 元M226

2. 元M235

3. Ⅰ式陶釜（元M226：1）

4. 陶壶（元M235：2）

5. Ⅰ式铜斧（元M235：1）

元龙坡M226、M235及出土器物

1. 墓室

3. 玉凿（元M237：11）

2. 器物出土情况

4. Ⅰ式陶纺轮（元M237：6、8）（左—右）

5. 小石子（元M237：7）

元龙坡M237及出土器物

1. 墓室

2. 铜斧、玉饰出土情况

3. 玉器出土情况

4. Ⅱ式陶钵（元M244：6）

5. Ⅱ式铜斧（元M244：4）

6. Ⅰ式铜圆形器（元M244：8）

元龙坡M244及出土器物

1. 墓室

2. Ⅱ式陶釜（元M246：6）

4. Ⅱ式玉玦（元M246：13）

3. Ⅳ式铜矛（元M246：5）

5. Ⅱ式玉玦（元M246：12）

元龙坡M246及出土器物

1. 墓室

3. Ⅱ式陶钵（元M258：9）

4. Ⅰ式玉管、Ⅰ式玉玦（元M258：4）

2. Ⅰ式陶罐（元M258：3）

5. 铜钺石范（元M258：2）

元龙坡M258及出土器物

1. 陶器出土情况

2. 漆痕、玉器出土情况

3. 玉器出土情况

4. 陶瓮出土情况

5. Ⅱ式陶碗（元M270：2）

6. A型Ⅰ式玉镯（元M270：16、17）、
小玉片饰（元M270：11、15）（部分）

元龙坡M270及出土器物

1. 墓室

3. Ⅲ式陶罐（元M273：11）

4. Ⅲ式陶罐（元M273：10）

2. Ⅰ式陶罐（元M273：12）

5. Ⅰ式陶釜（元M273：13）

元龙坡M273及出土器物

1. Ⅰ式陶钵（元M311：3）

3. 元M311铜匕首、铜匕首鞘饰出土情况

2. 铜匕首（元M311：2）、铜匕首鞘饰（元M311：4）

4. Ⅱ式铜圆形器（元M311：1）

5. 元M316铜矛出土情况

元龙坡M311、M316及出土器物

1. 墓室填土中大石块

2. Ⅱ式陶钵（元M316：8）

4. Ⅰ式铜矛（元M316：2）

3. 铜刀（元M316：5）

5. 玉雕饰（元M316：4）

元龙坡M316及出土器物

1. 墓室

3. Ⅰ式陶罐（元M318：10）

2. 铜钺、玉饰出土情况

4. Ⅴ式陶罐（元M318：11）

元龙坡M318及出土器物

1. A型 I 式玉镯（元M318：1）

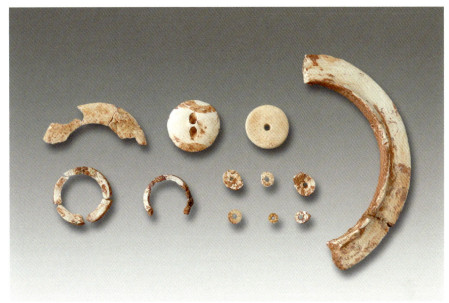

2. 玉饰（元M318：4、2）（部
   分）、玉镯（元M318：5）

3. 玉饰（元M318：2、4）（部分）

元龙坡M318出土器物

1. 墓室

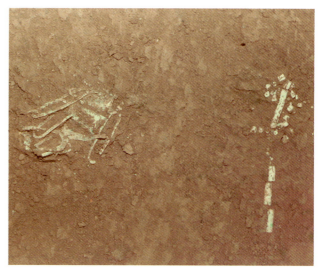

2. 铜链、铜铃及玉器出土情况

4. Ⅱ式陶纺轮（元M325：5）

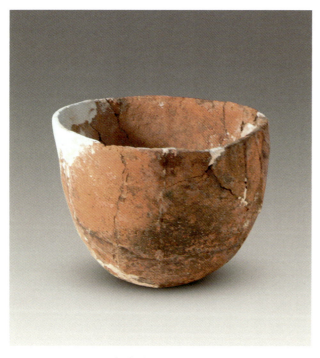

3. Ⅰ式陶钵（元M325：7）

5. 玉饰（元M325：3）（部分）

元龙坡M325及出土器物

1. 元M345器物出土情况

4. 砺石（元M345：10）

2. Ⅰ式铜刀（元M345：1）

5. 元M349

3. 铜凿（元M345：2）

元龙坡M345、M349及出土器物

1. 元M349铜矛、铜匕首、玉镯出土情况

2. Ⅱ式陶釜（元M349：3）

3. 铜匕首（元
M349：6）、Ⅰ式铜
斧（元M349：5）

4. Ⅳ式铜矛（元M349：1）

5. B型Ⅰ式玉镯（元M349：4-2）

元龙坡M349出土器物

1. Ⅰ式罐（元M340：1）

2. Ⅱ式罐（元M144：2）

3. Ⅱ式罐（元M144：1）

4. Ⅲ式罐（元M336：1）

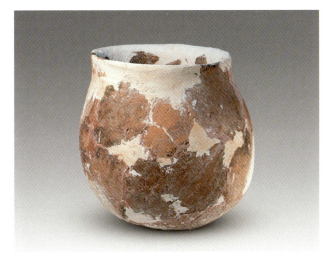
5. Ⅴ式罐（元M132：2）

6. Ⅰ式钵（元M221：1）

元龙坡墓葬出土陶器

1. Ⅰ式（元M26：1）

2. Ⅰ式（元M125：1）

3. Ⅱ式（元M25：5）

4. Ⅱ式（元M136：1）

5. Ⅲ式（元M149：2）

元龙坡墓葬出土陶釜

1. Ⅰ式（元M36：2）

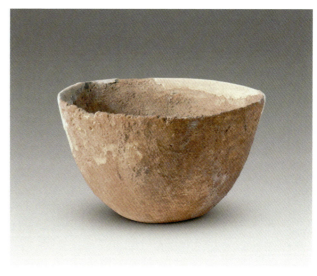

2. Ⅰ式（元M4：3）

3. Ⅱ式（元M260：1）

4. Ⅱ式（元M252：1）

5. Ⅱ式（元M319：1）

元龙坡墓葬出土陶钵

1. Ⅲ式陶碗（元M4：2）

2. Ⅰ式陶纺轮（元M240：4、6）（左—右）

3. Ⅲ式陶纺轮（元M284：5）

4. Ⅲ式陶纺轮（元M315：5、t1）（左—右）

5. Ⅱ式铜斧（元M77：2）

6. Ⅱ式铜斧（元M191：1）

元龙坡墓葬出土器物

1. Ⅱ式斧（元M198：1）

4. Ⅱ式斧（元M289：1）

2. Ⅱ式斧（元M218：2）

5. Ⅰ式刀（元M77：3）

3. Ⅱ式斧（元M233：1）

6. 匕首（元M35：1）

7. 铜针（元M101：3、2）
（上—下）

元龙坡墓葬出土铜器

1. I 式镦（元M308：2）

2. II 式镦（元M138：1）

3. I 式镞（元M72：1）

4. II 式镞（元M336：2、8）（左—右）

6. 盘内花纹（元M33：4）

5. 盘（元M33：4）

元龙坡墓葬出土铜器

1. 编钟残片（元M264：3）

2. I式圆形器（元M91：1）

3. I式圆形器（元M94：1）（正面）

4. I式圆形器（元M94：1）（背面）

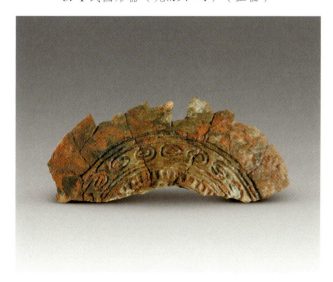

5. II式圆形器（元M133：6）

6. I式圆形器（元M244：8）

元龙坡墓葬出土铜器

1. 铜泡（元M115：6）

2. 铜块（元M284：2）

3. 铜足（元M258：6）

4. A型Ⅰ式玉镯（元M133：3）

5. A型Ⅰ式玉镯（元M131：1）

6. A型Ⅰ式玉镯（元M167：6）

7. A型Ⅰ式玉镯（元M315：2）

元龙坡墓葬出土玉器、铜器

1. A型Ⅱ式玉镯（元M199：1-1、1-2）、Ⅰ式玉环（元M199：1-3）

2. B型Ⅱ式玉镯（元M260：22）　　3. Ⅲ式玉玦（元M79：t1）　　4. Ⅰ式玉管（元M79：t2）

5. Ⅰ式玉管（元M213：1）　　　　6. Ⅱ式玉管饰（元M32：1、2）

元龙坡墓葬出土器物

1. 铜镞石范（元M147：t4）、铜叉形器石范
（元M165：t1）（左一右）

2. 铜刀石范（元M138：2）

3. 铜圆形器石范（元M195：1）

5. 砺石（元M3：5）

4. 残石范（元M299：3）

6. 石锛（元M154：2）

元龙坡墓葬出土石器

1. 元M50∶2

2. 元M126∶t1

3. 元M252∶3

4. 元M263∶t1

5. 元M301∶3

6. 元M301∶2

元龙坡墓葬出土砺石

1. 安等秧墓地远景

2. 清理前墓室地面高出的填土

安等秧墓地远景及清理前高出的墓室填土

1. Ⅳ式陶罐（安M1：1）

3. Ⅳ式陶罐（安M5：2）

2. Ⅵ式铜剑（安M1：2）

4. Ⅱ式陶杯（安M5：3）

5. Ⅱ式玉玦（安M5：1）

安等秧M1、M5出土器物

1. 安M7

4. 安M8

2. Ⅰ式陶杯（安M7：2）

3. Ⅳ式铜矛（安M7：1）

5. Ⅱ式铜斧（安M8：2）

6. 石玦（安M8：1）

安等秧M7、M8及出土器物

1. 安M12器物出土情况

2. Ⅱ式铜斧（安M12：2）

3. 石玦（安M12：1）（部分）

5. Ⅳ式陶罐（安M13：2）

4. 安M13

6. Ⅰ式陶碟（安M13：4）

安等秧M12、M13及出土器物

彩版五四

1. Ⅱ式铜斧（安M13：3）

3. 安M14

2. 石玦（安M13：1）

4. 安M14铜矛、铜镯出土情况

5. Ⅱ式陶杯（安M14：1）

6. 安M14铜铃出土情况

安等秧M13、M14及出土器物

1. Ⅱ式铜斧（安M14：11）

2. 铜刮刀（安M14：14）

3. Ⅰ式铜矛（安M14：13）

4. Ⅱ式铜镯（安M14：9）

5. Ⅱ式铜镯（安M14：8）

6. Ⅳ式铜镯（安M14：10）

7. Ⅲ式铜镯（安M14：12）

8. 铜铃（安M14：2、3、6、4、5）（左—右）

安等秧M14出土铜器

1. 安M15

4. Ⅱ式陶钵（安M20：2）

2. Ⅱ式陶杯（安M15：1）

5. Ⅱ式铜斧（安M20：1）

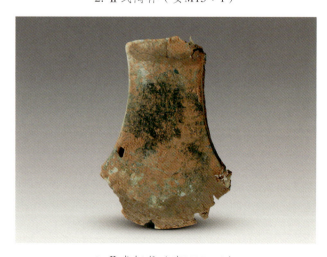

3. Ⅱ式铜斧（安M15：2）

6. 安M17

安等秧M15、M17、M20及出土器物

1. Ⅰ式铜斧（安M17：4）

2. Ⅵ式铜剑（安M17：3）

3. Ⅲ式陶罐（安M17：1）

4. 铜刮刀（安M17：5）

5. 铜块（安M17：8）

6. Ⅲ式玉玦（安M17：6）

7. 麻布（安M17：9）

安等秧M17出土器物

1. 安 M26

2. Ⅰ 式陶钵（安 M26：2）

3. Ⅱ 式铜斧（安 M26：1）

4. Ⅱ 式铜斧（安 M27：2）

5. Ⅱ 式铜剑（安 M27：1）

安等秧 M26、M27 及出土器物

1. 安M29

2. Ⅰ式铜斧（安M29：2）

3. 安M30

4. 安M30器物出土情况

5. Ⅰ式铜斧（安M30：2）

安等秧M29、M30及出土器物

1. 安M33

4. Ⅵ式铜剑（安M33：4）

2. 安M33铜剑、刮刀出土情况

3. 铜刮刀（安M33：3）

5. 安M41

安等秧M33、M41及出土器物

1. Ⅱ式铜斧（安M41：6）

2. 铜刮刀（安M41：5）

4. Ⅲ式玉玦（安M41：1）

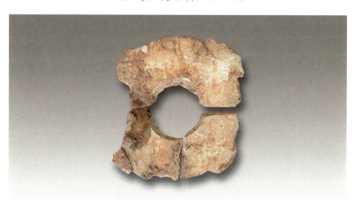

5. Ⅳ式玉玦（安M41：2）

3. Ⅳ式铜剑（安M41：3）

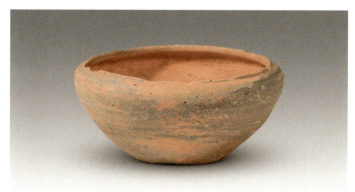

6. Ⅰ式陶钵（安M46：2）

安等秧M41、M46出土器物

彩版六二

1. 安M45

4. Ⅳ式陶罐（安M45：7）

2. 安M45铜器出土情况

5. Ⅰ式铜斧（安M45：4）

6. Ⅲ式铜矛（安M45：9）

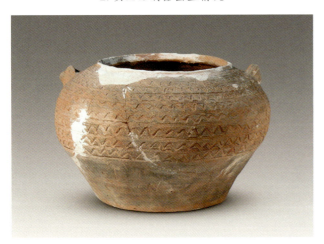

3. Ⅰ式陶罐（安M45：8）

7. 铜刮刀（安M45：5）

安等秧M45及出土器物

1. IV式玉玦（安M45：2）

3. VI式铜剑（安M45：3）

4. VI式铜剑（安M50：3）

2. II式陶钵（安M50：8）

5. II式铜斧（安M50：4）

7. I式铜斧（安M58：3）

6. 铜刮刀（安M50：7）

8. 铜刮刀（安M58：5）

安等秧M45、M50、M58出土器物

1. 安M61铜剑出土情况

3. 安M64

2. 铜钺（安M61：4）

4. 安M65铜器出土情况

5. 安M65

安等秧M61、M64、M65及出土器物

1. Ⅳ式铜剑（安M65：1）

3. Ⅰ式铜镞（安M65：2）

4. Ⅰ式铜镞（安M41：4）

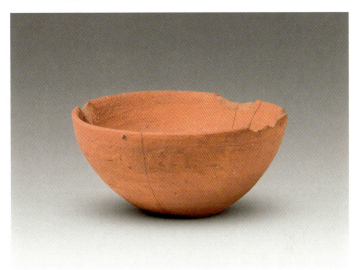

5. Ⅱ式陶碟（安M66：4）

2. Ⅰ式铜斧（安M65：4）

6. Ⅳ式陶罐（安M66：5）

安等秧M41、M65、M66出土器物

1. Ⅱ式铜斧（安M66：3）

2. 石玦（安M66：1）

4. 安M69陶器出土情况

3. 安M69

5. Ⅱ式陶罐（安M69：2）

安等秧M66、M69及出土器物

1. Ⅳ式陶罐（安M69：3）

4. Ⅵ式铜剑（安M69：6）

2. Ⅲ式陶杯（安M69：4）

5. 铜带钩（安M69：11）

3. 铜刮刀（安M69：7）

6. Ⅴ式陶罐（安M75：5）

安等秧M69、M75出土器物

1. Ⅱ式铜斧（安M75：6）

2. Ⅰ式玉玦（安M75：4）

3. 安M84器物出土情况

5. Ⅳ式陶罐（安M84：1）

4. Ⅰ式铜剑（安M84：2）

6. 安K1

安等秧M75、M84及出土器物、土坑

1. Ⅳ式罐（安M37：1）

2. Ⅴ式罐（安M62：2）

3. Ⅱ式碟（安M60：2）

4. Ⅱ式碟（安M76：2）

5. Ⅰ式杯（安M25：2）

6. Ⅱ式杯（安M37：2）

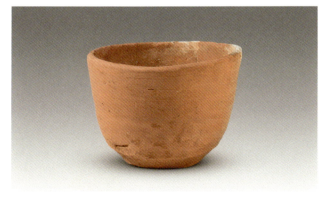

7. Ⅱ式杯（安M56：3）

8. 纺轮（安M57：2）

安等秧墓葬出土陶器

1. Ⅰ式（安M3：1）

2. Ⅰ式（安M40：1）

3. Ⅰ式（安M52：1）

4. Ⅰ式（安M71：1）

5. Ⅱ式（安M49：1）

安等秧墓葬出土铜斧

1. Ⅵ式铜剑（安M53：1）　　2. Ⅵ式铜剑（安M60：1）　　3. Ⅵ式铜剑（安M43：1）

4. Ⅱ式铜矛（安M16：1）　　5. Ⅱ式铜矛（安M35：1）

6. Ⅰ式铜镯（安M10：1~4）

7. Ⅰ式玉玦（安M79：1）

8. 铁甬（安M22：1）

安等秧墓葬出土器物

1. Ⅰ式玉玦（安M37：4）

2. Ⅲ式玉玦（安M56：4）

3. Ⅱ式玉玦（安M2：1）

4. Ⅲ式玉玦（安M75：2）

5. 石玦（安M21：1、2）（左—右）

6. 石玦（安M56：1）

7. 石玦（安M48：2）

8. 石玦（安M34：1-1~1-4）、石璜（安M34：1-5）、石璜（安M34：1-6）（左—右）

安等秧墓葬出土器物